Friedhelm von Blumhaagen

W0179154

Neue
Italienische
Grammatik

GRUNDLAGEN

dnf-Verlag

Neue Italienische Grammatik *Grundlagen*

von
Friedhelm von Blumhaagen

unter Mitarbeit von
Michele Gialdroni

unter der Leitung
der Verlagsredaktion Sprachen, dnf-Verlag DAS NEUE FACHBUCH GmbH.

ISBN 3-931104-82-6

1. Auflage 6 | 97

© dnf-Verlag DAS NEUE FACHBUCH GmbH, Göppingen 1997.
Dieses Buch ist urheberrechtlich geschützt. Nach dem Urheberrecht ist die Vervielfältigung des gesamten Buches oder einzelner Auszüge - auch für Zwecke der Unterrichtsgestaltung - durch Fotokopie, der Übertragung auf Matrizen, der Speicherung auf Bänder, Platten, Transparenten oder anderen Medien nur nach vorheriger Vereinbarung mit dem Verlag gestattet. Ausgenommen hiervon sind die in den §§ 53 und 54 URG ausdrücklich genannten Sonderfälle.

Gestaltung und Gesamtherstellung: Studio Maurus, Germany.

VORWORT

Die **Neue Italienische Grammatik** *Grundlagen* ist ein lehrbuchunabhängiges Lern- und Nachschlagewerk zur italienischen Grammatik und richtet sich an alle, die sich ein grundlegendes Wissen über die italienische Grammatik verschaffen möchten, also an alle Schüler, Volkshochschüler, Selbstlerner und auch Studenten.

Besonderer Wert wurde auf einen *übersichtlichen Aufbau* gelegt, denn Übersichtlichkeit erleichtert entscheidend das Lernen und beugt Verständnisschwierigkeiten vor.
So wurde stets darauf geachtet, daß die Einsparung von ein paar wenigen Seiten im Endeffekt, nicht auf Kosten der Übersichtlichkeit ging.

Jeder Regel und ihrer Erklärung sind die entsprechenden Beispiele gegenübergestellt. So ist die Anwendung der Regel unmittelbar anhand der Beispiele nachvollziehbar. Die deutsche Übersetzung, die angegeben ist, wo immer erforderlich, beugt zusätzlich Verständnisschwierigkeiten vor.
Durch die Gegenüberstellung von Sachverhalten in Tabellen sind Unterschiede bzw. Parallelen sofort zu erkennen und leichter zu lernen.
Komplexe Sachverhalte sind in übersichtlichen und ansprechend gestalteten Tabellen oder Schaubildern dargestellt. Der Lernende kann sich diese so leicht einprägen.
Die sinnvolle Sortierung einzelner Sachverhalte ist eine wesentliche Lernhilfe. So sind inhaltlich zusammengehörende Sachverhalte auch zusammen abgehandelt.
Alle für ein bestimmtes Kapitel relevanten Sachverhalte sind auch in diesem Kapitel behandelt. Es konnte daher auf Querverweise verzichtet und dem Lernenden die damit verbundene Sucherei erspart werden.
Die verständliche Formulierung grammatischer Sachverhalte und die Erklärung von Fachausdrücken stets an Ort und Stelle und in einer ausführlichen Liste zum Nachschlagen sind weitere entscheidende Vorteile.

Verfasser und Verlag

Inhaltsverzeichnis

Abkürzungen... 7

DAS ALPHABET

Das Alphabet.. 8

BETONUNG und AUSSPRACHE

Die Betonung.. 9
Die Aussprache... 9

DAS VERB

Verbformen und Verbarten... 14
Die Konjugation... 16
Die Hilfsverben... 52
Die reflexiven Verben und die Si-Konstruktion.......................... 55
Die unpersönlichen Verben... 60
Das Verb und seine Ergänzungen.. 61
Die Zeiten... 64
Das Passiv.. 68
Die indirekte Rede.. 74
Das Konditional... 78
Der Congiuntivo... 80
Der Imperativ und die Höflichkeitsform.................................... 88
Der Infinitiv.. 90
Das Gerundio.. 95
Die Partizipien... 97

DER ARTIKEL

Der Artikel.. 100
Der bestimmte und unbestimmte Artikel................................... 102
Der Teilungsartikel... 108

DAS SUBSTANTIV

Das Substantiv... 109
Genus und Numerus des Substantivs.. 111

Inhaltsverzeichnis

DAS ADJEKTIV

Das Adjektiv.. 127
Genus und Numerus des Adjektivs............................... 128
Die Steigerung des Adjektivs................................. 131
Die Stellung des Adjektivs................................... 134
Der Vergleich.. 136

DAS ADVERB

Das Adverb... 138
Die Steigerung des Adverbs................................... 140
Die Stellung des Adverbs..................................... 142
Adverb oder Adjektiv... 144

DAS ZAHLWORT

Die Grundzahlen.. 145
Die Ordnungszahlen... 147
Die Bruchzahlen.. 148
Die Vervielfältigungs- und Sammelzahlen...................... 149
Die Uhrzeit und andere Zeitangaben........................... 150

DAS PRONOMEN

Das Pronomen... 152
Das Personalpronomen... 153
Das Reflexiv- und Reziprokpronomen........................... 161
Das Possessivpronomen.. 164
Das Demonstrativpronomen..................................... 167
Das Relativpronomen.. 172
Das Interrogativpronomen..................................... 176
Die Indefinitpronomen.. 179
Die Pronominaladverbien **ne, ci** und **vi**................ 187

DIE KONJUNKTION

Die Konjunktion.. 188

DIE PRÄPOSITION

Die Präposition.. 191

Inhaltsverzeichnis

DER SATZ

Die Satzglieder.. 194
Der bejahte Aussagesatz... 196
Der verneinte Aussagesatz.. 198
Der Fragesatz... 203
Der Aufforderungssatz... 205
Der Ausrufesatz.. 206
Der Nebensatz.. 207

PRÄFIXE und SUFFIXE

Präfixe.. 209
Suffixe.. 210

DIE RECHTSCHREIBUNG

Groß- und Kleinschreibung... 212
Akzent und Apostroph.. 213

DIE ZEICHENSETZUNG

Die Zeichensetzung... 215

DIE SILBENTRENNUNG

Die Silbentrennung.. 218

Fachausdrücke.. 219

Index... 227

Produktinformation... 239

Abkürzungen

adv. Best.	adverbiale Bestimmung	P. P.	passato prossimo
afferm.	affermativo	P. R.	passato pemoto
		Part.	Partizip, participio
best. Artikel	bestimmter Artikel	part. pres.	participio presente
bzw.	beziehungsweise	part. pass.	participio passato
		Pass.	passato
Cond.	condizionale	Pers.	Person
Cong.	congiuntivo	Pers. pron.	Personalpronomen
cong. pres.	congiuntivo presente	Plur.	Plural
		präd. Ergänzung	prädikative Ergänzung
d. h.	das heißt	Pres.	presente
Dem. pron.	Demonstrativpronomen	Pron.	Pronomen
dir. Objekt	direktes Objekt	Pron. adv.	Pronominaladverb
etc.	etcetera	qc	qualcosa
etw.	etwas	qn	qualcuno
F. A.	futuro anteriore	Refl. pron.	Reflexivpronomen
F. S.	futuro semplice	Rel. pron.	Relativpronomen
fem.	feminin		
		Sing.	Singular
Ger.	gerundio	Subjektpron.	Subjektpronomen
Imp.	Imperativ, imperativo	T. P.	Trapassato Prossimo
Imperf.	imperfetto	T. R.	Trapassato Remoto
Ind.	Indikativ, indicativo	Tra.	Trapassato
indir. Objekt	indirektes Objekt		
Inf.	Infinitiv, infinito	unbest. Artikel	unbestimmter Artikel
Int. pron.	Interrogativpronomen		
		z. B.	zum Beispiel
jm.	jemandem		
jn.	jemanden		
Kon.	Konsonant		
mask.	maskulin		
Mod.	Modus, modo		
negat.	negativo		
neutr.	neutrum		
Nu.	Numerus		
Obj. pron.	Objektpronomen		
Objektpron.	Objektpronomen		

Das Alphabet (L'alfabeto)

Buchstabe	Aussprache	Buchstabe	Aussprache
a	[a]	n	[ɛnne]
b	[bi]	o	[o]
c	[tʃi]	p	[pi]
d	[di]	q	[ku]
e	[e]	r	[ɛrre]
f	[ɛffe]	s	[ɛsse]
g	[dʒi]	t	[ti]
h	[akka]	u	[u]
i	[i]	v	[vu]
j	[i luŋga]	w	[vu doppia]
k	[kappa]	x	[iks]
l	[ɛlle]	y	[ipsilon]
m	[ɛmme]	z	[dzɛta]

Die oben verwendeten Zeichen der internationalen Lautschrift werden wie folgt ausgesprochen:
[ʃ] stimmloses (scharfes) -sch,
[ɛ] offenes -e,
[ʒ] stimmhaftes (weiches) -sch,
[ŋ] Verschmelzung von -n und -g (wie zum Beispiel in *lang*).

Die Betonung (L'accentazione)

Die folgenden Ausführungen stellen die wichtigsten Grundregeln der italienischen Betonung dar.

Betonung auf der vorletzten Silbe

Die meisten italienischen Wörter werden auf der vorletzten Silbe betont.

- si-gno-re
- si-gno-ri-na

Betonung auf der dritt- und viertletzten Silbe

Die Betonung der dritt- und viertletzten Silbe ist im Italienischen weniger häufig.
Auf der drittletzten Silbe werden vor allem die Infinitive der meisten Verben auf **-ere**, die Verbformen der 3. Person Plural (außer im futuro semplice) sowie die Verbformen der 1. Person Plural des congiuntivo imperfetto betont.

- na-scon-de-re
- a-ma-no
- a-ma-va-no
- a-ma-ro-no
- a-me-reb-be-ro
- a-mi-no
- a-mas-se-ro
- a-mas-si-mo

Betonung auf der letzten Silbe

Wörter, die auf der letzten Silbe betont werden, erhalten den Akzent.
Auf der letzten Silbe werden vor allem die Verbformen der 1. und 3. Person Singular des futuro semplice und die Verbformen der 3. Person Singular des passato remoto betont.

- cit-tà
- per-ché
- tas-sì
- gio-ven-tù
- a-me-rò
- a-me-rà
- a-mò

Die Aussprache (La pronuncia)

Die folgenden Ausführungen stellen die wichtigsten Grundregeln der italienischen Aussprache dar. Sie sollen mithelfen von der Aussprache auf die richtige Schreibweise schließen zu können. Die Zeichen der internationalen Lautschrift (in eckigen Klammern) sind in den danebenstehenden Beschreibungen erläutert.

Die Vokale (Le vocali)

Die Vokale (Selbstlaute) sind Laute, bei deren Aussprache kein anderer Laut benötigt wird. Zu den Vokalen gehören **a, e, i, o, u**.

a	[a]	Helles, offenes -a.	• male • padre
e	[ɛ] [e]	Offenes bzw. geschlossenes -e.	• bene • generale
i	[i]	Sehr geschlossenes -i.	• bimbo • linea
o	[ɔ] [o]	Helles, offenes -o bzw. geschlossenes -o.	• rosa • ora
u	[u]	Sehr geschlossenes -u.	• puro • sicurezza

Neben den reinen Vokalen gibt es noch Verbindungen aus zwei Vokalen, den Diphthongen (dittonghi).

ae	ea	[ae]	[ea]	Verbindungen aus zwei Vokalen	• aeroporto
ai	ia	[ai]	[ia]	werden zweisilbig, jedoch nicht	• sei
ao	oa	[ao]	[oa]	abgehackt gesprochen.	• fiore
au	ua	[au]	[ua]		• buono
ei	ie	[ei]	[ie]		• Basilea
eo	oe	[eo]	[oe]		• fiamma
eu	ue	[eu]	[ue]		• boa
io	oi	[io]	[oi]		• duale
iu	ui	[iu]	[ui]		
ou	uo	[ou]	[uo]		

Die Konsonanten (Le consonanti)

Die Konsonanten (Mitlaute) sind Laute, für deren Aussprache noch ein anderer Laut benötigt wird. Zu den Konsonanten zählen alle Laute außer den Vokalen.

b, d, f, k, l, m, n, p, t, w	Diese Konsonanten werden wie die entsprechenden deutschen Konsonanten ausgesprochen, jedoch deutlicher. Die Konsonanten -k und -w kommen nur in Fremdwörtern vor.	• bambino • dare • frutto • ketchup • linea • western

c   [tʃ]   Vor -e und -i wird es wie ein stimmloses (scharfes) -tsch ausgesprochen.
Dieses -c ist ein Gaumenlaut, man nennt es palatales c (c palatale).

- centro
- cinque

[k]   Vor -a, -o, -u und vor Konsonant wird es wie -k ausgesprochen.
Dieses -c heißt gutturales c (c gutturale).

- caldo
- cosa
- cucina
- crescere

Soll -c vor -a, -o, -u wie -tsch ausgesprochen werden, muß nach dem -c ein -i eingefügt werden, wobei das -i nicht ausgesprochen wird.

- ciao
- cioccolata
- ciucciare

Soll -c vor -e und -i wie -k ausgesprochen werden, muß nach dem -c ein -h eingefügt werden.

- che
- chiamare

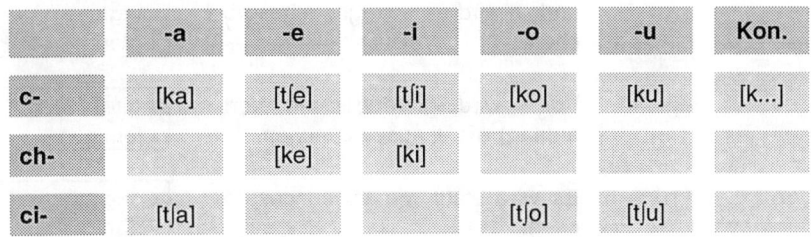

	-a	-e	-i	-o	-u	Kon.
c-	[ka]	[tʃe]	[tʃi]	[ko]	[ku]	[k…]
ch-		[ke]	[ki]			
ci-	[tʃa]			[tʃo]	[tʃu]	

g   [dʒ]   Vor -e und -i wird es wie ein stimmhaftes (weiches) -dsch ausgesprochen.
Dieses -g ist ein Gaumenlaut, man nennt es palatales g (g palatale).

- gelato
- giungere

[g]   Vor -a, -o, -u und vor Konsonant wird es wie -g ausgesprochen.
Dieses -g heißt gutturales g (g gutturale).

- gallina
- governare
- gutturale
- grande

Soll -g vor -a, -o, -u wie -dsch ausgesprochen werden, muß nach dem -g ein -i eingefügt werden, wobei das -i nicht ausgesprochen wird.

- **gi**ardino
- **gi**orno
- **gi**ungere

Soll -g vor -e und -i wie -g ausgesprochen werden, muß nach dem -g ein -h eingefügt werden.

- spa**gh**etti
- In**gh**ilterra

	-a	-e	-i	-o	-u	Kon.
g-	[ga]	[dʒe]	[dʒi]	[go]	[gu]	[g...]
gh-		[ge]	[gi]			
gi-	[dʒa]			[dʒo]	[dʒu]	

gl   [gl]   Am Wortanfang (außer das Personalpronomen **gli**) und vor -a, -e und -o wird es wie -gl ausgesprochen.

- **gl**icerina
- **gl**aciale
- In**gl**ese
- **gl**oria

      [lj]   Vor -i wird -gl (außer am Wortanfang) wie -lj ausgesprochen.

- **gli**
- fami**gli**a

gn   [ɲ]   Es wird stets wie -nj ausgesprochen.

- ba**gn**o
- o**gn**i

h   [-]   Das -h bleibt stumm (unausgesprochen).

- **h**o
- **h**anno

j   Es kommt meist nur in Fremdwörtern vor und behält dann die Aussprache der Herkunftssprache.

- **j**azz
- **j**eans

qu   [kw]   Es wird viel deutlicher als das deutsche -qu ausgesprochen.

- **qu**alità
- **qu**esto

r   [r]   Stark gerolltes -r, das durch Anlegen der Zungenspitze an die oberen Schneidezähne erzeugt wird.

- mad**r**e
- **r**icco

s	[s]	Am Wortanfang vor Vokalen, vor stimmlosen Konsonanten (-c, -f, -p, -q, -t), nach -l, -n und -r und gelegentlich zwischen Vokalen ist es ein stimmloses (scharfes) -s. Am Wortanfang vor stimmhaften Konsonanten (-b, -d, -g, -l, -m, -n, -r, -v) und meist zwischen Vokalen ist es ein stimmhaftes (weiches) -s.	• **s**era • **s**fatare • cor**s**o • curio**s**o • **s**baglio • ro**s**a
v	[w]	Es wird wie -w ausgesprochen.	• **v**alore • **v**estito
x	[ks]	Es wird wie -ks ausgesprochen und kommt nur in Fremdwörtern vor.	• **x**enofobo • **x**ilofono
y	[j]	Es wird wie -j ausgesprochen und kommt nur in Fremdwörtern vor.	• **y**oga • **y**ogurt
z	[dz] [tz]	Das -z in -dz und -tz ist stimmhaft (weich).	• **z**uppa • **z**ero

Verbformen und Verbarten (Il verbo e le sue forme)

Das Verb ist ein unentbehrlicher Teil eines Satzes. Es drückt einen Zustand oder Vorgang, eine Tätigkeit oder Handlung aus (Zeitwort, Tätigkeitswort, Tunwort).

Finite Verbformen (I verbi finiti)

Finite Verbformen sind konjugierte Verbformen, sie ändern ihre Form nach Person (1., 2., 3. Person etc.) und Zahl (Singular oder Plural), Zeit (Präsens, Futur etc.) und Modus (Indikativ, Konjunktiv etc.).

- **Compro** un libro.
  (indicativo presente, 1. Person Singular)
- **Abbiamo** letto questo libro.
- Luigi **aprì** la porta.
- **Scrissi** una lettera.

Infinite Verbformen (I verbi infiniti)

Infinite Verbformen sind nicht konjugierte Verbformen, sie beinhalten keine Personen- oder Zeitangabe. Hierzu zählen der Infinitiv, das Partizip und das gerundio.

- **comprare**
- **comprato**
- **comprando**

Die verschiedenen Verbarten, die im folgenden zunächst im Überblick dargestellt sind, werden in den entsprechenden Kapiteln ausführlich behandelt.

Transitive Verben (I verbi transitivi)

Transitive Verben sind Verben, die in Verbindung mit einem Objekt stehen.

- **Compro** *un libro.*
- Stamattina **ho scritto** *una lettera.*

Intransitive Verben (I verbi intransitivi)

Intransitive Verben sind Verben, die ohne Objekt stehen.

- **Sono** malato.
- **Sono partito** stamattina.

Vollverben (I verbi)

Vollverben können das Prädikat alleine bilden.

- **Compro** un libro.
- **Scrisse** una lettera.

Hilfsverben (I verbi ausiliari)

Die Hilfsverben **avere** und **essere** dienen zur Bildung der zusammengesetzten Zeiten und des Passivs.

- **Abbiamo** *comprato* un libro.
- **Sono** *andato* al mare.
- Gianna **è** *invitata*.

Modalverben (I verbi modali)

Modalverben sind Verben, die den Inhalt eines anderen Verbs abwandeln. Ihnen folgt stets der Infinitiv eines anderen Verbs (ohne Präposition).

- **Dobbiamo** *fare* tutto questo lavoro per domani.
- **Posso** *far*lo oggi.

- **dovere**   (müssen)
- **fare**   ((veran)lassen)
- **lasciare**   ((zu)lassen)

- **potere**   (können)
- **sapere**   (wissen, können)
- **volere**   (wollen)

Reflexive Verben (I verbi riflessivi)

Reflexive Verben werden von einem Reflexivpronomen begleitet. Reflexivpronomen und Subjekt bezeichnen dieselbe Person.

- *Luigi* **si lava.**
  (Luigi und **si** bezeichnen dieselbe Person.)
- *La porta* **si apre.**

Reziproke Verben (I verbi reciproci)

Reziproke Verben drücken die Gegenseitigkeit, Wechselbeziehung aus (einander, gegenseitig). Auch sie werden von einem Reflexivpronomen begleitet.

- **Ci conosciamo** da molto tempo.
- Gianna e Luigi **si amano** molto.

Unpersönliche Verben (I verbi impersonali)

Unpersönliche Verben werden nur in der 3. Person Singular und ohne eigenes Subjekt verwendet.

- **Bisogna** agire subito.
- **Mi piace** che Lei sia venuto così presto.

15

Die Konjugation (La coniugazione)

Konjugation (Beugung) bedeutet Abwandlung des Infinitivs des Verbs (z. B. **amare**) bezüglich Person und Zeit, d. h. der Verbstamm (z. B. **am**) wird nicht verändert, die Verbendung wird bezüglich der jeweiligen Person und Zeit entsprechend abgewandelt. Der Verbstamm wird ermittelt, indem man die zu einer Hauptgruppe gehörende Endung vom vollständigen Infinitiv abtrennt.
Die Personalpronomen werden meist weggelassen, sie dienen nur der Hervorhebung.

	Stamm	Endung (im presente)
(io)	am	o
(tu)	am	i
(egli/ella)	am	a
(noi)	am	iamo
(voi)	am	ate
(essi/esse)	am	ano

Die Verben lassen sich in die Hauptgruppen von **avere** und **essere**,
der Verben auf -ARE,
der Verben auf -ERE und
der Verben auf -IRE mit, ohne Stammerweiterung
einteilen.
Die Konjugation der einzelnen Hauptgruppen ist im folgenden anhand jeweils eines Beispielverbs dargestellt. Die einzelnen Untergruppen und ihre Besonderheiten sind in einer Zusammenfassung im Anschluß an die Hauptgruppen dargestellt.

Neben den charakteristischen Endungen der einzelnen Verbformen gibt es einige wichtige Ableitungsregeln, mit deren Hilfe ein Großteil der Formen gebildet werden kann.

Ableitung des imperfetto

Der vollständige Infinitivstamm bildet den Verbstamm des imperfetto. Die für das imperfetto charakteristischen Endungen werden nun an diesen Verbstamm angehängt.

infinito   **dire**   imperfetto
von **dic** ere   **dic** evo, **dic**evi, **dic**eva ...

Ableitung des futuro semplice und des condizionale presente

Futuro semplice und condizionale presente leiten sich direkt vom Infinitiv ab. Bei den Verben auf **-ARE** wird das **-a** der Infinitivendung zu **-e**.

16

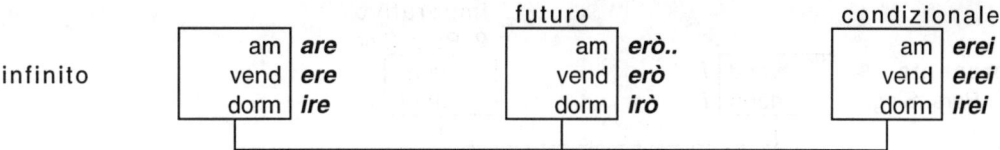

infinito	am	*are*		futuro			condizionale		
	vend	*ere*		am	*erò..*		am	*erei*	
	dorm	*ire*		vend	*erò*		vend	*erei*	
				dorm	*irò*		dorm	*irei*	

Ableitung des congiuntivo presente

Der Verbstamm der 1. Person Singular des presente bildet den Verbstamm des congiuntivo presente. Die für den congiuntivo presente charakteristischen Endungen werden nun an diesen Verbstamm angehängt.

presente
1. Pers. Sing.   **dic** | o   congiuntivo presente
                                          dic | a, **dic**a, **dic**a ...

Ableitung des congiuntivo imperfetto

Der vollständige Infinitivstamm bildet den Verbstamm des congiuntivo imperfetto. Die für den congiuntivo imperfetto charakteristischen Endungen werden nun an diesen Verbstamm angehängt.

infinito   **dire**   congiuntivo imperfetto
           von **dic** | ere   **dic** | essi, **dic**essi, **dic**esse ...

Ableitung des imperativo affermativo

Die 2. Person Singular und Plural der Verben auf **-ERE** und **-IRE** des presente liefert die 2. Person Singular und Plural des imperativo affermativo.
Bei den Verben auf **-ARE** wird die 3. Person Singular des presente in der 2. Person Singular des imperativo übernommen.
Alle anderen Personen des imperativo affermativo können direkt von der entsprechenden Person des congiuntivo presente übernommen werden. Die erste Person Singular wird dabei nicht berücksichtigt, da der imperativo nicht in der 1. Person Singular gebildet wird.

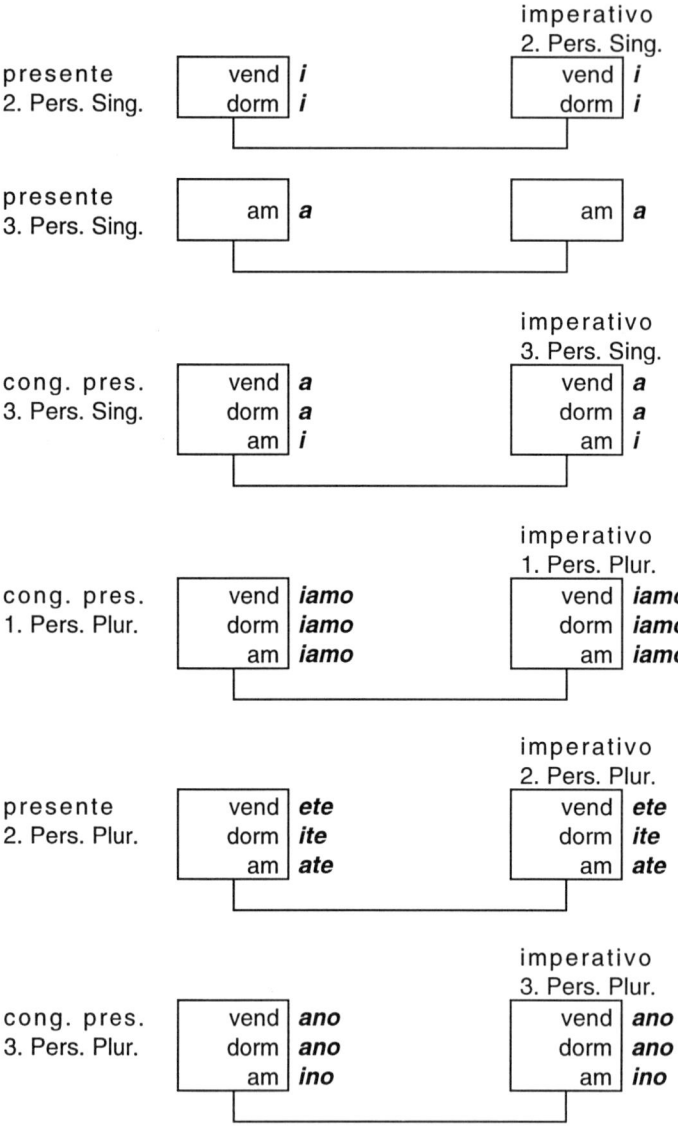

Ableitung des imperativo negativo

Die Formen des imperativo negativo entsprechen den Formen des imperativo affermativo, denen **non** vorangestellt wird. In der 2. Person Singular steht jedoch der infinito.

imperativo negativo
2. Pers. Sing.

infinito | vendere | non | vendere |
            | dormire | non | dormire |
            | amare | non | amare |

Ableitung des participio und des gerundio

Der vollständige Infinitivstamm bildet den Verbstamm des participio presente, des participio passato und des gerundio.

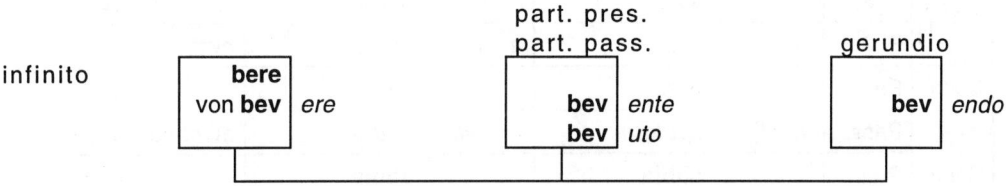

part. pres.
part. pass.   gerundio

infinito | **bere** | | **bev** ente | | **bev** endo |
            | von **bev** ere | **bev** uto |

Die Konjugation von avere (haben)

Mod.	Zeit	1. Person Singular		2. Person Singular		3. Person Singular	
Ind.	Pres.		**ho**		**hai**		**ha**
	Imperf.		avevo		avevi		aveva
	P. R.		**ebbi**		avesti		**ebbe**
	P. P.	ho	avuto	hai	avuto	ha	avuto
	T. P.	avevo	avuto	avevi	avuto	aveva	avuto
	T. R.	ebbi	avuto	avesti	avuto	ebbe	avuto
	F. S.		**avrò**		**avrai**		**avrà**
	F. A.	avrò	avuto	avrai	avuto	avrà	avuto
Cond.	Pres.		**avrei**		**avresti**		**avrebbe**
	Pass.	avrei	avuto	avresti	avuto	avrebbe	avuto
Cong.	Pres.		**abbia**		**abbia**		**abbia**
	Imperf.		avessi		avessi		avesse
	Pass.	abbia	avuto	abbia	avuto	abbia	avuto
	Tra.	avessi	avuto	avessi	avuto	avesse	avuto
Imp.	afferm.				**abbi**		**abbia**
	negat.			non	avere	non	**abbia**
Inf.	Pres.		avere				
	Pass.	aver(e)	avuto				
Part.	Pres.		avente				
	Pass.		avuto				
Ger.	Pres.		avendo				
	Pass.	avendo	avuto				

1. Person Plural		2. Person Plural		3. Person Plural	
abbiamo		avete		**hanno**	
avevamo		avevate		avevano	
avemmo		aveste		**ebbero**	
abbiamo	avuto	avete	avuto	hanno	avuto
avevamo	avuto	avevate	avuto	avevano	avuto
avemmo	avuto	aveste	avuto	ebbero	avuto
avremo		**avrete**		**avranno**	
avremo	avuto	avrete	avuto	avranno	avuto
avremmo		**avreste**		**avrebbero**	
avremmo	avuto	avreste	avuto	avrebbero	avuto
abbiamo		**abbiate**		**abbiano**	
avessimo		aveste		avessero	
abbiamo	avuto	abbiate	avuto	abbiano	avuto
avessimo	avuto	aveste	avuto	avessero	avuto
abbiamo		**abbiate**		**abbiano**	
non	**abbiamo**	non	**abbiate**	non	**abbiano**

Die Konjugation von essere (sein)

Mod.	Zeit	1. Person Singular		2. Person Singular		3. Person Singular	
Ind.	Pres.		sono		sei		è
	Imperf.		ero		eri		era
	P. R.		fui		fosti		fu
	P. P.	sono	stato(a)	sei	stato(a)	è	stato(a)
	T. P.	ero	stato(a)	eri	stato(a)	era	stato(a)
	T. R.	fui	stato(a)	fosti	stato(a)	fu	stato(a)
	F. S.		sarò		sarai		sarà
	F. A.	sarò	stato(a)	sarai	stato(a)	sarà	stato(a)
Cond.	Pres.		sarei		saresti		sarebbe
	Pass.	sarei	stato(a)	saresti	stato(a)	sarebbe	stato(a)
Cong.	Pres.		sia		sia		sia
	Imperf.		fossi		fossi		fosse
	Pass.	sia	stato(a)	sia	stato(a)	sia	stato(a)
	Tra.	fossi	stato(a)	fossi	stato(a)	fosse	stato(a)
Imp.	afferm.				sii		sia
	negat.			non	essere	non	sia
Inf.	Pres.		essere				
	Pass.	esser(e)	stato				
Part.	Pres.		essente				
	Pass.		stato				
Ger.	Pres.		essendo				
	Pass.	essendo	stato				

Das participio passato richtet sich bei allen mit **essere** konjugierten Verben in Geschlecht
das participio passato auf **-o**, bei einem weiblichen auf **-a**. Bei mehreren männlichen Subjek
Bei männlichen und weiblichen Subjekten endet das participio passato auf **-i**, selbst wenn
kennzeichnet.

1. Person Plural		2. Person Plural		3. Person Plural	
	siamo		**siete**		**sono**
	eravamo		**eravate**		**erano**
	fummo		**foste**		**furono**
siamo	**stati(e)**	*siete*	**stati(e)**	*sono*	**stati(e)**
eravamo	**stati(e)**	*eravate*	**stati(e)**	*erano*	**stati(e)**
fummo	**stati(e)**	*foste*	**stati(e)**	*furono*	**stati(e)**
	saremo		**sarete**		**saranno**
saremo	**stati(e)**	*sarete*	**stati(e)**	*saranno*	**stati(e)**
	saremmo		**sareste**		**sarebbero**
saremmo	**stati(e)**	*sareste*	**stati(e)**	*sarebbero*	**stati(e)**
	siamo		**siate**		**siano**
	fossimo		**foste**		**fossero**
siamo	**stati(e)**	*siate*	**stati(e)**	*siano*	**stati(e)**
fossimo	**stati(e)**	*foste*	**stati(e)**	*fossero*	**stati(e)**
	siamo		**siate**		**siano**
non	**siamo**	non	**siate**	non	**siano**

und Zahl nach dem Subjekt, d. h. bei einem männlichen Subjekt (1. - 3. Person Singular) endet
ten (1. - 3. Person Plural) endet das participio passato auf **-i**, bei mehreren weiblichen auf **-e**.
nur ein männliches Subjekt unter mehreren weiblichen ist. Dies ist hier durch **o(a)** bzw. **i(e)** ge-

Übersicht über die Endungen der Verben auf -ARE, -ERE, -IRE

Mod.	Zeit	1. Person Singular			2. Person Singular			3. Person Singular		
Ind.	Pres.	-o	-o	-(isc)o	-i	-i	-(isc)i	-a	-e	-(isc)e
	Imperf.	-avo	-evo	-ivo	-avi	-evi	-ivi	-ava	-eva	-iva
	P. R.	-ai	-ei -etti	-ii	-asti	-esti -esti	-isti	-ò	-é -ette	-ì
	P. P.	-ato	-uto	-ito	-ato	-uto	-ito	-ato	-uto	-ito
	T. P.	-ato	-uto	-ito	-ato	-uto	-ito	-ato	-uto	-ito
	T. R.	-ato	-uto	-ito	-ato	-uto	-ito	-ato	-uto	-ito
	F. S.	-erò	-erò	-irò	-erai	-erai	-irai	-erà	-erà	-irà
	F. A.	-ato	-uto	-ito	-ato	-uto	-ito	-ato	-uto	-ito
Cond.	Pres.	-erei	-erei	-irei	-eresti	-eresti	-iresti	-erebbe	-erebbe	-irebbe
	Pass.	-ato	-uto	-ito	-ato	-uto	-ito	-ato	-uto	-ito
Cong.	Pres.	-i	-a	-(isc)a	-i	-a	-(isc)a	-i	-a	-(isc)a
	Imperf.	-assi	-essi	-issi	-assi	-essi	-issi	-asse	-esse	-isse
	Pass.	-ato	-uto	-ito	-ato	-uto	-ito	-ato	-uto	-ito
	Tra.	-ato	-uto	-ito	-ato	-uto	-ito	-ato	-uto	-ito
Imp.	afferm.				-a	-i	-(isc)i	-i	-a	-(isc)a
	negat.				-are	-ere	-ire	-i	-a	-(isc)a
Inf.	Pres.	-are	-ere	-ire						
	Pass.	-ato	-uto	-ito						
Part.	Pres.	-ante	-ente	-ente						
	Pass.	-ato	-uto	-ito						
Ger.	Pres.	-ando	-endo	-endo						
	Pass.	-ato	-uto	-ito						

Diese Übersicht stellt die Endungen der 3 Hauptgruppen **-ARE, -ERE** und **-IRE** dar. Dabei stellt grau unterlegte) Spalte stellt die Endungen der Hauptgruppe **-ERE** und die jeweils 3. (dunkelgrau dar. Die Verben mit Stammerweiterung hängen zu der entsprechenden Endung die in Klammern rung hängen nur die nicht in Klammern dargestellte Endung an. Die Hilfsverben **avere** und **essere**

1. Person Plural			2. Person Plural			3. Person Plural		
-iamo	-iamo	-iamo	-ate	-ete	-ite	-ano	-ono	-(isc)ono
-avamo	-evamo	-ivamo	-avate	-evate	-ivate	-avano	-evano	-ivano
-ammo	-emmo	-immo	-aste	-este	-iste	-arono	-erono	-irono
	-emmo			-este			-ettero	
-ato	-uto	-ito	-ato	-uto	-ito	-ato	-uto	-ito
-ato	-uto	-ito	-ato	-uto	-ito	-ato	-uto	-ito
-ato	-uto	-ito	-ato	-uto	-ito	-ato	-uto	-ito
-eremo	-eremo	-iremo	-erete	-erete	-irete	-eranno	-eranno	-iranno
-ato	-uto	-ito	-ato	-uto	-ito	-ato	-uto	-ito
-eremmo	-eremmo	-iremmo	-ereste	-ereste	-ireste	-erebbero	-erebbero	-irebbero
-ato	-uto	-ito	-ato	-uto	-ito	-ato	-uto	-ito
-iamo	-iamo	-iamo	-iate	-iate	-iate	-ino	-ano	-(isc)ano
-assimo	-essimo	-issimo	-aste	-este	-iste	-assero	-essero	-issero
-ato	-uto	-ito	-ato	-uto	-ito	-ato	-uto	-ito
-ato	-uto	-ito	-ato	-uto	-ito	-ato	-uto	-ito
-iamo	-iamo	-iamo	-ate	-ete	-ite	-ino	-ano	-(isc)ano
-iamo	-iamo	-iamo	-ate	-ete	-ite	-ino	-ano	-(isc)ano

die jeweils 1. (weiß unterlegte) Spalte die Endungen der Hauptgruppe **-ARE**, die jeweils 2. (hell-unterlegte) Spalte stellt die Endungen der Hauptgruppe **-IRE** mit und ohne Stammerweiterung dargestellte Stammerweiterung um **-isc** an den Verbstamm an, die Verben ohne Stammerweite-in den zusammengesetzten Zeiten wurden aus Gründen der Übersichtlichkeit weggelassen.

Die Konjugation der Verben auf -ARE

Mod.	Zeit	1. Person Singular	2. Person Singular	3. Person Singular
Ind.	Pres.	am*o*	am*i*	am*a*
	Imperf.	am*avo*	am*avi*	am*ava*
	P. R.	am*ai*	am*asti*	am*ò*
	P. P.	*ho* am*ato*	*hai* am*ato*	*ha* am*ato*
	T. P.	*avevo* am*ato*	*avevi* am*ato*	*aveva* am*ato*
	T. R.	*ebbi* am*ato*	*avesti* am*ato*	*ebbe* am*ato*
	F. S.	am*erò*	am*erai*	am*erà*
	F. A.	*avrò* am*ato*	*avrai* am*ato*	*avrà* am*ato*
Cond.	Pres.	am*erei*	am*eresti*	am*erebbe*
	Pass.	*avrei* am*ato*	*avresti* am*ato*	*avrebbe* am*ato*
Cong.	Pres.	am*i*	am*i*	am*i*
	Imperf.	am*assi*	am*assi*	am*asse*
	Pass.	*abbia* am*ato*	*abbia* am*ato*	*abbia* am*ato*
	Tra.	*avessi* am*ato*	*avessi* am*ato*	*avesse* am*ato*
Imp.	afferm.		am*a*	am*i*
	negat.		*non* am*are*	*non* am*i*
Inf.	Pres.	am*are*		
	Pass.	*aver(e)* am*ato*		
Part.	Pres.	am*ante*		
	Pass.	am*ato*		
Ger.	Pres.	am*ando*		
	Pass.	*avendo* am*ato*		

1. Person Plural		2. Person Plural		3. Person Plural	
	am*iamo*		am*ate*		am*ano*
	am*avamo*		am*avate*		am*avano*
	am*ammo*		am*aste*		am*arono*
abbiamo	am*ato*	avete	am*ato*	hanno	am*ato*
avevamo	am*ato*	avevate	am*ato*	avevano	am*ato*
avemmo	am*ato*	aveste	am*ato*	ebbero	am*ato*
	am*eremo*		am*erete*		am*eranno*
avremo	am*ato*	avrete	am*ato*	avranno	am*ato*
	am*eremmo*		am*ereste*		am*erebbero*
avremmo	am*ato*	avreste	am*ato*	avrebbero	am*ato*
	am*iamo*		am*iate*		am*ino*
	am*assimo*		am*aste*		am*assero*
abbiamo	am*ato*	abbiate	am*ato*	abbiano	am*ato*
avessimo	am*ato*	aveste	am*ato*	avessero	am*ato*
	am*iamo*		am*ate*		am*ino*
non	am*iamo*	non	am*ate*	non	am*ino*

Die Konjugation der Verben auf -ERE

Mod.	Zeit	1. Person Singular		2. Person Singular		3. Person Singular	
Ind.	Pres.		temo		temi		teme
	Imperf.		temevo		temevi		temeva
	P. R.		temei		temesti		temé
			temetti		temesti		temette
	P. P.	ho	temuto	hai	temuto	ha	temuto
	T. P.	avevo	temuto	avevi	temuto	aveva	temuto
	T. R.	ebbi	temuto	avesti	temuto	ebbe	temuto
	F. S.		temerò		temerai		temerà
	F. A.	avrò	temuto	avrai	temuto	avrà	temuto
Cond.	Pres.		temerei		temeresti		temerebbe
	Pass.	avrei	temuto	avresti	temuto	avrebbe	temuto
Cong.	Pres.		tema		tema		tema
	Imperf.		temessi		temessi		temesse
	Pass.	abbia	temuto	abbia	temuto	abbia	temuto
	Tra.	avessi	temuto	avessi	temuto	avesse	temuto
Imp.	afferm.				temi		tema
	negat.			non	temere	non	tema
Inf.	Pres.		temere				
	Pass.	aver(e)	temuto				
Part.	Pres.		temente				
	Pass.		temuto				
Ger.	Pres.		temendo				
	Pass.	avendo	temuto				

1. Person Plural		2. Person Plural		3. Person Plural	
	tem*iamo*		tem*ete*		tem*ono*
	tem*evamo*		tem*evate*		tem*evano*
	tem*emmo*		tem*este*		tem*erono*
	tem*emmo*		tem*este*		tem*ettero*
abbiamo	tem**uto**	avete	tem**uto**	hanno	tem**uto**
avevamo	tem**uto**	avevate	tem**uto**	avevano	tem**uto**
avemmo	tem**uto**	aveste	tem**uto**	ebbero	tem**uto**
	tem*eremo*		tem*erete*		tem*eranno*
avremo	tem**uto**	avrete	tem**uto**	avranno	tem**uto**
	tem*eremmo*		tem*ereste*		tem*erebbero*
avremmo	tem**uto**	avreste	tem**uto**	avrebbero	tem**uto**
	tem*iamo*		tem*iate*		tem*ano*
	tem*essimo*		tem*este*		tem*essero*
abbiamo	tem**uto**	abbiate	tem**uto**	abbiano	tem**uto**
avessimo	tem**uto**	aveste	tem**uto**	avessero	tem**uto**
	tem*iamo*		tem*ete*		tem*ano*
non	tem*iamo*	non	tem*ete*	non	tem*ano*

Die Konjugation der Verben auf -IRE mit Stammerweiterung

Mod.	Zeit	1. Person Singular		2. Person Singular		3. Person Singular	
Ind.	Pres.		fin**isco**		fin**isci**		fin**isce**
	Imperf.		fin**ivo**		fin**ivi**		fin**iva**
	P. R.		fin**ii**		fin**isti**		fin**ì**
	P. P.	ho	fin**ito**	hai	fin**ito**	ha	fin**ito**
	T. P.	avevo	fin**ito**	avevi	fin**ito**	aveva	fin**ito**
	T. R.	ebbi	fin**ito**	avesti	fin**ito**	ebbe	fin**ito**
	F. S.		fin**irò**		fin**irai**		fin**irà**
	F. A.	avrò	fin**ito**	avrai	fin**ito**	avrà	fin**ito**
Cond.	Pres.		fin**irei**		fin**iresti**		fin**irebbe**
	Pass.	avrei	fin**ito**	avresti	fin**ito**	avrebbe	fin**ito**
Cong.	Pres.		fin**isca**		fin**isca**		fin**isca**
	Imperf.		fin**issi**		fin**issi**		fin**isse**
	Pass.	abbia	fin**ito**	abbia	fin**ito**	abbia	fin**ito**
	Tra.	avessi	fin**ito**	avessi	fin**ito**	avesse	fin**ito**
Imp.	afferm.				fin**isci**		fin**isca**
	negat.			non	fin**ire**	non	fin**isca**
Inf.	Pres.		fin**ire**				
	Pass.	aver(e)	fin**ito**				
Part.	Pres.		fin**ente**				
	Pass.		fin**ito**				
Ger.	Pres.		fin**endo**				
	Pass.	avendo	fin**ito**				

In allen auf dem Verbstamm betonten Verbformen wird der Verbstamm um **-isc** erweitert. Dies in den stammbetonten Verbformen ohne Stammerweiterung um **-isc** konjugiert.

1. Person Plural		2. Person Plural		3. Person Plural	
	fin*iamo*		fin*ite*		fin*iscono*
	fin*ivamo*		fin*ivate*		fin*ivano*
	fin*immo*		fin*iste*		fin*irono*
abbiamo	fin*ito*	avete	fin*ito*	hanno	fin*ito*
avevamo	fin*ito*	avevate	fin*ito*	avevano	fin*ito*
avemmo	fin*ito*	aveste	fin*ito*	ebbero	fin*ito*
	fin*iremo*		fin*irete*		fin*iranno*
avremo	fin*ito*	avrete	fin*ito*	avranno	fin*ito*
	fin*iremmo*		fin*ireste*		fin*irebbero*
avremmo	fin*ito*	avreste	fin*ito*	avrebbero	fin*ito*
	fin*iamo*		fin*iate*		fin*iscano*
	fin*issimo*		fin*iste*		fin*issero*
abbiamo	fin*ito*	abbiate	fin*ito*	abbiano	fin*ito*
avessimo	fin*ito*	aveste	fin*ito*	avessero	fin*ito*
	fin*iamo*		fin*ite*		fin*iscano*
non	fin*iamo*	non	fin*ite*	non	fin*iscano*

gilt für die meisten Verben auf **-IRE**. Einige Verben auf **-IRE** werden, wie nachfolgend dargestellt,

Die Konjugation der Verben auf -IRE ohne Stammerweiterung

Mod.	Zeit	1. Person Singular		2. Person Singular		3. Person Singular	
Ind.	Pres.		serv**o**		serv**i**		serv**e**
	Imperf.		serv**ivo**		serv**ivi**		serv**iva**
	P. R.		serv**ii**		serv**isti**		serv**ì**
	P. P.	ho	serv**ito**	hai	serv**ito**	ha	serv**ito**
	T. P.	avevo	serv**ito**	avevi	serv**ito**	aveva	serv**ito**
	T. R.	ebbi	serv**ito**	avesti	serv**ito**	ebbe	serv**ito**
	F. S.		serv**irò**		serv**irai**		serv**irà**
	F. A.	avrò	serv**ito**	avrai	serv**ito**	avrà	serv**ito**
Cond.	Pres.		serv**irei**		serv**iresti**		serv**irebbe**
	Pass.	avrei	serv**ito**	avresti	serv**ito**	avrebbe	serv**ito**
Cong.	Pres.		serv**a**		serv**a**		serv**a**
	Imperf.		serv**issi**		serv**issi**		serv**isse**
	Pass.	_abbia_	serv**ito**	_abbia_	serv**ito**	_abbia_	serv**ito**
	Tra.	avessi	serv**ito**	avessi	serv**ito**	avesse	serv**ito**
Imp.	afferm.				serv**i**		serv**a**
	negat.			non	serv**ire**	non	serv**a**
Inf.	Pres.		serv**ire**				
	Pass.	aver(e)	serv**ito**				
Part.	Pres.		serv**ente**				
	Pass.		serv**ito**				
Ger.	Pres.		serv**endo**				
	Pass.	avendo	serv**ito**				

1. Person Plural		2. Person Plural		3. Person Plural	
	serv*iamo*		serv*ite*		s<u>e</u>rv*ono*
	serv*ivamo*		serv*ivate*		serv*ivano*
	serv*immo*		serv*iste*		serv*irono*
abbiamo	serv*ito*	avete	serv*ito*	hanno	serv*ito*
avevamo	serv*ito*	avevate	serv*ito*	av<u>e</u>vano	serv*ito*
avemmo	serv*ito*	aveste	serv*ito*	<u>e</u>bbero	serv*ito*
	serv*iremo*		serv*irete*		serv*iranno*
avremo	serv*ito*	avrete	serv*ito*	avranno	serv*ito*
	serv*iremmo*		serv*ireste*		serv*irebbero*
avremmo	serv*ito*	avreste	serv*ito*	avr<u>e</u>bbero	serv*ito*
	serv*iamo*		serv*iate*		s<u>e</u>rv*ano*
	serv*issimo*		serv*iste*		serv*issero*
abbiamo	serv*ito*	abbiate	serv*ito*	<u>a</u>bbiano	serv*ito*
av<u>e</u>ssimo	serv*ito*	aveste	serv*ito*	av<u>e</u>ssero	serv*ito*
	serv*iamo*		serv*ite*		s<u>e</u>rv*ano*
non	serv*iamo*	non	serv*ite*	non	s<u>e</u>rv*ano*

DAS VERB

Die Verben mit orthographischen Änderungen

Bei einigen Verbgruppen sind einige orthographische Änderungen zu beachten. Einige Verben wichtigsten Verben dieser Verbgruppen aufgeführt. Dies schließt auch deren Zusammensetzun- hintereinander z. B. regelmäßig konjugiert, ist stellvertretend die erste regelmäßige Verbform dar unregelmäßige Verbform anzeigt, daß die folgenden Verbformen unregelmäßig zu konjugieren die durch alle Personen hindurch regelmäßig sind, sind nur in der jeweils 1. Person Singular dar

Verbgruppe	Konjugationsmerkmal	Presente	Imperfetto	P. R.
-*care* -*gare*	Vor allen Endungen, die mit -e, -i beginnen, wird nach dem Verbstamm ein -h eingefügt.	cerc*o* cerc**h***i* cerc*a* cerc**h***iamo* cerc*ate*	cerc*avo*	cerc*ai*
-i*are*	Vor allen Endungen, die mit -i beginnen, bleibt das betonte -i des Verbstamms, unbetontes -i entfällt. Verben dieser Verbgruppe sind **inviare** und **deviare.**	invi*o* invi*i* invi*a* **inv**i*amo* invi*ate*	invi*avo*	invi*ai*
-i*are* -**chi***are* -**ghi***are* -**gli***are* -**zi***are*	Vor allen Endungen, die mit -i beginnen, entfällt das -i der Verbstammendung. Die meisten Verben auf **-iare** gehören dieser Verbgruppe an.	cambi*o* **camb***i* cambi*a* **camb***iamo* cambi*ate*	cambi*avo*	cambi*ai*
-**ci***are* -**gi***are*	Vor allen Endungen, die mit -e, -i beginnen, entfällt das -i der Verbstammendung.	cominci*o* **cominc***i* cominci*a* **cominc***iamo* cominci*ate*	cominci*avo*	cominci*ai*
-o*lare* -o*nare* -o*tare*	In allen auf dem Verbstamm betonten Verbformen (1. - 3. Pers. Sing. und 3. Pers. Plur. des pres., cong. pres. und des imp. wird das -o des Verbstamms zu -uo. Verben dieser Verbgruppe sind **solare, sonare, tonare, rotare**. Die meisten Verben dieser Verbgruppe werden wie die Verben auf **-ARE** konjugiert.	su**o**n*o* son*iamo* su**o**n*ano*	son*avo*	son*ai*

34

haben dieselbe Endung, gehören aber verschiedenen Verbgruppen an. In diesen Fällen sind die gen mit ein, auch wenn diese nicht ausdrücklich genannt sind. Werden mehrere Verbformen gestellt. Alle folgenden Verbformen sind ebenfalls regelmäßig zu konjugieren, solange bis eine sind. Verbformen, die eine Änderung in einer Zeit durch alle Personen hindurch aufweisen oder gestellt. Alle Endungen sind kursiv, alle Besonderheiten sind fett gedruckt.

F. S.	Cond. Pres.	Cong. Pres.	Cong. Imperf.	Imp. afferm.	Part. Pass. Part. Pres. Gerundio
cerc**h**erò	cerc**h**erei	cerc**h**i	cercassi	cerca cerc**h**i cercate cerc**h**ino	cercato cercante cercando
invierò	invierei	invii **inv**iamo inviino	inviassi	invia invii **inv**iamo inviate inviino	inviato inviante inviando
cambierò	cambierei	**camb**i	cambiassi	cambia **camb**i cambiate **camb**ino	cambiato cambiante cambiando
comincerò	**cominc**erei	**cominc**i	cominciassi	comincia **cominc**i cominciate **cominc**ino	cominciato cominciante cominciando
sonerò	sonerei	**suo**ni soniamo **suo**nino	sonassi	**suo**na soniamo **suo**nino	sonato sonante sonando

DAS VERB

Verbgruppe	Konjugationsmerkmal	Presente	Imperfetto	P. R.
-oc*are*	In allen auf dem Verbstamm be-tonten Verbformen (1. - 3. Pers. Sing. und 3. Pers. Plur. des pres., cong. pres. und des imp. kann das -o des Verbstamms in -uo umgewandelt werden. Zusätzlich wird vor allen Endungen, die mit -e, -i beginnen, nach dem Verb-stamm ein -h eingefügt. Zu dieser Verbgruppe gehört **gio-care**. Die meisten Verben auf **-ocare** werden wie die Verben auf **-care** konjugiert.	gi(**u**)oc*o* gi(**u**)och*i* gi(**u**)oc*a* gio**ch***iamo* gioc*ate* gi(**u**)oc*ano*	gioc*avo*	gioc*ai*
-c*ire*	Vor allen Endungen, die mit -a, -o beginnen, wird nach dem -c ein -i eingefügt. Zu dieser Verbgruppe gehört **cu-cire**. Die meisten Verben auf **-cire** werden wie die Verben auf **-IRE** mit Stammerweiterung konjugiert, orthographische Änderungen sind dann nicht zu beachten.	cuc*io* cuc*i* cuc*iono*	cuc*ivo*	cuc*ii*

Die Verben auf -ERE mit einzelnen unregelmäßigen Verbformen

Einige Verbgruppen der Verben auf **-ERE** ändern nur den Verbstamm in der 1. und 3. Person Sin Außerdem werden die regelmäßigen Endungen des passato remoto (**-etti, -ette, -ettero**) auf men werden regelmäßig konjugiert.

Verbgruppe	P. R. 1. Pers. Sing.	P. R. 2. Pers. Sing.	P. R. 3. Pers. Sing.
-in*cere* **-or*cere***	vin**s***i*	vin*cesti*	vin*se*
-es*cere* **-os*cere***	cono**bb***i*	cono*scesti*	cono**bb***e*

F. S.	Cond. Pres.	Cong. Pres.	Cong. Imperf.	Imp. afferm.	Part. Pass. Part. Pres. Gerundio
giocherò	giocherei	gi(u)ochi giochiamo gi(u)ochino	giocassi	gi(u)oca gi(u)ochi giochiamo giocate gi(u)ochino	giocato giocante giocando
cucirò	cucirei	cucia cuciamo cuciano	cucissi	cuci cucia cuciamo cuciano	cucito cucente cucendo

gular und in der 3. Person Plural des passato remoto und meist im participio passato. -i, -e und -ero und im participio passato (-uto) meist auf -o verkürzt. Alle anderen Verbfor-

P. R. 1. Pers. Plur.	P. R. 2. Pers. Plur.	P. R. 3. Pers. Plur.	Part. Pass.	Infinito
vincemmo	vinceste	vinsero	vinto	vincere
conoscemmo	conosceste	conobbero	conosciuto	conoscere

37

DAS VERB

Verbgruppe	P. R. 1. Pers. Sing.	P. R. 2. Pers. Sing.	P. R. 3. Pers. Sing.
-ascere	nac**qui**	nasc**esti**	nac**que**
-argere **-ergere**	spar**si**	sparg**esti**	spar**se**
-ergere	er**si**	erg**esti**	er**se**
-angere **-ingere** **-olgere** **-orgere** **-ungere** **-urgere**	pian**si**	piang**esti**	pian**se**
-stringere	strin**si**	string**esti**	strin**se**
-figgere	affi**ssi**	affigg**esti**	affi**sse**
-iggere **-eggere** **-uggere**	affli**ssi**	affligg**esti**	affli**sse**
-guere	distin**si**	distingu**esti**	distin**se**
-dirigere **-erigere**	dir**essi**	dirig**esti**	dir**esse**
-redigere	red**assi**	redig**esti**	red**asse**
-esigere	esig**etti**/-*ei*	esig**esti**	esig**ette**/-*é*
-adere **-andere** **-ardere** **-erdere** **-idere** **-odere** **-ordere** **-uadere** **-udere**	deci**si**	decid**esti**	deci**se**
-iedere	chie**si**	chied**esti**	chie**se**

P. R. 1. Pers. Plur.	P. R. 2. Pers. Plur.	P. R. 3. Pers. Plur.	Part. Pass.	Infinito
nasc*emmo*	nasc*este*	na**cquero**	na*to*	nasc*ere*
sparg*emmo*	sparg*este*	spar**sero**	spar**so**	sparg*ere*
erg*emmo*	erg*este*	er**sero**	er*to*	erg*ere*
piang*emmo*	piang*este*	pian**sero**	pian*to*	piang*ere*
string*emmo*	string*este*	strin**sero**	str**etto**	string*ere*
affigg*emmo*	affigg*este*	affi**ssero**	affi**sso**	affigg*ere*
affligg*emmo*	affligg*este*	affli**ssero**	affli**tto**	affligg*ere*
distingu*emmo*	distingu*este*	distin**sero**	distin*to*	distingu*ere*
dirig*emmo*	dirig*este*	dir**essero**	dir**etto**	dirig*ere*
redig*emmo*	redig*este*	red**assero**	red**atto**	redig*ere*
esig*emmo*	esig*este*	esig*ettero*/-erono	es**atto** .	esig*ere*
decid*emmo*	decid*este*	deci**sero**	deci**so**	decid*ere*
chied*emmo*	chied*este*	chie**sero**	chie**sto**	chied*ere*

DAS VERB

Verbgruppe	P. R. 1. Pers. Sing.	P. R. 2. Pers. Sing.	P. R. 3. Pers. Sing.
-concedere -succedere	concessi	concedesti	concesse
-endere -undere	accesi	accendesti	accese
-ondere	risposi	rispondesti	rispose
-fondere	fusi	fondesti	fuse
-indere	scissi	scindesti	scisse
-umere	assunsi	assumesti	assunse
-redimere	redensi	redimesti	redense
-imere	compressi	comprimesti	compresse
-ompere	ruppi	rompesti	ruppe
-espellere	espulsi	espellesti	espulse
-utere	discussi	discutesti	discusse
-flettere -nettere	flessi	flettesti	flesse
-mettere	misi	mettesti	mise
-rrere	corsi	corresti	corse
-olvere	assolsi	assolvesti	assolse
-evolvere	evolsi	evolvesti	evolse
-scrivere	scrissi	scrivesti	scrisse
-iovere	piovvi *	piovesti	piovve

* **Piovere** ist in ursprünglicher Bedeutung (regnen) unpersönliches Verb und wird in dieser Funk
kann **piovere** in allen Personen verwendet werden.

Die Konjugation

P. R. 1. Pers. Plur.	P. R. 2. Pers. Plur.	P. R. 3. Pers. Plur.	Part. Pass.	Infinito
concede*mmo*	concede*ste*	conce**ssero**	conce**sso**	conced*ere*
accende*mmo*	accende*ste*	acc**esero**	acc**eso**	accend*ere*
risponde*mmo*	rispond*este*	rispo**sero**	rispo**sto**	rispond*ere*
fond*emmo*	fond*este*	**fusero**	**fuso**	fond*ere*
scind*emmo*	scind*este*	sc**issero**	sci**sso**	scind*ere*
assum*emmo*	assum*este*	assu**nsero**	assu**nto**	assum*ere*
redim*emmo*	redim*este*	red**ensero**	red**ento**	redim*ere*
comprim*emmo*	comprim*este*	compr**essero**	compr**esso**	comprim*ere*
romp*emmo*	romp*este*	**ruppero**	**rotto**	romp*ere*
espell*emmo*	espell*este*	esp**ulsero**	esp**ulso**	espell*ere*
discut*emmo*	discut*este*	discu**ssero**	discu**sso**	discut*ere*
flett*emmo*	flett*este*	fle**ssero**	fle**sso**	flett*ere*
mett*emmo*	mett*este*	m**isero**	me**sso**	mett*ere*
corr*emmo*	corr*este*	cor**sero**	cor**so**	corr*ere*
asolv*emmo*	assolv*este*	assol**sero**	assol**to**	assolv*ere*
evolv*emmo*	evolv*este*	evol**sero**	evol*uto*	evolv*ere*
scriv*emmo*	scriv*este*	scri**ssero**	scri**tto**	scriv*ere*
piov*emmo*	piov*este*	pio**vvero**	piov*uto*	piov*ere*

tion nur in der 3. Person Singular verwendet. In übertragener Bedeutung (bei jemandem hereinschneien)

DAS VERB

Die Konjugation der wichtigsten unregelmäßigen Verben

Die folgende Zusammenfassung zeigt die wichtigsten unregelmäßigen Verben und ihre Zusammen
einander regelmäßig konjugiert, ist die erste regelmäßige Verbform dargestellt. Alle folgenden
die folgenden, so wie vorgegeben, unregelmäßig zu konjugieren sind. Sind in einer Zeit nur regel

Infinito	Presente	Imperfetto	P. R.	F. S.	Cond. Pres.
and*are*	**vado** **vai** **va** and*iamo* **vanno**	and*avo*	and*ai*	and**rò**	and***rei***
dare	do d**ai** d**à** d*iamo* d**anno**	d*avo*	d***iedi*/d*etti*** d***esti*** d***iede*/d*ette*** d***emmo*** d***este*** d***iedero*/d*ettero***	d**arò**	d***arei***
stare	sto st**ai** sta st***anno***	st*avo*	st***etti*** st***esti*** st***ette*** st***emmo*** st***este*** st***ettero***	st**arò**	st***arei***
piacere **tacere**	pia**cci**o piac*i* piac**(c)***iamo* piac*ete* pia**cci***ono*	piac*evo*	pia**cqui** piac*esti* pia**cque** piac*emmo* pia**cquero**	piac*erò*	piac*erei*
nuocere	n(u)**occi**o nuoc*i* n(u)oc*iamo* n(u)**occi***ono*	n(u)oc*evo*	no**cqui** n(u)oc*esti* no**cque** n(u)oc*emmo* no**cquero**	n(u)oc*erò*	n(u)oc*erei*
cuocere	cuoc*i*o cuoc*i* coc*iamo* cuoc*i*ono	coc*evo*	co**ssi** coc*esti* co**sse** coc*emmo* co**ssero**	coc*erò*	coc*erei*

setzungen, auch wenn diese nicht ausdrücklich genannt sind. Werden mehrere Verbformen hinter-
Verbformen sind auch regelmäßig zu konjugieren, bis eine unregelmäßige Verbform anzeigt, daß
mäßige oder unregelmäßige Verbformen, ist nur die 1. Person Singular dargestellt.

Cong. Pres.	Cong. Imperf.	Imp. afferm.	Part. Pass.	Part. Pres. Gerundio
vada and*iamo* **vadano**	and*assi*	**va/va'/vai** **vada** and*iamo* **vadano**	essere and*ato*	and*ante* and*ando*
d*ia* d*iamo* d*iano*	d*essi*	da/da'/d*ai* d*ia* d*iamo* d*iano*	avere d*ato*	d*ante* d*ado*
st*ia* st*iamo* st*iano*	st*essi*	stà/sta'/st*ai* st*ia* st*iamo* st*iano*	essere st*ato*	st*ante* st*ando*
piac*cia* pia**(c)**c*iamo* piac*ciano*	piac*essi*	piac*i* piac*cia* pia**(c)**c*iamo* piac*ete* piac*ciano*	essere piac*iuto*	piac*ente* piac*endo*
n(u)o*ccia* n(u)o*ciamo* n(u)o*cciano*	n(u)o*cessi*	nuo*ci* n(u)o*ccia* n(u)o*ciamo* n(u)o*cciano*	avere n(u)o*ciuto*	n(u)o*cente* n(u)o*cendo*
cuo*cia* co*ciamo* cuo*ciano*	co*cessi*	cuo*ci* cuo*cia* co*ciamo* cuo*ciano*	avere **cotto**	co*cente* co*cendo*

DAS VERB

Infinito	Presente	Imperfetto	P. R.	F. S.	Cond. Pres.
muovere	muovo moviamo muovono	movevo	mossi movesti mosse movevamo mossero	moverò	moverei
spegnere **spengere**	spengo spegni spengono	spegnevo	spensi spegnesti spense spegnemmo spensero	spegnerò	spegnerei
cogliere **scegliere**	colgo cogli coglie cogliamo cogliete colgono	coglievo	colsi cogliesti colse cogliemmo colsero	coglierò	coglierei
cadere	cado	cadevo	caddi cadesti cadde cademmo caddero	cadrò	cadrei
vedere	vedo	vedevo	vidi vedesti vide vedemmo videro	vedrò	vedrei
sedere	siedo sediamo siedono	sedevo	sedei/sedetti	sederò	sederei
vivere	vivo	vivevo	vissi vivesti visse vivemmo vissero	vivrò	vivrei

Cong. Pres.	Cong. Imperf.	Imp. afferm.	Part. Pass.	Part. Pres. Gerundio
muova moviamo muovano	movessi	muovi moviamo muovano	avere **mosso**	movente movendo
spenga spegniamo spengano	spegnessi	spegni spenga spegniamo spengano	avere spento	spegnente spegnendo
colga **cogli**amo colgano	cogliessi	**cogli** colga **cogli**amo cogliete colgano	avere **colto**	cogliente cogliendo
cada	cadessi	cadi	essere caduto	cadente cadendo
veda	vedessi	vedi	avere **visto,** avere veduto	vedente vendendo
sieda sediamo siedano	sedessi	siedi sediamo siedano	essere seduto	sedente sedendo
viva	vivessi	vivi	avere vi**ss**uto	vivente vivendo

DAS VERB

Infinito	Presente	Imperfetto	P. R.	F. S.	Cond. Pres.
parere	pai*o* par*i* **pa***iamo* par*ete* pai*ono*	par*evo*	par**v***i* par*esti* par**ve** par*emmo* par**vero**	par**rò**	par***rei***
valere	val**g***o* val*i* val**g***ono*	val*evo*	val**s***i* val*esti* val**s***e* val*emmo* val**s***ero*	var**rò**	var***rei***
rimanere	riman**g***o* riman*i* riman**g***ono*	riman*evo*	rima**s***i* riman*esti* rima**s***e* riman*emmo* rima**s***ero*	rimar**rò**	rimar***rei***
porre (von **ponere**)	pon**g***o* pon*i* pon**g***ono*	pon*evo*	pos*i* pon*esti* pos*e* pon*emmo* pos*ero*	por**rò**	por***rei***
trarre (von **traere**)	tragg*o* tra*i* tragg*ono*	tra*evo*	**trass***i* **tra***esti* **trass***e* **tra***emmo* **trass***ero*	trar**rò**	trar***rei***
condurre, **introdurre,** **produrre,** **ridurre,** **tradurre** (von **-ducere**)	**conduc***o*	**conduc***evo*	**conduss***i* **conduc***esti* **conduss***e* **conduc***emmo* **conduss***ero*	condur**rò**	condur***rei***
dire (von **dicere**)	**dic***o* **dite** **dic***ono*	**dic***evo*	**diss***i* **dic***esti* **diss***e* **dic***emmo* **diss***ero*	di**rò**	di***rei***

Cong. Pres.	Cong. Imperf.	Imp. afferm.	Part. Pass.	Part. Pres. Gerundio
pai*a* **pa**i*amo* pai*ano*	par*essi*	-	essere par**so**	par**v***ente* par*endo*
val**g***a* val*iamo* val**g***ano*	val*essi*	val*i* val**g***a* val*iamo* val**g***ano*	avere val**so**	val*ente* val*endo*
riman**g***a* riman*iamo* riman**g***ano*	riman*essi*	riman*i* riman**g***a* riman*iamo* riman**g***ano*	essere rima**sto**	riman*ente* riman*endo*
pong*a* **pon***iamo* **pong***ano*	**pon***essi*	**pon***i* **pong***a* **pon***iamo* **pong***ano*	avere **posto**	**pon***ente* **pon***endo*
tragg*a* **tra***iamo* **tragg***ano*	**tra***essi*	**tra***i* **tragg***a* **tra***iamo* **tragg***ano*	avere **tratto**	**tra***ente* **tra***endo*
conduc*a*	**conduc***essi*	**conduc***i*	avere **condotto**	**conduc***ente* **conduc***endo*
dic*a*	**dic***essi*	**di/di'** **dic***a* **dite** **dic***ano*	avere **detto**	**dic***ente* **dic***endo*

DAS VERB

Infinito	Presente	Imperfetto	P. R.	F. S.	Cond. Pres.
fare (von **facere**)	**facci**o **fai** **fa** **facci**amo **fate** **fanno**	**fac**evo	**fec**i **fac**esti **fec**e **fac**emmo **fec**ero	fa**rò**	fa**rei**
bere (von **bevere**)	**bev**o	**bev**evo	**bevv**i **bev**esti **bevv**e **bev**emmo **bevv**ero	ber**rò**	ber**rei**
dolere	dolgo duoli doliamo dolgono	dolevo	dolsi dolesti dolse dolemmo dolsero	dorrò	dorrei
volere	voglio vuoi vuole vogliamo volete vogliono	volevo	volli volesti volle volemmo vollero	vorrò	vorrei
dovere	devo/debbo devi dobbiamo dovete devono/debbono	dovevo	dovei/dovetti	dovrò	dovrei
potere	posso puoi può possiamo potete possono	potevo	potei/potetti	potrò	potrei
tenere	tengo tieni teniamo tengono	tenevo	tenni tenesti tenne tenemmo tennero	terrò	terrei

Cong. Pres.	Cong. Imperf.	Imp. afferm.	Part. Pass.	Part. Pres. Gerundio
faccia	facessi	fa/fa'/fai faccia fate facciano	avere fatto	facente facendo
beva	bevessi	bevi	avere bevuto	bevente bevendo
dolga doliamo dolgano	dolessi	duoli dolga doliamo dolgano	essere doluto	dolente dolendo
voglia	volessi	vuoi voglia vogliamo volete vogliano	avere voluto	volente volendo
deva/debba dobbiamo devano/debbano	dovessi	-	avere dovuto	- dovendo
possa	potessi	-	avere potuto	potente potendo
tenga teniamo tengano	tenessi	tieni tenga teniamo tengano	avere tenuto	tenente tenendo

DAS VERB

Infinito	Presente	Imperfetto	P. R.	F. S.	Cond. Pres.
sap_ere_	s_o_ sa_i_ sa sapp_iamo_ sap_ete_ **sanno**	sap_evo_	**sepp**_i_ sap_esti_ s**epp**e sap_emmo_ s**epp**_ero_	sap_rò_	sap_rei_
usc_ire_	**esc**o usc_iamo_ **esc**_ono_	usc_ivo_	usc_ii_	usc_irò_	usc_irei_
ud_ire_	**o**do ud_iamo_ **o**d_ono_	ud_ivo_	ud_ii_	ud_(i)rò_	ud_(i)rei_
mor_ire_	mu**oi**o mu**o**r_i_ mor_iamo_ mu**oi**_ono_	mor_ivo_	mor_ii_	mor_(i)rò_	mor_(i)rei_
apr_ire_ **copr**_ire_ **offr**ire **soffr**ire	apr_o_	apr_ivo_	apr_ii_/ap**ers**_i_ apr_isti_ apr_i_/ap**erse** apr_immo_ apr_irono_/ap**ers**ero	apr_irò_	apr_irei_
appar_ire_* **dispar**ire*	appa**i**o appar_i_ appa**i**_ono_	appar_ivo_	appr_ii_/appar**v**_i_ appar_isti_ appar_i_/appar**ve** appar_immo_ appar_irono_/appar**vero**	appar_irò_	appar_irei_
sal_ire_	sal**g**o sal_i_ sal**g**_ono_	sal_ivo_	sal_ii_	sal_irò_	sal_irei_
ven_ire_	ven**g**o v**ie**n_i_ ven_iamo_ ven**g**_ono_	ven_ivo_	ven**n**_i_ ven_isti_ ven**ne** ven_immo_ ven**n**_ero_	ven**rò**	ven**rei**

* oder wie die Verben auf **-IRE** mit Stammerweiterung.

Cong. Pres.	Cong. Imperf.	Imp. afferm.	Part. Pass.	Part. Pres. Gerundio
sa**ppi**a	sap*essi*	sa**pp***i* sa**ppi**a	avere sap*uto*	- sap*endo*
esca usc*iamo* **esc***ano*	usc*issi*	**esc***i* usc*iamo* **esc***ano*	essere usc*ito*	usc*ente* usc*endo*
od*a* ud*iamo* **o**d*ano*	ud*issi*	**o**d*i* ud*iamo* **o**d*ano*	avere ud*ito*	ud*ente* ud*endo*
m**uoi**a mor*iamo* m**uoi***ano*	mor*issi*	m**uor***i* m**uoi**a mor*iamo* m**uoi***ano*	essere **morto**	mor*ente* mor*endo*
apr*a*	apr*issi*	apr*i*	avere ap**ert**o	apr*ente* apr*endo*
appa**i**a appar*iamo* appa**i***ano*	appar*issi*	appar*i* appa**i**a appar*iamo* appa**i***ano*	essere app**arso**	appar*ente* appar*endo*
sal**g**a sal*iamo* sal**g***ano*	sal*issi*	sal*i* sal**g**a sal*iamo* sal**g***ano*	essere sal*ito*	sal***iente*** sal*endo*
ven**g**a ven*iamo* ven**g***ano*	ven*issi*	vi**en***i* ven**g**a ven*iamo* ven**g***ano*	essere ven**uto**	ven***iente*** ven*endo*

Die Hilfsverben (I verbi ausiliari)

Die Hilfsverben **avere** (haben) und **essere** (sein) dienen zur Bildung der zusammengesetzten Zeiten und des Passivs.

Verben, die mit avere konjugiert werden

Die meisten Verben bilden die zusammengesetzten Zeiten mit **avere**. Es sind dies **avere** selbst, alle transitiven Verben und einige intransitive Verben.

- **Ho** *avuto* due lettere.
- Anna **ha** *venduto* la sua casa.
- Questo esame **ha** *durato* molto tempo.

Verben, die mit essere konjugiert werden

Einige Verben bilden die zusammengesetzten Zeiten mit **essere**. Dies gilt für **essere** selbst, die meisten intransitiven Verben, alle reflexiven Verben und die Verben, die in der sogenannten Si-Konstruktion verwendet werden. Das Passiv wird grundsätzlich mit **essere** gebildet.

- **Sono** *stato* in America.
- Questo esame **è** *durato* molto tempo.
- *Si* **è** *accorto* troppo tardi della nostra presenza.
- Ti *si* **è** *visto*.
- Paolo **è** *invitato*.

Die mit **essere** konjugierten Verben richten sich in Geschlecht und Zahl nach dem Subjekt, d. h. bei einem männlichen Subjekt (1. - 3. Person Singular) endet das participio passato auf **-o**, bei mehreren (1. - 3. Person Plural) auf **-i**. Bei einem weiblichen Subjekt endet das participio passato auf **-a**, bei mehreren auf **-e**. Bei einem oder mehreren männlichen und weiblichen Subjekten endet das participio passato auf **-i**, selbst wenn unter mehreren weiblichen Subjekten nur ein männliches ist.

Subjekt/ Geschlecht	eine Person, Sache (1. - 3. Person Singular)	mehrere Personen, Sachen (1. - 3. Person Plural)
männlich	Paolo è partit**o**.	Paolo e Luigi sono partit**i**.
weiblich	Gianna è partit**a**.	Gianna e Maria sono partit**e**.
männlich und weiblich	-	Paolo e Gianna sono partit**i**.

Verben, die sowohl mit avere als auch mit essere konjugiert werden

	Verben mit **avere**	Verben mit **essere**
Modalverben	Steht das Modalverb mit einem Verb, das mit **avere** oder **essere** konjugiert wird, kann mit **avere** konjugiert werden. • **Ho** *dovuto fare* questo lavoro per un mese. • **Ho** *dovuto partire* presto.	Steht das Modalverb mit einem Verb, das mit **essere** konjugiert wird, kann mit **essere** konjugiert werden. • **Siamo** *dovuti partire* presto per arrivare in tempo.
	Steht das Modalverb mit einem reflexiven Verb, so wird mit **avere** konjugiert, wenn das Reflexivpronomen an den Infinitiv angehängt wird. • Non **ho** *voluto addormentarmi.*	Steht das Modalverb mit einem reflexiven Verb, so wird mit **essere** konjugiert, wenn das Reflexivpronomen vor dem Modalverb steht. • Non *mi* **sono** *voluto addormentare.*
Unpersönliche Verben	Die unpersönlichen Verben, die zur Beschreibung des Wetters dienen, können, vor allem zum Ausdruck der Dauer, Häufigkeit mit **avere** konjugiert werden.	Die unpersönlichen Verben und unpersönlich gebrauchten Verben. Die folgenden häufig unpersönlich verwendeten Verben werden auch bei persönlicher Verwendung mit **essere** konjugiert. • **costare** • **parere** • **dispiacere** • **piacere** • **dipendere** • **sembrare** • **esistere** • **succedere**
	• **Ha** *piovuto* per tutto il giorno. • Ieri **ha** *nevicato* per quattro ore.	• Stamattina **è** *piovuto* a catinelle. • Che cosa **è** *successo?*
Transitive und intransitive Verben	Einige Verben können sowohl transitiv als auch intransitiv verwendet werden. Bei transitivem Gebrauch wird mit **avere** konjugiert. Meist liegt zu den intransitiv verwendeten Verben ein Unterschied in der Bedeutung vor. • **cambiare** (ändern) • **cessare** (aufhören) • **cominciare** (anfangen) • **fuggire** (meiden) • **giungere** (vereinigen)	Einige Verben können sowohl intransitiv als auch transitiv verwendet werden. Bei intransitivem Gebrauch wird mit **essere** konjugiert. Meist liegt zu den transitiv verwendeten Verben ein Unterschied in der Bedeutung vor. • **cambiare** (ändern) • **cessare** (einstellen, beenden) • **cominciare** (anfangen) • **fuggire** (fliehen) • **giungere** (ankommen)

Verben mit **avere**		Verben mit **essere**	
• **passare** (überschreiten) • **salire** (be-, einsteigen) • **suonare** (spielen (Instrument))		• **passare** (vorbeigehen) • **salire** (steigen) • **suonare** (schlagen (Uhr))	
• Gianna **ha** *suonato* il piano molto bene. • Paolo **ha** *passato* il ponte.		• **Sono** *suonate* le tre. • Paolo **è** *passato* davanti a mia madre.	

	Verben mit **avere**		Verben mit **essere**	
Verben der Be-wegung	Einige Verben der Bewegung, werden, wenn sie transitiv verwendet werden (im Gegensatz zum Deutschen), vor allem zum Ausdruck der Tätigkeit mit **avere** konjugiert. • **camminare** • **nuotare** • **girare** • **viaggiare** • **marciare** • **vagare** • **passeggiare**		Die meisten Verben der Bewegung werden, wenn sie intransitiv verwendet werden, mit **essere** konjugiert. • **andare** • **riuscire** • **arrivare** • **scappare** • **cadere** • **tornare** • **crescere** • **uscire** • **entrare** • **venire** • **partire**	
	• **Abbiamo** *camminato* per tutta la giornata. • **Hanno** *marciato* più di dieci ore.		• Questo fiore **è** *cresciuto* lentamente. • Paolo **è** *uscito* di casa.	
	Die Verben der Bewegungsart, wenn kein Ortswechsel, keine Angabe des Ausgangspunkts, der Bewegungsrichtung vorliegt. • **correre** • **scendere** • **saltare** • **volare**		Einige Verben der Bewegungsart, wenn ein Ortswechsel, die Angabe des Ausgangspunkts, der Bewegungsrichtung erfolgt. • **correre** • **scendere** • **saltare** • **volare**	
	• **Ha** *volato* per due ore per vedere i suoi amici.		• **È** *volato* a Roma per incontrare i suoi amici.	
Verben des Zu-stands(wechsels)			Intransitive Verben, die einen Zustand oder Zustandswechsel bzw. Ortswechsel ausdrücken. • **divenire** • **restare** • **diventare** • **rimanere** • **morire** • **stare** • **nascere**	
			• Paolo **è** *stato* molto ricco. • Luigi **è** *divenuto* medico.	

Die reflexiven Verben (I verbi riflessivi)

Reflexive Verben sind Verben, die von einem Reflexivpronomen begleitet werden. Reflexivpronomen und Subjekt bezeichnen dieselbe Person oder Sache.

Es ist zu beachten, daß nicht jedes Verb, das im Deutschen reflexiv verwendet wird, auch im Italienischen reflexiv verwendet werden kann und umgekehrt.

Reflexive Verben

Einige Verben werden im Italienischen meist reflexiv verwendet.

- **Si accorse** troppo tardi della nostra presenza.

• **accorgersi**	(bemerken, wahrnehmen)	• **farsi buio**	(dunkel werden)
• **ammalarsi**	(krank werden)	• **farsi tardi**	(spät werden)
• **arrabbiarsi**	(sich ärgern, böse werden)	• **vergognarsi**	(sich schämen)

Gelegentlich reflexiv gebrauchte Verben

Einige Verben werden sowohl reflexiv als auch nicht reflexiv verwendet.
Häufig haben die reflexiv verwendeten Verben eine andere Bedeutung als die nicht reflexiv verwendeten Verben.

- Paolo **si lava** le mani.
- Paolo **lava** il bucato.
- **Mi alzo** alle sei ogni mattina.
- **Ho alzato** un peso.

• **accontentarsi**	(sich begnügen)	• **accontentare**	(zufriedenstellen)
• **affrettarsi**	(sich beeilen)	• **affrettare**	(beschleunigen)
• **alzarsi**	(aufstehen)	• **alzare**	(auf-, hochheben)
• **andarsene**	(weggehen, abhauen)	• **andare**	(gehen)
• **attendersi**	(gefaßt sein auf)	• **attendere**	((er)warten)
• **cambiarsi**	(sich umziehen)	• **cambiare**	(sich ändern, wechseln)
• **chiamarsi**	(heißen)	• **chiamare**	(nennen, rufen)
• **divertirsi**	(sich amüsieren)	• **divertire**	(unterhalten)
• **guardarsi da**	(sich hüten vor)	• **guardare**	((an)schauen)
• **intendersi di**	(sich verstehen auf)	• **intendere**	(beabsichtigen)
• **levarsi**	(aufstehen)	• **levare**	(wegnehmen)
• **mettersi**	(aufsetzen (Brille, Hut))	• **mettere**	(setzen, legen, stellen)
• **mettersi a**	(sich daran machen)		
• **ricordarsi**	(sich erinnern)	• **ricordare**	(jn. erinnern)
• **smarrirsi**	(sich verirren)	• **smarrire**	(verlieren, verlegen)
• **svegliarsi**	(aufwachen)	• **svegliare**	(wecken)
• **trovarsi**	(sich befinden)	• **trovare**	(finden)

Nicht reflexiv verwendete Verben

Einige Verben sind, im Gegensatz zum Deutschen, im Italienischen nicht reflexiv.

> • Quest'anno **sono successi** molti incidenti.

- **accadere**   (sich ereignen)
- **diminuire**   (sich verringern)
- **migliorare**   (sich bessern)

- **peggiorare**   (sich verschlechtern)
- **succedere**   (sich ereignen)

Die reziproken Verben (I verbi reciproci)

Reziproke Verben drücken die Gegenseitigkeit, Wechselbeziehung aus (einander, gegenseitig). Auch diese Verben werden von einem Reflexivpronomen begleitet und werden nur im Plural verwendet.

> • **Si conoscono** da cinque anni.
> (Sie **kennen sich/einander** seit fünf Jahren.)
> • Luigi e Paola **si amano** molto.

Die reflexiven Verben bilden die zusammengesetzten Zeiten mit **essere** und richten sich daher in Geschlecht und Zahl nach dem Subjekt, d. h. bei einem männlichen Subjekt (1. - 3. Person Singular) endet das participio passato auf **-o**, bei mehreren (1. - 3. Person Plural) endet es auf **-i**. Bei einem weiblichen Subjekt endet das participio passato auf **-a**, bei mehreren auf **-e**. Bei einem, mehreren männlichen und weiblichen Subjekten endet das participio passato auf **-i**, selbst wenn nur ein männliches Subjekt unter mehreren weiblichen ist.
Dies ist in der folgenden Konjugationstabelle durch **o(a), i(e)** dargestellt.

Person, Sache/ Geschlecht	eine Person, Sache (1. - 3. Person Singular)	mehrere Personen, Sachen (1. - 3. Person Plural)
männlich	Paolo si è lavat**o**.	Paolo e Luigi si sono lavat**i**.
weiblich	Maria si è lavat**a**.	Maria e Gianna si sono lavat**e**.
männlich und weiblich	-	Paolo e Maria si sono lavat**i**.

Die Si-Konstruktion (Il si generico)

Die sogennante Si-Konstruktion wird aus dem Reflexivpronomen **si** + Verb gebildet und ist ein beliebtes Stilmittel zur Umschreibung eines unbestimmten Subjekts. Übersetzt wird dies meist durch das Pronomen *man* oder das (unpersönliche) Passiv.

Umschreibung eines unbestimmten Subjekts

Bei Verben ohne direktes Objekt wird **si** + Verb in der 3. Person Singular verwendet.
In den zusammengesetzten Zeiten bleibt das Partizip Perfekt unverändert, wenn das Verb mit **avere** konjugiert wird, wird es mit **essere** konjugiert, steht das Partizip Perfekt im Plural und endet auf **-i.**

- **Si è ballato**.
  (**Man hat/es wurde** getanzt.)
- Sabato non **si lavora** in questa ditta.
- **Si è parlato** di te.
  (parlare + avere)
- **Si è partiti** stamattina.
  (partire + essere)

Bei Verben mit direktem Objekt, steht **si** + Verb in der 3. Person und im Plural, wenn das direkte Objekt im Plural steht. Steht das direkte Objekt im Singular, steht auch das Verb im Singular. In den zusammengesetzten Zeiten richtet sich das Partizip Perfekt in Geschlecht und Zahl nach dem direkten Objekt.

- Qui **si allarga** *la strada.*
  (Hier **wird** *die Straße* **verbreitert.**)
- Qui **si allargano** *le strade.*
  (Hier **werden** *die Straßen* **verbreitert.**)
- Qui **si è allargata** *la strada.*
- Qui **si sono allargati** *i sentieri.*

Bei den reflexiven Verben wird das **si** der Si-Konstruktion durch **ci** ersetzt, um zu vermeiden, daß **si** zweimal aufeinanderfolgt.

- Prima di mangiare **ci si lava** le mani.
  (Vor dem Essen **wäscht man sich** die Hände.)
- Nella nostra famiglia **ci si alza** alle sette di mattina.

Umschreibung des Passivs

Die Si-Konstruktion wird häufig anstelle des Passivs verwendet, wenn der Urheber oder die Ursache einer Handlung unbekannt ist oder bleiben soll.

- **Si sono visti** molti errori.
  (Molti errori sono stati visti.)
- **Si sono verificati** molti incidenti.
  (Molti incidenti sono avvenuti.)

DAS VERB

Die Konjugation der reflexiven Verben

Mod.	Zeit	1. Person Singular	2. Person Singular	3. Person Singular
Ind.	Pres.	mi lavo	ti lavi	si lava
	Imperf.	mi lavavo	ti lavavi	si lavava
	P. R.	mi lavai	ti lavasti	si lavò
	P. P.	mi sono lavato(a)	ti sei lavato(a)	si è lavato(a)
	T. P.	mi ero lavato(a)	ti eri lavato(a)	si era lavato(a)
	T. R.	mi fui lavato(a)	ti fosti lavato(a)	si fu lavato(a)
	F. S.	mi laverò	ti laverai	si laverà
	F. A.	mi sarò lavato(a)	ti sarai lavato(a)	si sarà lavato(a)
Cond.	Pres.	mi laverei	ti laveresti	si laverebbe
	Pass.	mi sarei lavato(a)	ti saresti lavato(a)	si sarebbe lavato(a)
Cong.	Pres.	mi lavi	ti lavi	si lavi
	Imperf.	mi lavassi	ti lavassi	si lavasse
	Pass.	mi sia lavato(a)	ti sia lavato(a)	si sia lavato(a)
	Tra.	mi fossi lavato(a)	ti fossi lavato(a)	si fosse lavato(a)
Imp.	afferm.		lavati	si lavi
	negat.		non ti lavare non lavarti	non si lavi non si lavi
Inf.	Pres.	lavarsi		
	Pass.	essersi lavato		
Part.	Pres.	lavantesi		
	Pass.	lavatosi		
Ger.	Pres.	lavandosi		
	Pass.	essendosi lavato		

Die reflexiven Verben und die Si-Konstruktion

1. Person Plural		2. Person Plural		3. Person Plural	
ci	lav*iamo*	vi	lav*ate*	si	l*a*v*ano*
ci	lav*avamo*	vi	lav*avate*	si	lav*avano*
ci	lav*ammo*	vi	lav*aste*	si	lav*arono*
ci *siamo*	lav*ati(e)*	vi *siete*	lav*ati(e)*	si *sono*	lav*ati(e)*
ci *eravamo*	lav*ati(e)*	vi *eravate*	lav*ati(e)*	si *erano*	lav*ati(e)*
ci *fummo*	lav*ati(e)*	vi *foste*	lav*ati(e)*	si *furono*	lav*ati(e)*
ci	lav*eremo*	vi	lav*erete*	si	lav*eranno*
ci *saremo*	lav*ati(e)*	vi *sarete*	lav*ati(e)*	si *saranno*	lav*ati(e)*
ci	lav*eremmo*	vi	lav*ereste*	si	lav*erebbero*
ci *saremmo*	lav*ati(e)*	vi *sareste*	lav*ati(e)*	si *sarebbero*	lav*ati(e)*
ci	lav*iamo*	vi	lav*iate*	si	l*a*v*ino*
ci	lav*assimo*	vi	lav*aste*	si	lav*assero*
ci *siamo*	lav*ati(e)*	vi *siate*	lav*ati(e)*	si *siano*	lav*ati(e)*
ci *fossimo*	lav*ati(e)*	vi *foste*	lav*ati(e)*	si *fossero*	lav*ati(e)*
	lav*iamo***ci**		lav*ate***vi**	si	l*a*v*ino*
non	lav*iamo***ci**	non	lav*ate***vi**	non **si**	l*a*v*ino*
non **ci**	lav*iamo*	non **vi**	lav*ate*	non **si**	l*a*v*ino*

Die unpersönlichen Verben (I verbi impersonali)

Die unpersönlichen Verben kommen nur in der 3. Person Singular vor und stehen ohne eigenes Subjekt.
Viele unpersönliche Verben und Ausdrücke stehen mit dem congiuntivo. Diese sind im folgenden durch * gekennzeichnet.

- **Bisogna** terminare questo lavoro per domani.
- **Ci sono** molti bambini che devono vivere in povertà.
- **Conviene** che finalmente dica la verità.

• accade	(es geschieht)	• è meglio *	(es ist besser)
• basta *	(es genügt)	• è il meno *	(es ist das mindeste)
• è bene *	(es ist gut)	• è naturale *	(es ist natürlich)
• bisogna *	(es ist nötig, man muß)	• è necessario *	(es ist notwendig)
• capita	(es geschieht)	• nevica	(es schneit)
• è certo	(es ist sicher)	• è noto	(es ist bekannt)
• è chiaro	(es ist klar)	• occorre *	(es ist nötig, man braucht)
• conviene *	(es ist angebracht)	• è ora *	(es ist Zeit)
• mi dispiace *	(es tut mir leid)	• pare *	(es scheint)
• ci + essere (c'è etc.)	(es gibt)	• è peccato *	(es ist schade)
• è evidente	(es ist offensichtlich)	• mi piace *	(es gefällt mir)
• è facile *	(es ist leicht)	• piove	(es regnet)
• fa caldo	(es ist heiß)	• è (im)possibile *	(es ist (un)möglich)
• fa freddo	(es ist kalt)	• è (im)probabile *	(es ist (un)wahrscheinlich)
• fa bel tempo	(es ist schönes Wetter)	• può darsi *	(es kann sein)
• fa brutto tempo	(es ist schlechtes Wetter)	• mi rincresce *	(es tut mir leid)
• si fa buio	(es wird dunkel)	• sembra *	(es scheint)
• si fa giorno	(es wird Tag)	• è sicuro	(es ist sicher)
• si fa tardi	(es wird spät)	• è strano *	(es ist seltsam)
• gela	(es friert)	• succede	(es geschieht)
• grandina	(es hagelt)	• è tempo *	(es ist Zeit)
• importa *	(es ist wichtig)	• tuona	(es donnert)
• è indispensabile *	(es ist unerläßlich)	• è una vergogna *	(es ist eine Schande)
• lampeggia	(es blitzt)	• è vero	(es ist wahr)
• è male *	(es ist schlecht)		

Folgende Ausdrücke werden im Italienischen, im Gegensatz zum Deutschen, von einem persönlichen Subjekt, also von einer Person, Sache begleitet.

- Come **sta** (Lei)? - (Io) **sto** bene.
  (Wie **geht es** Ihnen? - **Es geht** mir gut.)
- (Io) **sono lieto** che sia venuto così presto.
  (**Es freut mich**, daß Sie so früh gekommen sind.)

• ho caldo/freddo	(mir ist heiß/kalt)	• sono lieto *	(es freut mich)
• hanno bussato	(es hat geklopft)	• riesco	(es gelingt mir)
• hanno suonato	(es hat geläutet)	• sto bene	(es geht mir gut)

Das Verb und seine Ergänzungen (Il verbo ed i suoi complementi)

Die Verben können eine oder mehrere der folgenden Ergänzungen, d. h. Objekte oder prädikative Ergänzungen bei sich haben.
Es ist jedoch zu beachten, daß das italienische Verb nicht dieselben Ergänzungen bzw. Objekte bei sich haben muß wie das deutsche Verb, d. h. ein Verb, das im Deutschen mit direktem Objekt steht, kann im Italienischen mit indirektem Objekt stehen und umgekehrt.

Verben mit direktem Objekt (Verbi con un complemento diretto)

Das direkte Objekt wird im Italienischen ohne Präposition an das Verb angeschlossen.
Verben mit direktem Objekt heißen transitive Verben (verbi transitivi).
Verben, die im Italienischen mit direktem Objekt stehen, haben im Deutschen häufig ein indirektes Objekt. Sie können, im Gegensatz zum Deutschen, das persönliche Passiv bilden.

- Gli alunni **hanno ascoltato** *la maestra* attentamente.
- Maria **ha incontrato** *sua madre* al supermercato.
- Luigi **è contraddetto** da Giorgio.
  (Giorgio **widerspricht** Luigi.
  nicht:
  Luigi **wird** von Giorgio **widersprochen**.)

• **aiutare qn**	(jm. helfen)	• **incontrare qn**	(jm. begegnen)
• **ascoltare qn**	(jm. zuhören)	• **minacciare qn**	(jm. drohen)
• **assistere qn**	(jm. beistehen)	• **passare qc**	(etw. überschreiten)
• **cambiare qc**	(etw. ändern)	• **prevenire qc**	(jm. zuvorkommen)
• **chiedere qc**	(etw. fragen)	• **ringraziare qn**	(jm. danken)
• **consigliare qn**	(jn. beraten)	• **sapere qc**	(etw. wissen)
• **contraddire qn**	(jm. widersprechen)	• **seguire qn**	(jm. folgen)
• **credere qc**	(etw. glauben)	• **servire qc**	(etw. servieren)
• **domandare qc**	(etw. fragen)		

Verben mit indirektem Objekt (Verbi con un complemento indiretto)

Das indirekte Objekt wird im Italienischen mit einer Präposition, meist **a, di** an das Verb angeschlossen.
Die Präposition **a** fällt weg, wenn das Objekt ein unbetontes Personalpronomen oder das Pronominaladverb **ci** ist.

- **Si avvicina** *a Maria.*
- *Le* **si avvicina.**
- Paolo **è accusato** *di furto dalla commessa.*

Verben mit der Präposition a

• avvicinarsi a qn	(sich jm. nähern)	• offrire a qn	(jm. anbieten)
• chiedere a qn	(jn. fragen)	• passare a qn	(jm. reichen)
• comunicare qc a qn	(jm. etw. mitteilen)	• permettere a qn	(jm. erlauben)
• confidare a qn	(jm. anvertrauen)	• prestare a qn	(jm. borgen)
• consigliare a qn	(jm. raten)	• promettere a qn	(jm. versprechen)
• credere a qn	(jm. glauben)	• raccontare a qn	(jm. erzählen)
• dare a qn	(jm. geben)	• rendere a qn	(jm. zurückgeben)
• dire qc a qn	(jm. etw. sagen)	• rispondere a qn, qc	(jm. antworten, etw. beantworten)
• domandare a qn	(jn. fragen)	• servire a qc	(zu etw. dienen)
• mandare a qn	(jm. schicken)	• spedire a qn	(jm. schicken)
• mostrare a qn	(jm. zeigen)	• togliere a qn	(jm. wegnehmen)

Verben mit der Präposition di

• accusare di qc	(wegen etw. anklagen)	• meravigliarsi di qc	(sich über etw. wundern)
• accontentarsi di qc	(sich mit etw. begnügen)	• occuparsi di qc	(sich mit etw. beschäftigen)
• accorgersi di qc	(etw. bemerken, wahrnehmen)	• parlare di qc, qn	(von etw., jm. sprechen)
• approfittare di qc	(etw. nützen)	• pentirsi di qc	(etw. bereuen)
• dubitare di qc	(etw. bezweifeln)	• ridere di qc, qn	(über etw., jn. lachen)
• incaricarsi di qc	(etw. übernehmen)	• riempire di qc	(mit etw. füllen)
• intendersi di qc	(sich auf etw. verstehen)	• servire di qc	(sich einer Sache bedienen)
• interessarsi di qc, qn	(sich für etw., jn. interessieren)	• trattarsi di qc	(sich um etw. handeln)
• lamentarsi di qc, qn	(sich über etw., jn. beklagen)	• vergognarsi di qc	(sich wegen etw. schämen)

Verben mit präpositionalem Objekt (Verbi con complemento prepositivo)

Präpositionale Objekte werden mit einer Präposition an das Verb angeschlossen. Welche Präposition das ist, hängt davon ab, welche Präposition das Verb verlangt.

> • **Si congratularono** *con lui* per il suo successo.
> (**congratularsi con qn**)
> (Sie **beglückwünschten** *ihn* zu seinem Erfolg.)

Verben ohne Objekt (Verbi senza complementi)

Einige Verben stehen ohne Objektergänzung. Diese Verben heißen intransitive Verben (verbi intransitivi).

> • Fa soltanto ciò che gli **accomoda**.
> • Con la galleria il percorso **si è accorciato**.

Verben mit prädikativer Ergänzung (Verbi con un complemento predicativo)

Die prädikative Ergänzung ist ein Substantiv oder Adjektiv und bezieht sich entweder auf das Subjekt oder Objekt.
Als Adjektiv richtet sie sich in Geschlecht und Zahl nach ihrem Bezugswort.

- Gianna **è** mia *sorella*.
- Luigi **fu eletto** *deputato*.
- Luigi **è** *povero*.
- Gianna **ha** due figlie *ammalate*.

Adverbiale Bestimmungen (Complementi avverbiali)

Adverbiale Bestimmungen (Umstandsbestimmungen) sind Zeitangaben (complementi di tempo) Ortsangaben (complementi di luogo), Angaben zur Art und Weise (complementi di modo) oder des Grundes, der Ursache (complementi di causa).

- **Partiremo** *la settimana prossima*.
- Gli alunni **hanno letto** il libro *a scuola*.
- **Marciamo** *lentamente*.
- **Arse** *di rabbia*.

Die Zeiten (I tempi)

Mit Hilfe der Zeiten (Tempora) werden bestimmte Vorgänge oder Zustände der Vergangenheit, Gegenwart oder Zukunft zugeordnet.

Einfache Zeiten (I tempi semplici)

Die einfachen Zeiten werden ohne Hilfsverb gebildet.

- **Scrivo** una lettera.
- **Scrivevo** una lettera.

Zusammengesetzte Zeiten (I tempi composti)

Die zusammengesetzten Zeiten werden mit dem Hilfsverb **avere** gebildet, bei den Verben, die mit **avere** konjugiert werden, **essere** wird bei den Verben verwendet, die mit **essere** konjugiert werden.

- **Ho scritto** una lettera.
- **Abbiamo scritto** una lettera.
- **È partito** alle sei di mattina.
- **Siamo venuti** insieme.

Es ist zu beachten, daß die deutschen Zeiten nicht einfach ins Italienische übertragen werden können, d. h. wenn im Deutschen z. B. das Perfekt steht, ist dies im Italienischen nicht automatisch mit dem passato prossimo zu übersetzen. Die Auswahl der Zeiten im Italienischen ist danach zu treffen, welcher Sachverhalt (z. B. Vorgang, der in die Gegenwart reicht, zukünftiger Vorgang etc.) ausgedrückt werden soll.

	Presente	
Gegenwart	Zum Ausdruck gegenwärtiger Vorgänge und Zustände, allgemeingültiger Tatsachen.	• **Scrivo** una lettera. • **Leggo** un libro. • La terra **gira** intorno al sole.

	Imperfetto	Passato Prossimo	Passato Remoto
Vergangenheit	Zum Ausdruck von Vorgängen, die zu einem bestimmten Zeitpunkt der Vergangenheit nicht abgeschlossen, sondern im Verlauf waren.	Zum Ausdruck von Vorgängen, die in der Vergangenheit begonnen haben und in der Gegenwart noch andauern oder deren Folgen für die Gegenwart noch von Bedeutung sind.	Zum Ausdruck von Vorgängen der Vergangenheit, die in ihr völlig abgeschlossen sind. In der Umgangssprache wird hier häufig das passato prossimo verwendet.

Imperfetto	Passato Prossimo	Passato Remoto
• Luigi **guardava** dalla finestra. • Paolo **leggeva** un libro.	• Oggi non **ho** ancora **visto** Luigi. <small>(Heute **habe** ich Luigi noch nicht **gesehen** (der heutige Tag ist noch nicht vorbei).)</small> • **Ha avuto** un incidente. Ora è ricoverato in ospedale.	• Nel 1492 Colombo **scoprì** l'America. • Ieri mio zio **incontrò** mia madre al supermercato.

Vorvergangenheit

Trapassato Prossimo	Trapassato Remoto
Zum Ausdruck der Vorvergangenheit, d. h. eines Vorgangs, der beendet war bevor ein anderer, ebenfalls vergangener Vorgang einsetzte.	Zum Ausdruck der Vorvergangenheit, d. h. eines Vorgangs, der beendet war, bevor ein anderer, ebenfalls vergangener Vorgang einsetzte. Es wird selten verwendet und dann meist nur noch in Nebensätzen mit einer zeitlichen Konjunktion (**dopo che, appena, quando** etc.). Es steht immer mit einem Hauptsatz im passato remoto. Bei gleichem Subjekt im Haupt- und Nebensatz wird eine Infinitiv- oder Partizipialkonstruktion bevorzugt.
• **Avevo terminato** il mio lavoro quando mia madre entrò. <small>(Ich **hatte** meine Arbeit **beendet**, als meine Mutter hereinkam. (Die Arbeit war beendet, bevor die Mutter hereinkam.)</small>	• Dopo che **ebbe detto** ciò, me ne andai. <small>(Nachdem *er* das **gesagt hatte**, ging *ich*.)</small> • Dopo **aver detto** ciò, se ne andò. <small>(Nachdem *er* das **gesagt hatte**, ging *er*.)</small> • **Detto** ciò, se ne andò.

Zukunft

Presente	Futuro Semplice	Futuro Anteriore
Zum Ausdruck der Zukunft, vor allem in Verbindung mit Zeitangaben, die in die Zukunft weisen (**domani, la settimana che viene, la settimana prossima** etc.).	Zum Ausdruck zukünftiger Vorgänge.	Zum Ausdruck eines zukünftigen Vorgangs, der zu einem bestimmten Zeitpunkt in der Zukunft abgeschlossen sein wird. Im Deutschen steht hier häufig das Perfekt.

Presente	Futuro Semplice	Futuro Anteriore
• La settimana che viene **andiamo** a Roma. • Domani **devo** cominciare a lavorare alle sei.	• La settimana che viene **andremo** a Roma. • Domani **dovrò** cominciare a lavorare alle sei.	• **Avrò terminato** questo lavoro per domani. (Ich **werde** diese Arbeit bis morgen **beendet haben**; ich **habe** diese Arbeit bis morgen **beendet**.)

Condizionale Presente	Condizionale Passato
Zum Ausdruck von Vorgängen, die in der Gegenwart oder Zukunft stattfinden könnten.	Zum Ausdruck von Vorgängen, die in der Vergangenheit hätten stattfinden können.
• **Potrebbe** venire un poco più tardi. (Er **könnte** etwas später kommen.)	• **Avresti potuto** passare a prendermi un poco più presto. (Du **hättest** mich etwas früher abholen **können**.)

	Imperfetto	Passato Remoto
Gleichzeitig verlaufende/ aufeinanderfolgende Vorgänge	Zum Ausdruck gleichzeitig verlaufender, nicht abgeschlossener Vorgänge der Vergangenheit.	Zum Ausdruck aufeinanderfolgender Vorgänge der Vergangenheit. Der erste Vorgang ist abgeschlossen, bevor ein weiterer einsetzt.
	• Mentre io **scrivevo** una lettera, mio fratello **faceva** i suoi compiti.	• Mi **alzai** presto, **feci** colazione e **comprai** il giornale.
Noch andauernde/ neu eintretende Vorgänge	Zum Ausdruck eines noch andauernden Vorgangs, während ein anderer neu einsetzt. Der neu einsetzende Vorgang steht im passato remoto.	Zum Ausdruck eines neu eintretenden Vorgangs, während ein anderer noch andauert. Der noch andauernde Vorgang steht im imperfetto.
	• **Scrivevo** una lettera ed all'improvviso mia madre *entrò*.	• *Scrivevo* una lettera ed all'improvviso mia madre **entrò**.

Neben der rein zeitlichen Verwendung der Zeiten können mit ihnen auch modale, also nicht zeitliche Sachverhalte ausgedrückt werden.

	Futuro Semplice	Futuro Anteriore
Zweifel, unsichere Fragen	Zum Ausdruck des Zweifels, von unsicheren Fragen.	Zum Ausdruck des Zweifels, von unsicheren Fragen.

Futuro Semplice	Futuro Anteriore
• Cosa **sarà** che pensa di me? (Was **wird** er bloß von mir denken?)	• Cosa **avrà detto** lui su questo problema? (Was **wird** er bloß zu diesem Problem **gesagt haben?**)

Condizionale Presente	Condizionale Passato
Zum Ausdruck des Zweifels, von unsicheren Fragen.	Zum Ausdruck des Zweifels, von unsicheren Fragen.
• Cosa **sarebbe** che pensa di me? (Was **würde** er bloß von mir denken?)	• Cosa **avrebbe detto** lui su questo problema? (Was **hätte** er bloß zu diesem Problem **gesagt?**)

	Futuro Semplice	Futuro Anteriore
Vermutung	Zum Ausdruck einer auf die Gegenwart oder Zukunft weisenden Vermutung.	Zum Ausdruck der Vermutung, daß ein Vorgang bereits abgeschlossen ist.
	• A quest'ora Paolo non **sarà** in ufficio. (Um diese Uhrzeit **wird** Paolo nicht im Büro **sein.**)	• Non è andato a prendermi alla stazione. Si **sarà dimenticato** di me. (... Er **wird** mich wohl **vergessen haben.**)

	Futuro Semplice	
Befehl, Gebot	Zum Ausdruck von Befehlen, Geboten, nachdrücklichen Aufforderungen.	• Stasera non **uscirai**. (Du **wirst** heute abend nicht **ausgehen.**)

Das Passiv (Il passivo)

Im Passiv vollzieht sich ein Vorgang am Subjekt, d. h. das Subjekt des Satzes ist nicht selbst der Handelnde, sondern der „Leidende". Daher wird das Passiv gelegentlich auch Leideform genannt.
Im Aktiv (l'attivo) ist das Subjekt selbst der Handelnde, es führt eine Handlung selbst aus (Tätigkeitsform, Tatform).

Das Passiv wird aus **essere** oder **venire** + participio passato gebildet, d. h. steht das Prädikat des Aktivsatzes zum Beispiel im presente, so steht **essere** bzw. **venire** im Passivsatz ebenfalls im presente und das participio passato des Vollverbs wird hinzugefügt.
Das direkte Objekt des Aktivsatzes wird zum Subjekt des Passivsatzes. Es können nur Verben, die ein direktes Objekt anschließen können ins Passiv gesetzt werden. Dabei ist zu beachten, daß Verben, die im Deutschen ein direktes Objekt anschließen können im Italienischen mit indirektem Objekt stehen können und umgekehrt.
Der Urheber oder die Ursache der Handlung wird mit **da** angeschlossen oder weggelassen, wenn er oder sie unbekannt oder irrelevant ist.

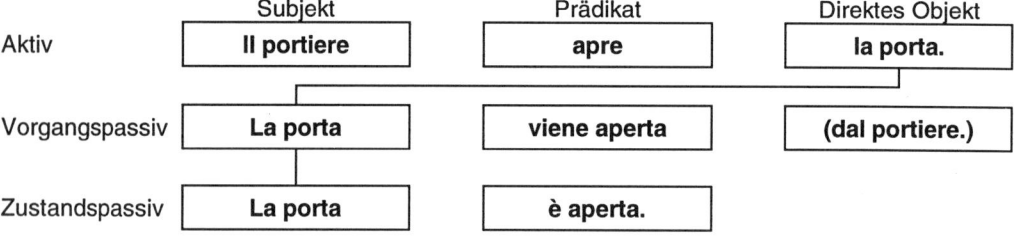

Das participio passato des Passivsatzes richtet sich in Geschlecht und Zahl nach dem Subjekt, d. h. bei einem männlichen Subjekt endet es auf **-o**, bei mehreren auf **-i**. Bei einem weiblichen Subjekt endet das participio passato auf **-a**, bei mehreren auf **-e**. Bei einem, mehreren männlichen Subjekten und einem, mehreren weiblichen Subjekten endet das participio passato auf **-i**, selbst wenn unter mehreren weiblichen Subjekten nur ein männliches ist. Dies ist in der folgenden Konjugationstabelle durch **-o(a)** bzw. **-i(e)** dargestellt.

Subjekt/ Geschlecht	eine Person, Sache (1. - 3. Person Singular)	mehrere Personen, Sachen (1. - 3. Person Plural)
männlich	Paolo è invitato. Paolo viene invitato.	Paolo e Luigi sono invitati. Paolo e Luigi vengono invitati.
weiblich	Anna è invitata. Anna viene invitata.	Anna e Gianna sono invitate. Anna e Gianna vengono invitate.
männlich und weiblich	-	Paolo e Anna sono invitati. Paolo e Anna vengono invitati.

Das Zustandspassiv

Das Zustandspassiv bezeichnet einen Zustand und wird im Italienischen mit **essere**, im Deutschen mit *sein* gebildet (sein-Passiv).

> • Paolo è **invitato**.
> (Paolo **ist eingeladen**.)

Das Vorgangspassiv

Das Vorgangspassiv bezeichnet einen Vorgang und wird im Italienischen in den einfachen Zeiten mit **venire**, im Deutschen mit *werden* gebildet (werden-Passiv).
In den zusammengesetzten Zeiten wird immer **essere** verwendet.

> • La porta **viene aperta** dal portiere.
> (Die Tür **wird** vom Hausmeister **geöffnet**.)
> • Paolo è **stato invitato** da Maria.
> (Paolo **ist** von Maria **eingeladen worden**.)

Das Italienische kennt einige Möglichkeiten das Passiv zu umgehen. Diese Möglichkeiten sind wichtige Stilmittel, um einen Text abwechslungsreich zu gestalten.

Das Aktiv

Das Aktiv ist dem Passiv vor allem bei unbetonten Objektpronomen vorzuziehen.

> • *Mi* **ha scritto** una lettera.
> (*Mi* **è stata scritta** una lettera.)

Reflexive Verbform

Diese Möglichkeit wird eingesetzt, wenn der Urheber oder die Ursache einer Handlung unbekannt oder irrelevant ist.

> • Questo libro **si vende** bene.
> (Dieses Buch **verkauft sich** gut.)
> • Questo **si vede** qualche volta.
> (Das **sieht man** manchmal.)

Infinitiv + da, andare + participio passato

Infinitivkonstruktionen + **da** oder Konstruktionen aus **andare** + participio passato können im Deutschen durch *müssen* + Passiv ausgedrückt werden.

> • È un problema **da risolvere** rapidamente.
> (Dies ist ein Problem, das schnell **gelöst werden muß**.)
> • Il problema **va risolto** il più presto possibile.
> (Das Problem **muß** so schnell wie möglich **gelöst werden**.)

In der folgenden Tabelle ist die Umwandlung eines Aktivsatzes in den entsprechenden Passivsatz durch alle Zeiten anhand der 3. Person Singular dargestellt.
Zu jedem Satz ist die deutsche Übersetzung gegeben, wobei Normalschrift das Vorgangspassiv und Kursivschrift das Zustandspassiv bezeichnet.
Anschließend ist die Konjugation der passiven Formen durch sämtliche Personen dargestellt.

DAS VERB

Aktiv und Passiv

Mod.	Zeit	Aktiv			
Ind.	Pres.	**Il portiere** Der Hausmeister		**apre** öffnet	**la porta.** die Tür.
	Imperf.	**Il portiere** Der Hausmeister		**apriva** öffnete	**la porta.** die Tür.
	P. R.	**Il portiere** Der Hausmeister		**aprì** öffnete	**la porta.** die Tür.
	P. P.	**Il portiere** Der Hausmeister	**ha** hat	**aperto** 	**la porta.** die Tür geöffnet.
	T. P.	**Il portiere** Der Hausmeister	**aveva** hatte	**aperto** 	**la porta.** die Tür geöffnet.
	T. R.	**Il portiere** Der Hausmeister	**ebbe** hatte	**aperto** 	**la porta.** die Tür geöffnet.
	F. S.	**Il portiere** Der Hausmeister wird		**aprirà** 	**la porta.** die Tür öffnen.
	F. A.	**Il portiere** Der Hausmeister	**avrà** wird	**aperto** 	**la porta.** die Tür geöffnet haben.
Cond.	Pres.	**Il portiere** Der Hausmeister würde		**aprirebbe** 	**la porta.** die Tür öffnen.
	Pass.	**Il portiere** Der Hausmeister	**avrebbe** würde	**aperto** 	**la porta.** die Tür geöffnet haben.
Cong.	Pres.	**Il portiere** Der Hausmeister		**apra** öffne	**la porta.** die Tür.
	Imperf.	**Il portiere** Der Hausmeister		**aprisse** öffnete	**la porta.** die Tür.
	Pass.	**Il portiere** Der Hausmeister	**abbia** habe	**aperto** 	**la porta.** die Tür geöffnet.
	Tra.	**Il portiere** Der Hausmeister	**avesse** hätte	**aperto** 	**la porta.** die Tür geöffnet.

		Passiv		
La porta	**è/viene**		**aperta**	**dal portiere.**
Die Tür	*ist*			*geöffnet.*
Die Tür	wird		vom Hausmeister	geöffnet.
La porta	**era/veniva**		**aperta**	**dal portiere.**
Die Tür	*war*			*geöffnet.*
Die Tür	wurde		vom Hausmeister	geöffnet.
La porta	**fu/venne**		**aperta**	**dal portiere.**
Die Tür	*war*			*geöffnet.*
Die Tür	wurde		vom Hausmeister	geöffnet.
La porta	**è**	**stata**	**aperta**	**dal portiere.**
Die Tür	*ist*			*geöffnet gewesen.*
Die Tür	ist		vom Hausmeister	geöffnet worden.
La porta	**era**	**stata**	**aperta**	**dal portiere.**
Die Tür	*war*			*geöffnet gewesen.*
Die Tür	war		vom Hausmeister	geöffnet worden.
La porta	**fu**	**stata**	**aperta**	**dal portiere.**
Die Tür	*war*			*geöffnet gewesen.*
Die Tür	war		vom Hausmeister	geöffnet worden.
La porta	**sarà/verrà**		**aperta**	**dal portiere.**
Die Tür	*wird*			*geöffnet sein.*
Die Tür	wird		vom Hausmeister	geöffnet werden.
La porta	**sarà**	**stata**	**aperta**	**dal portiere.**
Die Tür	*wird*			*geöffnet gewesen sein.*
Die Tür	wird		vom Hausmeister	geöffnet worden sein.
La porta	**sarebbe/verrebbe**		**aperta**	**dal portiere.**
Die Tür	*würde*			*geöffnet sein.*
Die Tür	würde		vom Hausmeister	geöffnet werden.
La porta	**sarebbe**	**stata**	**aperta**	**dal portiere.**
Die Tür	*würde*			*geöffnet gewesen sein.*
Die Tür	würde		vom Hausmeister	geöffnet worden sein.
La porta	**sia/venga**		**aperta**	**dal portiere.**
Die Tür	*sei*			*geöffnet.*
Die Tür	werde		vom Hausmeister	geöffnet.
La porta	**fosse/venisse**		**aperta**	**dal portiere.**
Die Tür	*wäre*			*geöffnet.*
Die Tür	würde		vom Hausmeister	geöffnet.
La porta	**sia**	**stata**	**aperta**	**dal portiere.**
Die Tür	*sei*			*geöffnet gewesen.*
Die Tür	sei		vom Hausmeister	geöffnet worden.
La porta	**fosse**	**stata**	**aperta**	**dal portiere.**
Die Tür	*wäre*			*geöffnet gewesen.*
Die Tür	wäre		vom Hausmeister	geöffnet worden.

Die Konjugation passiver Formen mit essere

Mod.	Zeit	1. Person Singular		2. Person Singular		3. Person Singular	
Ind.	Pres.	**sono**	amato(a)	**sei**	amato(a)	**è**	amato(a)
	Imperf.	**ero**	amato(a)	**eri**	amato(a)	**era**	amato(a)
	P. R.	**fui**	amato(a)	**fosti**	amato(a)	**fu**	amato(a)
	P. P.	*sono* **stato(a)**	amato(a)	*sei* **stato(a)**	amato(a)	*è* **stato(a)**	amato(a)
	T. P.	*ero* **stato(a)**	amato(a)	*eri* **stato(a)**	amato(a)	*era* **stato(a)**	amato(a)
	T. R.	*fui* **stato(a)**	amato(a)	*fosti* **stato(a)**	amato(a)	*fu* **stato(a)**	amato(a)
	F. S.	**sarò**	amato(a)	**sarai**	amato(a)	**sarà**	amato(a)
	F. A.	*sarò* **stato(a)**	amato(a)	*sarai* **stato(a)**	amato(a)	*sarà* **stato(a)**	amato(a)
Cond.	Pres.	**sarei**	amato(a)	**saresti**	amato(a)	**sarebbe**	amato(a)
	Pass.	*sarei* **stato(a)**	amato(a)	*saresti* **stato(a)**	amato(a)	*sarebbe* **stato(a)**	amato(a)
Cong.	Pres.	**sia**	amato(a)	**sia**	amato(a)	**sia**	amato(a)
	Imperf.	**fossi**	amato(a)	**fossi**	amato(a)	**fosse**	amato(a)
	Pass.	*sia* **stato(a)**	amato(a)	*sia* **stato(a)**	amato(a)	*sia* **stato(a)**	amato(a)
	Tra.	*fossi* **stato(a)**	amato(a)	*fossi* **stato(a)**	amato(a)	*fosse* **stato(a)**	amato(a)
Imp.	afferm.			**sii**	amato(a)	**sia**	amato(a)
	negat.			non **essere**	amato(a)	non **sia**	amato(a)
Inf.	Pres.	**essere**	amato				
	Pass.	*essere* **stato**	amato				
Part.	Pres.	-					
	Pass.	**stato**	amato				
Ger.	Pres.	**essendo**	amato				
	Pass.	*essendo* **stato**	amato				

Die Konjugation passiver Formen mit venire

Mod.	Zeit	1. Person Singular		2. Person Singular		3. Person Singular	
Ind.	Pres.	**vengo**	amato(a)	**vieni**	amato(a)	**viene**	amato(a)
	Imperf.	**venivo**	amato(a)	**venivi**	amato(a)	**veniva**	amato(a)
	P. R.	**venni**	amato(a)	**venisti**	amato(a)	**venne**	amato(a)
	F. S.	**verrò**	amato(a)	**verrai**	amato(a)	**verrà**	amato(a)
Cond.	Pres.	**verrei**	amato(a)	**verresti**	amato(a)	**verrebbe**	amato(a)
Cong.	Pres.	**venga**	amato(a)	**venga**	amato(a)	**venga**	amato(a)
	Imperf.	**venissi**	amato(a)	**venissi**	amato(a)	**venisse**	amato(a)
Inf.	Pres.	**venire**	amato				
Ger.	Pres.	**venendo**	amato				

1. Person Plural	2. Person Plural	3. Person Plural
siamo amati(e)	**siete** amati(e)	**sono** amati(e)
eravamo amati(e)	**eravate** amati(e)	**erano** amati(e)
fummo amati(e)	**foste** amati(e)	**furono** amati(e)
siamo **stati(e)** amati(e)	*siete* **stati(e)** amati(e)	*sono* **stati(e)** amati(e)
eravamo **stati(e)** amati(e)	*eravate* **stati(e)** amati(e)	*erano* **stati(e)** amati(e)
fummo **stati(e)** amati(e)	*foste* **stati(e)** amati(e)	*furono* **stati(e)** amati(e)
saremo amati(e)	**sarete** amati(e)	**saranno** amati(e)
saremo **stati(e)** amati(e)	*sarete* **stati(e)** amati(e)	*saranno* **stati(e)** amati(e)
saremmo amati(e)	**sareste** amati(e)	**sarebbero** amati(e)
saremmo **stati(e)** amati(e)	*sareste* **stati(e)** amati(e)	*sarebbero* **stati(e)** amati(e)
siamo amati(e)	**siate** amati(e)	**siano** amati(e)
fossimo amati(e)	**foste** amati(e)	**fossero** amati(e)
siamo **stati(e)** amati(e)	*siate* **stati(e)** amati(e)	*siano* **stati(e)** amati(e)
fossimo **stati(e)** amati(e)	*foste* **stati(e)** amati(e)	*fossero* **stati(e)** amati(e)
siamo amati(e)	**siate** amati(e)	**siano** amati(e)
non **siamo** amati(e)	non **siate** amati(e)	non **siano** amati(e)

1. Person Plural	2. Person Plural	3. Person Plural
veniamo amati(e)	**venite** amati(e)	**vengono** amati(e)
venivamo amati(e)	**venivate** amati(e)	**venivano** amati(e)
venimmo amati(e)	**veniste** amati(e)	**vennero** amati(e)
verremo amati(e)	**verrete** amati(e)	**verranno** amati(e)
verremmo amati(e)	**verreste** amati(e)	**verrebbero** amati(e)
veniamo amati(e)	**veniate** amati(e)	**vengano** amati(e)
venissimo amati(e)	**veniste** amati(e)	**venissero** amati(e)

Die indirekte Rede (Il discorso indiretto)

In der indirekten Rede werden Aussagen einer Person A durch eine Person B an eine dritte Person C weitergegeben.

In der indirekten Rede sind, neben der unten aufgeführten Veränderung der Zeiten, noch die folgenden Veränderungen zu beachten.

	Direkte Rede	Indirekte Rede
Einleitung	Die direkte Rede wird durch Doppelpunkt eingeleitet und in Anführungszeichen gesetzt.	Die indirekte Rede wird nicht durch Doppelpunkt und Anführungszeichen gekennzeichnet. Sie wird durch ein Verb des Sagens, Denkens oder Meinens (**affermare, dire, pensare** etc.) und nachfolgendes **che** eingeleitet. **Che** darf nicht weggelassen oder durch Komma vom Einleitungssatz abgetrennt werden.
	● Dice: «Vado a casa.» ● Dice: «Ho scritto una lettera.»	● **Dice che** va a casa. ● **Dice che** ha scritto una lettera.
Personenangaben	Die Änderung von Personenangaben hängt letztlich davon ab, wer eine Aussage an wen weitergibt. Im allgemeinen werden die Personenangaben, die ● den **Sprecher** betreffen, ● den **Angesprochenen** betreffen, ● eine **dritte Person** betreffen wie in nebenstehender Spalte aufgeführt, geändert.	Die in nebenstehender Spalte aufgeführten Personenangaben ändern sich meist wie folgt: ● **1. Person** (der Sprecher gibt seine eigenen Worte wieder) ● **2. Person** ● **3. Person**
	● *(Io) dico*: «**(Io) voglio** incontrarti alla stazione.» ● *(Egli) dice*: «**(Tu) devi** restare a letto.» ● *(Tu) dici*: «**(Egli)** l'**incontra** in chiesa.»	● *(Io) dico* che **(io) voglio** incontrarti alla stazione. ● *(Egli) dice* che **(tu) devi** restare a letto. ● *(Tu) dici* che **(egli)** l'**incontra** in chiesa.

	Direkte Rede	Indirekte Rede
Zeitangaben	Die folgenden Zeitangaben ändern sich wie in nebenstehender Spalte aufgeführt.	Die in nebenstehender Spalte aufgeführten Zeitangaben ändern sich wie folgt. Zeitangaben, die zur selben Zeit wiedergegeben werden, bleiben unverändert.
	• **oggi** • **ieri** • **l'altro ieri** • **domani** • **dopodomani** • **l'anno, il mese** etc. **che viene** • **l'anno, il mese prossimo** etc. • **l'anno, il mese** etc. **passato**	• **il giorno precedente** • **il giorno anteriore** • **due giorni prima** • **il giorno dopo** • **due giorni dopo** • **l'anno, il mese** etc. **seguente** • **l'anno, il mese** etc. **seguente** • **l'anno, il mese** etc. **anteriore**
	• Dice: «**Domani** andrò a Milano.»	• Disse che sarebbe andato a Milano **il giorno dopo**.
Fragesätze	Fragesätze in der direkten Rede (direkte Fragesätze) werden mit einem Fragezeichen abgeschlossen.	Fragesätze in der indirekten Rede (indirekte Fragesätze) werden mit Punkt abgeschlossen und mit einem Verb wie **domandare, chiedere** etc. eingeleitet.
	• Dice: «Hai terminato il tuo lavoro?»	• **Domanda** se ho terminato il mio lavoro.
Entscheidungsfragen		Indirekte Entscheidungsfragen, sie erwarten eine Ja-/Nein-Antwort werden durch **se** eingeleitet. Die Wortstellung entspricht der des einfachen Aussagesatzes.
	• Dice: «Ha Luigi terminato il suo lavoro?»	• Domanda **se** Luigi ha terminato il suo lavoro.
Fragen mit Fragewort		Indirekte Fragesätze werden mit dem Fragewort des direkten Fragesatzes eingeleitet. Die Wortstellung entspricht der des einfachen Aussagesatzes.
	• Dice: «**Chi** hai incontrato alla stazione?»	• Mi domanda **chi** ho incontrato alla stazione.

Die Zeitenfolge in der indirekten Rede

Bei der Umwandlung der direkten Rede in die indirekte Rede ändert sich ihre Zeit nur, wenn der Einführungssatz in einer Zeit der Vergangenheit (z. B. imperfetto, passato remoto, trapassato remoto) steht. Steht der Einführungssatz in einer Zeit der Gegenwart (z. B. presente, passato prossimo, futuro), wird in der indirekten Rede dieselbe Zeit verwendet wie in der direkten Rede.

Im Gegensatz zum Italienischen, wo in der indirekten Rede die Zeiten umgewandelt werden, wird im Deutschen häufig der Konjunktiv verwendet, was gewisse Kenntnisse der deutschen Grammatik voraussetzt.
Um den deutschen Konjunktiv zu umgehen, kann in der indirekten Rede dieselbe Zeit verwendet werden wie in der direkten Rede. Die indirekte Rede muß dann allerdings mit *daß* eingeleitet werden, fehlt *daß*, muß der Konjunktiv stehen.

Die folgende Übersicht zeigt die Umwandlung der Zeiten. Zur Veranschaulichung wurde zum ersten Beispielsatz die deutsche Übersetzung gegeben.

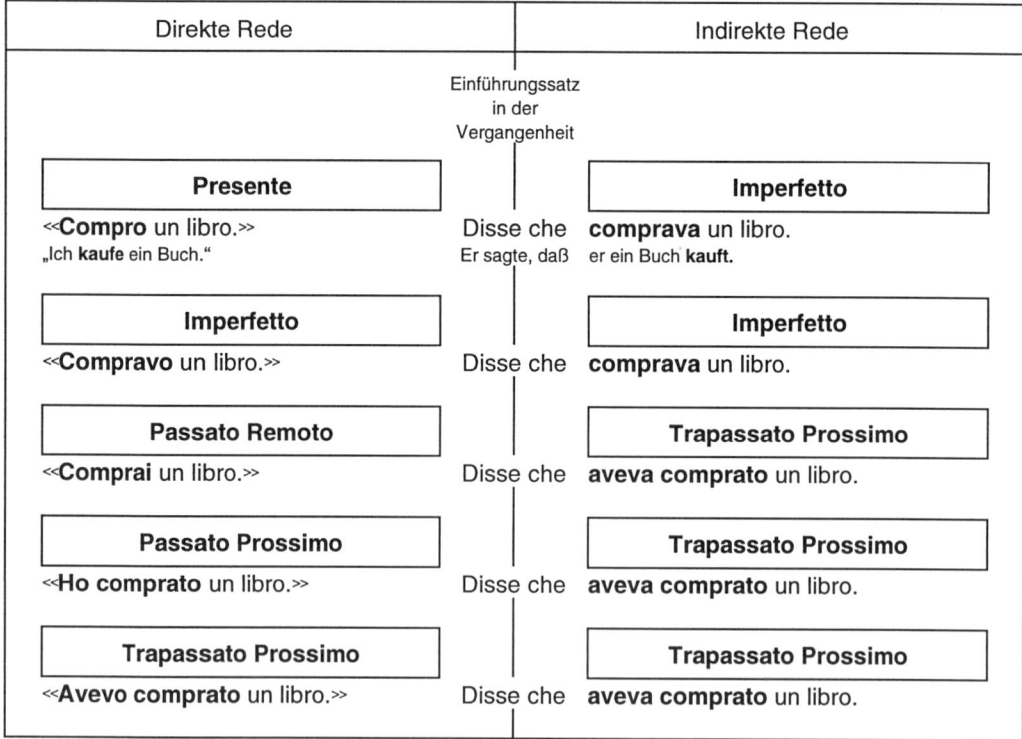

Direkte Rede		Indirekte Rede
	Einführungssatz in der Vergangenheit	
Presente		**Imperfetto**
«**Compro** un libro.» „Ich **kaufe** ein Buch."	Disse che Er sagte, daß	**comprava** un libro. er ein Buch **kauft.**
Imperfetto		**Imperfetto**
«**Compravo** un libro.»	Disse che	**comprava** un libro.
Passato Remoto		**Trapassato Prossimo**
«**Comprai** un libro.»	Disse che	**aveva comprato** un libro.
Passato Prossimo		**Trapassato Prossimo**
«**Ho comprato** un libro.»	Disse che	**aveva comprato** un libro.
Trapassato Prossimo		**Trapassato Prossimo**
«**Avevo comprato** un libro.»	Disse che	**aveva comprato** un libro.

Direkte Rede	Indirekte Rede
	Einführungssatz in der Vergangenheit

Trapassato Remoto		**Trapassato Prossimo**
«**Ebbi comprato** un libro.»	Disse che	**aveva comprato** un libro.
Futuro Semplice		**Condizionale Passato**
«**Comprerò** un libro.»	Disse che	**avrebbe comprato** un libro.
Futuro Anteriore		**Condizionale Passato**
«**Avrò comprato** un libro.»	Disse che	**avrebbe comprato** un libro.
Condizionale Presente		**Condizionale Passato**
«**Comprerei** un libro.»	Disse che	**avrebbe comprato** un libro.
Condizionale Passato		**Condizionale Passato**
«**Avrei comprato** un libro.»	Disse che	**avrebbe comprato** un libro.
Imperativo		**di + Infinito**
«**Compra** un libro.»	Mi disse	**di comprare** un libro.
«**Non comprare** un libro.»	Mi disse	**di non comprare** un libro.
Imperativo		**Congiuntivo Presente**
«**Compra** un libro.»	Mi disse che	**compri** un libro.
«**Non comprare** un libro.»	Mi disse che	**non compri** un libro.
Imperativo		**dovere + Infinito**
«**Compra** un libro.»	Mi disse che	**devo comprare** un libro.
«**Non comprare** un libro.»	Mi disse che	**non devo comprare** un libro.

Das Konditional (Il condizionale)

Das Konditional bezeichnet als Zeit einen Vorgang, der in der Gegenwart oder Zukunft bzw. Vergangenheit stattfinden könnte bzw. hätte stattfinden können.
Als Modus drückt es die folgenden Sachverhalte aus und steht vor allem im Bedingungssatz.

Wunsch, höfliche Bitte

Zum Ausdruck des höflich geäußerten Wunsches, der höflichen Bitte oder Aufforderung.

- **Potrebbe** discrivermi la strada per Roma?
  (**Könnten** Sie mir den Weg nach Rom beschreiben?)
- **Potresti** venire domani?

Möglichkeit

Zum Ausdruck der Möglichkeit in zweifelnden Fragen oder solchen, die mit Entrüstung zurückgewiesen werden.
Im Deutschen wird dies oft mit *soll, sollte* übersetzt.

- **Avrebbe** ragione?
  (**Sollte** sie recht haben?)
- Che? Io **avrei detto** questo?
  (Was? - Ich **soll(te)** das **gesagt haben?**)

Informationen vom Hörensagen, unbestätigte Meldungen

Zum Ausdruck von Informationen, die man vom Hörensagen kennt oder zum Ausdruck unbestätigter Meldungen.
Dies ist ein wichtiges Stilmittel der Medien.
Im Deutschen wird dies oft mit *sollen* wiedergegeben.

- Il presidente **si dimetterebbe** stasera.
  (Der Präsident **soll** heute abend **zurücktreten**.)
- Il presidente **si sarebbe dimesso** due ore fa.
  (Der Präsident **soll** vor zwei Stunden **zurückgetreten sein**.)

Unwahrscheinlichkeit, Unwirklichkeit

Zum Ausdruck der Unwahrscheinlichkeit oder Unwirklichkeit steht es vor allem in Verbindung mit Bedingungssätzen (periodo ipotetico), die durch Konjunktionen wie **se, a condizione che, nel caso che, supposto che** etc. eingeleitet werden.
Dabei ist zu beachten, daß nach **se** (wenn, falls) kein futuro oder condizionale stehen darf, nach **se** (ob) kann das futuro oder condizionale stehen.

- Senza te **sarei** perduto.
  (Ohne dich **wäre** ich verloren.)
- Andrò a prenderti **se vieni** in tempo.
  (Ich hole dich ab, **wenn** du rechtzeitig **kommst**.)
- Mi ha domandato **se tu verresti**.
  (Er hat mich gefragt, **ob** du **kommen würdest**.)

Die Zeitenfolge im Bedingungssatz

Bei der Formulierung von Bedingungssätzen ist die Zeitenfolge zu beachten. Die folgende Übersicht stellt die wichtigsten Zeitenfolgen beim Bedingungssatz dar. Je nach Sinn sind auch andere Zeitenfolgen möglich.
Im Deutschen steht im Bedingungssatz häufig der Konjunktiv. Zu jedem der folgenden Beispielsätze ist als Anhaltspunkt für die Verwendung des deutschen Konjunktivs die deutsche Übersetzung gegeben.

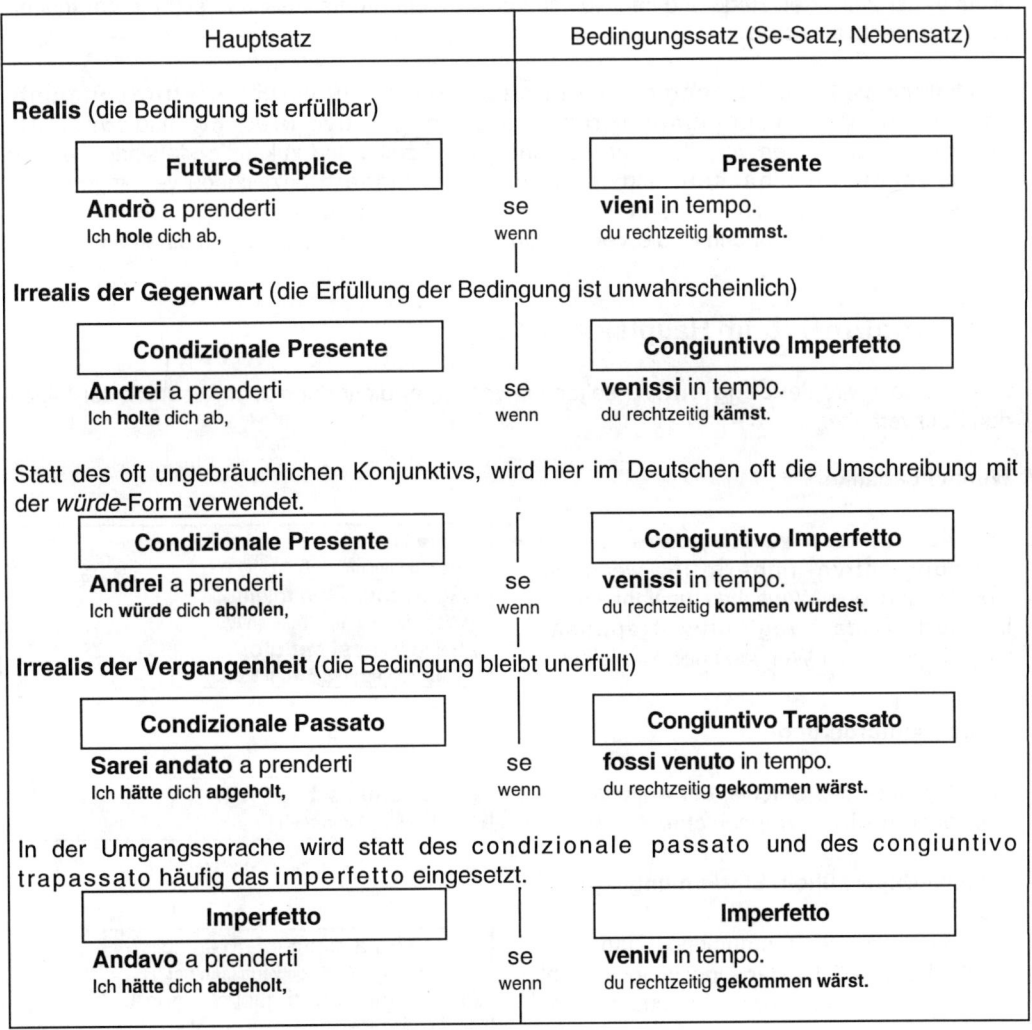

Hauptsatz		Bedingungssatz (Se-Satz, Nebensatz)
Realis (die Bedingung ist erfüllbar)		
Futuro Semplice		**Presente**
Andrò a prenderti	se	**vieni** in tempo.
Ich **hole** dich ab,	wenn	du rechtzeitig **kommst.**
Irrealis der Gegenwart (die Erfüllung der Bedingung ist unwahrscheinlich)		
Condizionale Presente		**Congiuntivo Imperfetto**
Andrei a prenderti	se	**venissi** in tempo.
Ich **holte** dich ab,	wenn	du rechtzeitig **kämst.**

Statt des oft ungebräuchlichen Konjunktivs, wird hier im Deutschen oft die Umschreibung mit der *würde*-Form verwendet.

Condizionale Presente		**Congiuntivo Imperfetto**
Andrei a prenderti	se	**venissi** in tempo.
Ich **würde** dich **abholen,**	wenn	du rechtzeitig **kommen würdest.**

Irrealis der Vergangenheit (die Bedingung bleibt unerfüllt)

Condizionale Passato		**Congiuntivo Trapassato**
Sarei andato a prenderti	se	**fossi venuto** in tempo.
Ich **hätte** dich **abgeholt,**	wenn	du rechtzeitig **gekommen wärst.**

In der Umgangssprache wird statt des condizionale passato und des congiuntivo trapassato häufig das imperfetto eingesetzt.

Imperfetto		**Imperfetto**
Andavo a prenderti	se	**venivi** in tempo.
Ich **hätte** dich **abgeholt,**	wenn	du rechtzeitig **gekommen wärst.**

Der Congiuntivo

Der congiuntivo (Möglichkeitsform) ist der Modus, mit dem ein Vorgang, Zustand als nicht wirklich, sondern als erwünscht, oder von einem anderen nur behauptet dargestellt wird.

Der indicativo (Wirklichkeitsform) ist der Modus, mit dem ein Vorgang oder Zustand als tatsächlich oder wirklich dargestellt wird. Diese Wirklichkeit muß nicht objektiv, sie kann auch subjektiv sein, d. h. für den Sprecher gilt diese Wirklichkeit als sicher oder erwiesen.

Der italienische congiuntivo ist nicht zu verwechseln mit dem deutschen Konjunktiv, der vor allem in der indirekten Rede und im Bedingungssatz steht. Im Italienischen steht in der indirekten Rede der indicativo.

Das Italienische kennt den congiuntivo presente, congiuntivo imperfetto, congiuntivo passato und den congiuntivo trapassato. Congiuntivo presente und congiuntivo imperfetto dienen vor allem zum Ausdruck gleichzeitig und zukünftig stattfindender Vorgänge, congiuntivo passato und congiuntivo trapassato bezeichnen vergangene Vorgänge. Die genaue Zeitenfolge ist in einem Schaubild im Anschluß an die folgenden Ausführungen dargestellt. Im folgenden ist die Verwendung des congiuntivo im allgemeinen dargestellt.

Der Congiuntivo im Hauptsatz

Im Hauptsatz wird der congiuntivo selten verwendet, er dient dann zum Ausdruck der folgenden Sachverhalte.

Wunschgedanke

Zum Ausdruck des Wunschgedankens steht der congiuntivo imperfetto, wenn die Realisierung des Wunsches unwahrscheinlich erscheint, der congiuntivo trapassato steht, wenn der Wunsch unerfüllt bleibt.

- **Viva** l'Italia!
  (**Es lebe** Italien!)
- Se **avessi** il tuo talento.
  (Wenn ich nur dein Talent **hätte**.)
- Se lo **avessi saputo**.
  (Wenn ich es nur **gewußt hätte**.)

Befehl, Aufforderung

Zum Ausdruck des Befehls, der Aufforderung steht der congiuntivo nach **che**.

- Che **venga** subito.
  (Er **soll** sofort **kommen**.)

Zweifel, Ungewißheit, Einräumung

Zum Ausdruck der Einräumung. Zum Ausdruck des Zweifels, der Ungewißheit steht der congiuntivo mit vorausgehendem **che**.

- Che **abbia** già **lasciato** l'ufficio?
  (Ob er das Büro schon **verlassen hat**?)
- Lo compro, **costi** quel che **costi**.
  (Ich kaufe es, **koste** es was es **wolle**.)

Der Congiuntivo im Nebensatz (che-Satz)

Der congiuntivo steht hauptsächlich im Nebensatz nach einleitendem **che** und dient zum Ausdruck der folgenden Sachverhalte.

	Congiuntivo	Kein Congiuntivo
Wunsch, Verlangen	Zum Ausdruck des Wunsches, des Verlangens, vor allem nach den folgenden Verben: • **augurare** • **preferire** • **desiderare** • **pregare** • **esigere** • **volere** • Che *desidera* che io **faccia**? • Il poliziotto *esige* che gli **dia** un documento.	
Befehl, Aufforderung	Zum Ausdruck des Befehls, der Aufforderung, vor allem nach **ordinare** und **prescrivere**. • Il giudice *ha ordinato* che il caso **sia verificato** un'altra volta.	
Verben des Sagens und Denkens	Nach den Verben des Sagens und Denkens, wenn der Nebensatz dem Hauptsatz vorangestellt wird und somit besonders hervorgehoben wird. • **affermare** • **domandare** • **assicurare** • **essere d'avviso** • **capire** • **pensare** • **comunicare** • **raccontare** • **credere** • **sapere** • **dichiarare** • **sostenere** • **dire** • **supporre** • Che **abbia torto**, tutti lo *dicono.*	Nach den Verben des Sagens und Denkens steht in der Regel der **indicativo**. • **affermare** • **domandare** • **assicurare** • **essere d'avviso** • **capire** • **pensare** • **comunicare** • **raccontare** • **credere** • **sapere** • **dichiarare** • **sostenere** • **dire** • **supporre** • Tutti *dicono* che **ha** torto.
	Nach Verben wie **dire, scrivere, telefonare** kann der congiuntivo stehen, wenn der Nebensatz eine Aufforderung enthält. • *Dice* che **prenda** un'aspirina contro il mal di testa.	Nach Verben wie **dire, scrivere, telefonare** kann der infinito + **di** stehen, wenn der Nebensatz eine Aufforderung enthält. • *Dice* **di prendere** un'aspirina contro il mal di testa.

	Congiuntivo	Kein Congiuntivo
Zweifel, Unsicherheit	Zum Ausdruck des Zweifels, der Unsicherheit steht der congiuntivo vor allem, wenn diese Verben fragend oder verneint verwendet werden.	Nach den Verben, die Zweifel, Unsicherheit ausdrücken, steht in der Umgangssprache häufig der indicativo.
	• *Non credo* che **superi** l'esame. • *Credi* che **superi** l'esame?	• *Credo* che **viene.** • *Non so di sicuro* se **viene.**
	Nach den folgenden Verben steht der congiuntivo, wenn sie bejaht sind. • **dubitare** • **negare** • **fingere**	Nach den folgenden Verben steht der indicativo, wenn sie verneint sind. • **dubitare** • **negare** • **fingere**
	• *Dubito* che **passi** l'esame. • *Dubitiamo* che **venga.**	• *Non dubito* che **passerà** l'esame.
Vermutung/ Gewißheit	Zum Ausdruck der Annahme, Vermutung.	Zum Ausdruck der Gewißheit, daß eine Annahme, Vermutung richtig ist.
	• *Ho l'impressione* che non **passi** l'esame.	• *Ho l'impressione* che non **passerà** l'esame.
Erlaubnis, Verbot	Zum Ausdruck der Erlaubnis, des Verbots, vor allem nach den Verben: • **ammettere** • **permettere** • **essere d'accordo** • **proibire** • **opporsi** • **vietare**	
	• Tuo padre *permette* che **passi** le vacanze con i tuoi amici in Italia.	
Gefühl, persönliches Empfinden	Zum Ausdruck des Gefühls, des persönlichen Empfindens wie Hoffnung, Freude, Ärger, Erstaunen, Furcht, Bedauern, Mitgefühl steht der congiuntivo vor allem nach den folgenden Verben: • **aver paura** • **preoccuparsi** • **essere contento** • **rallegrarsi** • **essere afflitto** • **essere sorpreso** • **piacere** • **temere**	Nach **sperare** und **temere** steht häufig auch der indicativo.

Congiuntivo	Kein Congiuntivo
• *Sono contento* che tu **abbia passato** l'esame.	• *Spero* che **passa** l'esame. • *Temo* che non **passa** l'esame.

Unpersönliche Verben und Ausdrücke

Nach den folgenden unpersönlichen Verben und Ausdrücken, wenn sie verneint sind. Es wird dadurch die Unsicherheit ausgedrückt. • **è certo** • **è noto** • **è chiaro** • **è sicuro** • **è evidente** • **è vero**	Nach den folgenden unpersönlichen Verben und Ausdrücken, wenn sie bejaht sind. Es wird dadurch die Tatsache, Sicherheit ausgedrückt. • **è certo** • **è noto** • **è chiaro** • **è sicuro** • **è evidente** • **è vero**
• *Non è certo* che **venga** domani. • *Non è vero* che **sia venuto**.	• *È certo* che **ha passato** l'esame. • *È chiaro* che **viene**.
Nach den folgenden unpersönlichen Verben und Ausdrücken, die die Wahrscheinlichkeit, Möglichkeit ausdrücken. • **è impossibile** • **è probabile** • **è improbabile** • **può darsi** • **pare** • **sembra** • **è possibile**	
• *È possibile* che **venga** domani. • *È probabile* che Luigi **passi** le vacanze in Italia.	
Nach **accade, capita** und **succede** kann der congiuntivo stehen.	Nach **accade, capita** und **succede** kann der indicativo stehen.
• *Succede* spesso che **sbagli**. • *Accade* che **litighino**.	• *Succede* spesso che **sbaglia**. • *Accade* che **litigano**.
Nach den folgenden unpersönlichen Verben und Ausdrücken, die die Notwendigkeit, den Zwang ausdrükken. • **bisogna** • **importa** • **conviene** • **è necessario** • **è indispensabile** • **occorre**	
• *È necessario* che **venga** domani. • *È indispensabile* che **dica** la verità.	

Congiuntivo	Kein Congiuntivo
Nach den folgenden unpersönlichen Verben und Ausdrücken, die ein persönliches Gefühl, Empfinden wie Hoffnung, Freude, Ärger, Erstaunen, Furcht, Bedauern, Mitgefühl, ausdrücken. ● **basta** ● **è ora** ● **è bene** ● **è peccato** ● **mi dispiace** ● **mi piace** ● **è facile** ● **mi rincresce** ● **è male** ● **è strano** ● **è meglio** ● **è tempo** ● **è il meno** ● **è una vergogna** ● **è naturale** ● *È il meno* che lo **aiutiate.** ● *Mi rincresce* molto che non **sia venuto.**	
	Nach allen unpersönlichen Verben und Ausdrücken, die das Wetter oder die Witterungsverhältnisse beschreiben. ● **fa caldo** ● **gela** ● **fa freddo** ● **grandina** ● **fa bel tempo** ● **lampeggia** ● **fa brutto tempo** ● **nevica** ● **si fa buio** ● **piove** ● **si fa giorno** ● **tuona** ● **si fa tardi** ● *Nevica* tanto che non si **vede** a un passo.

	Congiuntivo	Kein Congiuntivo
Temporale Konjunktionen	Nach den folgenden temporalen Konjunktionen steht in der Regel der congiuntivo. ● **(non) appena** (sobald) ● **finché** (bis, solange) ● **fino a che** (bis, solange) ● **prima che** (bevor) ● Devi andartene *prima* che **venga** mio marito.	Die meisten temporalen Konjunktionen stehen mit dem indicativo. ● **allorché** (als) ● **dopo che** (nachdem) ● **mentre** (während) ● **quando** (wenn, als) ● **da quando** (seitdem) ● *Quando* **esce** di casa, i suoi figli cominciano a piangere.

	Congiuntivo	Kein Congiuntivo
Finale Konjunktionen	Die finalen Konjunktionen stehen in der Regel mit dem congiuntivo. • **affinché** (damit) • **in modo che** (so, derart, daß) • **perché** (damit) • Ti darò la mia macchina *perché* **possa** andare a prenderlo all'aeroporto.	
Kausale Konjunktionen		Die kausalen Konjunktionen stehen in der Regel mit dem indicativo. • **perché** (weil) • **perciò** (deshalb) • **poiché** (da) • Non posso venire *perché* **piove**. • Il treno è in ritardo, *perciò* non **arriviamo** in tempo.
Konsekutive Konjunktionen	Die folgenden konsekutiven Konjunktionen stehen mit dem congiuntivo. **Così che, cosicché** stehen zum Ausdruck, daß die Folge gewünscht, gefordert wird, mit dem congiuntivo. • **cosicché** (so daß) • **così ... che** (so ... daß) • **senza che** (ohne daß) • Oggi non uscite *cosicché* **possiate** incontrarvi a casa.	Die folgenden konsekutiven Konjunktionen stehen mit dem indicativo. **Così che, cosicché** stehen zum Ausdruck der tatsächlichen Folge mit dem indicativo. • **cosicché** (so daß) • **così ... che** (so ... daß) • **dunque** (also, folglich) • **quindi** (also, folglich) • Oggi non uscite *cosicché* **potete** incontrarvi a casa.
Konzessive Konjunktionen	Die konzessiven Konjunktionen stehen in der Regel mit dem congiuntivo. • **benché** (obwohl) • **malgrado che** (obwohl) • **sebbene** (obwohl) • **come se** (als ob) • *Malgrado* che non **abbia** molto tempo ti aiuterò.	

	Congiuntivo	Kein Congiuntivo
Konditionale Konjunktionen	Die meisten konditionalen Konjunktionen stehen mit congiuntivo. Nach **se** steht der congiuntivo imperfetto zum Ausdruck, daß die Erfüllung der Bedingung unwahrscheinlich ist, der congiuntivo trapassato steht zum Ausdruck der unerfüllten Bedingung. • **se** (wenn, falls) • **ammesso che** (gesetzt den Fall) • **nel caso che** (falls) • **a condizione che** (unter der Bedingung daß • **supposto che** (wenn nun)	Nach **se** steht der indicativo zum Ausdruck der erfüllbaren Bedingung.
	• Andrei a prenderti *se* **venissi** in tempo. • Sarei andato a prenderti *se* **fossi venuto** in tempo.	• Andrò a prenderti *se* **vieni** in tempo.
Indefinitpronomen	Nach den folgenden Indefinitpronomen und Adverbien. • **chiunque** • **qualsiasi** • **non ... nessuno** • **qualunque** • **non ... niente** • **dovunque** • **non ... nulla** • **per quanto**	
	• *Chiunque* **venga**, io non sono a casa. • *Non* trovo *niente* che mi **piaccia**.	
Komparativ + **che non, di quanto**	Nach Komparativen + **che non/di quanto.**	
	• È andato *meglio di quanto* si **sperasse.**	
Superlative	Nach Superlativen und sonstigen Ausdrücken wie **il primo, il solo, l'ultimo, l'unico.**	
	• È la città *più interessante* che io **conosca**.	

Die Zeitenfolge in Sätzen mit congiuntivo

Die Zeit des congiuntivo im Nebensatz richtet sich danach, ob der Vorgang des Nebensatzes vor dem des Hauptsatzes (Vorzeitigkeit) stattfindet und damit die Vergangenheit ausgedrückt wird, ob der Vorgang des Nebensatzes gleichzeitig mit dem des Hauptsatzes (Gleichzeitigkeit) stattindet und damit die Gegenwart ausgedrückt wird oder ob der Vorgang des Nebensatzes nach dem des Hauptsatzes (Nachzeitigkeit) stattfindet und damit die Zukunft ausgedrückt wird.

Es ist auch zu beachten, ob der Hauptsatz in einer Zeit der Gegenwart (presente, futuro etc.) oder in einer Zeit der Vergangenheit (imperfetto, passato remoto etc.) steht.

	Vorzeitigkeit	Gleichzeitigkeit	Nachzeitigkeit
Hauptsatz in der Gegenwart	**Congiuntivo Passato**	**Congiuntivo Presente**	**Congiuntivo Presente**
Penso che ...	... tu **sia partito** *ieri*	... tu **parta** *oggi*	... tu **parta** *domani.*
Hauptsatz in der Vergangenheit	**Congiuntivo Trapassato**	**Congiuntivo Imperfetto**	**Congiuntivo Imperfetto**
Pensai che ...	... tu **fossi partito** *ieri*	... tu **partissi** *oggi*	... tu **partissi** *domani.*

Der Imperativ (L'imperativo)

Der Imperativ, die sogenannte Befehlsform, drückt einen Befehl, eine Aufforderung aus.
Es ist zu beachten, daß nach einem Imperativsatz im Italienischen nur dann ein Ausrufezeichen steht, wenn es sich wirklich um einen Ausruf handelt.

Die Imperativformen können, außer in der 1. Person Singular, für die keine Form zur Verfügung steht, in allen Personen gebildet werden.

2. Person Singular und Plural, 1. Person Plural

Die Imperativformen der 2. Person Singular bzw. Plural dienen der Aufforderung von einer bzw. mehreren Personen, die man duzt (du bzw. ihr).
Der Imperativ der 1. Person Plural richtet sich an eine Gruppe von Personen (wir).
Die entsprechenden Personalpronomen (**tu, voi, noi**) werden meist weggelassen, sie stehen nur zur Hervorhebung und zwar nach dem Imperativ.

- **Leggi (tu)** questo testo.
  (**Lies** diesen Text!)
- **Leggete (voi)** questo testo.
  (**Lest** diesen Text!)
- **Leggiamo (noi)** questo testo.
  (**Lesen wir** diesen Text!)

3. Person Singular und Plural

Die Imperativformen der 3. Person Singular bzw. Plural, dienen der Aufforderung von einer bzw. mehreren Personen, die man siezt (Sie).
Die entsprechenden Personalpronomen (**Lei** bzw. **Loro**) werden meist weggelassen, sie stehen nur zur Hervorhebung und zwar nach dem Imperativ, und sie werden groß geschrieben.

- **Legga (Lei)** questo testo.
  (**Lesen Sie** (eine Person) diesen Text!)
- **Leggano (Loro)** questo testo.
  (**Lesen Sie** (mehrere Personen) diesen Text!)

Der verneinte Imperativ

Dem verneinten Imperativ wird **non** vorangestellt. Die Verbformen entsprechen denen des bejahten Imperativs, außer in der 2. Person Singular, in der direkt der Infinitiv übernommen wird.

- **Non vendere (tu)** questa casa.
  (**Verkauf** dieses Haus **nicht**!)
- **Non legga (Lei)** questo testo.
  (**Lesen Sie** diesen Text **nicht**!)
- **Non leggete (voi)** questo testo.
  (**Lest** diesen Text **nicht**!)
- **Non leggano (Loro)** questo testo.
  (**Lesen Sie** diesen Text **nicht**!)

Die Höflichkeitsform (La forma di cortesia)

Die Anrede erfolgt im Italienischen mit den Verbformen des indicativo presente oder zur besonders höflichen Anrede mit den Verbformen des condizionale presente.

Anrede der 2. Person Singular und Plural

Die Verbformen der 2. Person Singular bzw. Plural des indicativo presente und des condizionale presente dienen zur Anrede von einer (du) bzw. von mehreren Personen (ihr), die man duzt.
Im Italienischen wird unter Bekannten, Kollegen etc. die Du-, Ihr-Form sehr viel häufiger verwendet, als im Deutschen.
Die Form der 2. Person Plural wird vor allem in der Geschäftskorrespondenz sehr häufig verwendet.

- Che cosa **hai fatto?**
  (Was **hast du gemacht?**)
- Mi **daresti** questo libro?
  (**Würdest du** mir dieses Buch **geben?**)
- Che cosa **avete fatto?**
  (Was **habt ihr gemacht?**)
- Mi **dareste** questo libro?
  (**Würdet ihr** mir dieses Buch **geben?**)
- **Informate**mi il più presto possibile, per favore.
  (Bitte **informieren Sie** mich so bald wie möglich.)

Anrede der 3. Person Singular und Plural

Die Verbformen der 3. Person Singular bzw. Plural des indicativo presente dienen zur Anrede von einer (Sie) bzw. von mehreren Personen (Sie), die man siezt.
Das condizionale presente dient der besonders höflichen Anrede.
Die Höflichkeitsformen der 3. Person Plural werden generell als sehr formell empfunden. Statt dessen wird viel häufiger die 2. Person Plural verwendet.

- Che cosa **ha fatto?**
  (Was **haben Sie** (eine Person) **gemacht?**)
- Mi **darebbe** questo libro?
  (**Würden Sie** mir dieses Buch **geben?**)
- Che cosa **hanno fatto?**
  (Was **haben Sie** (mehrere Personen) **gemacht?**)
- Mi **darebbero** questo libro?
  (**Würden Sie** mir dieses Buch **geben?**)

Die folgende Tabelle stellt die Höflichkeitsformen noch einmal im Überblick dar.

	Anrede einer Person	Anrede mehrerer Personen
Person(en), die man duzt	**2. Person Singular (tu)**	**2. Person Plural (voi)**
Person(en), die man siezt	**3. Person Singular (Lei)**	**2. Person Plural (voi)** **3. Person Plural (Loro)** (sehr formell)

Der Infinitiv (L'infinito)

Der Infinitiv ist die Grundform des Verbs und gehört zu den infiniten, nicht konjugierten Verbformen, die keine Personen- oder Zeitangabe enthalten.

Der Infinitiv übernimmt im Satz die Funktion von Verben oder Substantiven, er steht nach Adjektiven und anstelle von Haupt- und Nebensätzen und ist in dieser Funktion ein wichtiges Stilmittel der Satzverkürzung.

Er steht als reiner Infinitiv (ohne Präposition) oder in Verbindung mit Präpositionen (meist **a, di, da**). Statt **a** kann vor Infinitiven, die mit Vokal und stummem (unausgesprochenem) -h beginnen, auch **ad** verwendet werden.

Der Infinitiv nach bestimmten Verben

essere,
avere

Infinitiv + **da**	
Zum Ausdruck der Notwendigkeit steht der Infinitiv + **da** nach **essere** in passivischem Sinn und nach **avere**.	• Non *è* **da raccomandare**. • *Ho* molto **da fare**. • *Era* **da prevedere**.

Modalverben

Reiner Infinitiv	Infinitiv + **a**
Nach den Modalverben sowie **fare** ((veran)lassen) und **lasciare** ((zu)lassen).	Wird **fare** als Vollverb verwendet, so steht der Infinitiv mit **a**.
• *Devo* **far**lo subito. • *Vuole* **incontrar**la domani.	• *Faresti* meglio **a partire**. • Come si *fa* **a convincer**lo?

Unpersönliche
Verben

Reiner Infinitiv		Infinitiv + **di**	
Nach den folgenden unpersönlichen Verben.		Nach den folgenden unpersönlichen Verben.	
• **basta**	(es genügt)	• **capita**	(es geschieht)
• **bisogna**	(man muß)	• **pare**	(es scheint)
• **conviene**	(es ist angebracht)	• **succede**	(es geschieht)
• **occorre**	(man braucht)		
• **mi piace**	(es gefällt mir)		
• *Bisogna* **essere** puntuali. • *Mi piace* **fare** una visita a lui.		• Gli *succede* spesso **di smarrire** la chiave.	
Nach den unpersönlichen Ausdrükken aus **essere** + Adjektiv.		Nach den unpersönlichen Ausdrükken aus **essere** + Substantiv.	

Reiner Infinitiv	Infinitiv + **di**
• *È meglio* **fare** questo lavoro subito. • *È impossibile* **saper** tutto.	• Mi dice che non *è il caso* **di** **allarmarsi.**

	Infinitiv + **di**	Infinitiv + **a**
Verben des Sa- gens und Denkens	Nach den meisten Verben des Sa- gens und Denkens.	Nach den folgenden Verben des Sagens und Denkens.
	• **affermare**　(behaupten, -jahen) • **ammettere**　(einräumen) • **assicurare**　(versichern) • **capire**　(verstehen) • **chiedere**　(fragen) • **comunicare**　(mitteilen) • **consigliare**　(raten) • **credere**　(glauben) • **decidere**　(entscheiden) • **dire**　(sagen) • **dichiarare**　(erklären) • **domandare**　(fragen) • **ordinare**　(befehlen) • **pensare**　(denken) • **permettere**　(erlauben) • **pregare**　(bitten) • **pretendere**　(vorgeben) • **proibire**　(verbieten) • **raccomandare**　(empfehlen) • **raccontare**　(erzählen) • **riuscire**　(gelingen) • **sapere**　(wissen) • **sostenere**　(unterstützen) • **sperare**　(hoffen) • **supporre**　(vermuten) • **vietare**　(verbieten)	• **aiutare**　(helfen) • **ammettere**　(zugeben) • **condannare**　(verurteilen) • **contribuire**　(beitragen) • **decidere**　(entscheiden) • **imparare**　(lernen) • **invitare**　(einladen) • **obbligare**　(zwingen) • **pensare**　(denken) • **persuadere**　(überzeugen) • **rinunciare**　(verzichten) • **riuscire**　(gelingen)
	• Mi *ha consigliato* **di afferrare** l'occasione. • *Ha deciso* **di dire** la verità.	• Puoi *aiutarmi* **a portare** questi pacchi? • *Si è deciso* **a dire** la verità.

	Reiner Infinitiv	
Verben der Sinnes- wahrnehmung	Nach den folgenden Verben der Sinneswahrnehmung. • **ascoltare**　　• **sentire** • **guardare**　　• **vedere**	• *Guardava* i bambini **giocare** nel giardino. • *Sento* **cinguettare** gli uccelli.

Verben des persönlichen Empfindens

Reiner Infinitiv	Infinitiv + **di**
Nach den folgenden Verben des persönlichen Empfindens. • **desiderare** (wünschen) • **dispiacere** (mißfallen, leid tun) • **preferire** (bevorzugen) • **rincrescere** (mißfallen, leid tun)	Nach den folgenden Verben des persönlichen Empfindens. • **dispiacere** (mißfallen, leid tun) • **rallegrarsi** (sich freuen) • **rincrescere** (mißfallen, leid tun) • **temere** (fürchten) • **vergognarsi** (sich schämen)
• Mi *è dispiaciuto* non **aver**la vista. • *Rincresco* **aver**La oltraggiata.	• Mi *è dispiaciuto* **di** non **aver**la vista. • *Mi rallegro* **di rincontrar**ti.

Verben der Bewegung/Ruhe

Infinitiv + **a**	
Nach den folgenden Verben der Bewegung(srichtung). • **affrettarsi** (sich beeilen) • **andare** (gehen) • **condurre** (fahren) • **correre** (laufen) • **mandare** (schicken) • **venire** (kommen)	Nach den folgenden Verben der Ruhe, des Verweilens, Innehaltens. • **esitare** (zögern) • **rimanere** (bleiben) • **stare** (bleiben) • **tardare** (zögern)
• Mi *ha mandato* **a togliere** la sua macchina dal parcheggio.	• Luigi *ha esitato* a lungo **a chiamar**ti.

Verben des Zwecks, Ziels,

Infinitiv + **a**	
Nach den Verben, die den Anfang, Beginn, einen bestimmten Zweck, ein bestimmtes Ziel bezeichnen. • **cominciare** (beginnen) • **continuare** (fortfahren) • **mettersi** (sich daran machen) • **preparare** (vorbereiten)	• Anna *ha cominciato* **a lavorare** alle sette stamattina. • Luigi *ha continuato* **ad oltreggiar**lo. • *Si è messo* **a sbrigare** la corrispondenza.

Der Infinitiv als Substantiv

Manche Infinitive können durch Voranstellen des Artikels zum Substantiv werden.

• Fa *il* tuo **dovere**.
• Il guidice ha *il* **potere** di giudicare.

Als Subjekt steht der reine Infinitiv am Satz-anfang oder in allgemeinen Anweisungen an eine unbestimmte Person.

- **Dire** e **fare** sono due cose diverse.
- **Agitare** prima dell'uso.
  (Vor Gebrauch **schütteln**.)

Der Infinitiv + **da** steht zur Angabe des Zwecks, der Bestimmung.

- Mi sono comprato una *macchina* **da scrivere.**

Der Infinitiv nach Adjektiven

Die meisten Adjektive, besonders die des persönlichen Empfindens schließen den Infinitiv mit **di** an.

- Sono *certo* **di riuscire.**
- È *libero* **di fare** tutto quello che vuole.

Difficile, disposto, facile, interessante, pronto schließen den Infinitiv mit **a** an. Nach **difficile, facile** und **interessante** wird der In-finitiv meist reflexiv verwendet.

- Siamo *pronti* **a partire.**
- È un metodo *facile* **a capirsi.**

Nach **così, tanto** + Adjektiv oder Adverb dient der Infinitiv + **da** zur Angabe der Folge.

- Appariva *così triste* **da far** pena.
  (Er sah **so traurig** aus, daß er einem leid tat.)

Der Infinitiv nach bestimmten Pronomen

An Pronomen wird der Infinitiv in der Regel mit **da** angeschlossen. Er dient zur Angabe des Zwecks oder der Bestimmung.

- Non ho *nulla* **da dire.**
- Non c'è musica **da ballare.**
- I poveri hanno *poco* **da mangiare.**

Sind in einem Satz die Pronomen **niente, nulla, poco, molto** oder **qualcosa, che cosa** zu ergänzen, wird der Infinitiv mit **da** angeschlossen.

- Mi porti *(qualcosa)* **da leggere.**
- Non mi dà *(niente)* **da bere.**
- Non c'è *(nulla)* **da festeggiare.**

Der Infinitiv anstelle von Nebensätzen

Der Infinitiv + **di** steht anstelle von Neben-sätzen, wenn Haupt- und Nebensatz dassel-be Subjekt haben.
Haben Haupt- und Nebensatz verschiedene Subjekte, steht ein Nebensatz + **che**.

- Dubito **di vincere.**
  (*Ich* bezweifle, **daß** *ich* **gewinne**.)
- Dubito **che** *(tu)* **vincerai.**
  (*Ich* bezweifle, **daß** *du* **gewinnst**.)

Der Infinitiv + a anstelle temporaler Nebensätze

Anstelle temporaler Nebensätze steht der Infinitiv + **a**.

- **Al vederlo**, Gianna sorrise.
  (**Quando lo vede**, Gianna sorrise.)

Der Infinitiv + di, a, da anstelle finaler Nebensätze

Anstelle finaler Nebensätze steht der Infinitiv + **di, a** und **da**.

- Li pregò **di fare** silenzio.
  (Li pregò **che facessero** silenzio.)
- Ci vuole dare **a intendere** il falso.
- Vogliono dei libri **da leggere**.

Der Infinitiv + di, a anstelle kausaler Nebensätze

Anstelle kausaler Nebensätze steht der Infinitiv + **di** und **a**.

- Mi spiace **di non poter** venire.
  (Mi spiace **che non posso** venire.)
- Hai fatto male **a non portare** Marco.

Der Infinitiv + di, da anstelle konsekutiver Nebensätze

Anstelle konsekutiver Nebensätze steht der Infinitiv + **di** und **da**.

- Ho una sete **da morire**.
  (Ho tanta sete **che potrei morirne**.)
- È degno **di essere** amato.

Der Infinitiv + a anstelle konditionaler Nebensätze

Anstelle konditionaler Nebensätze steht der Infinitiv + **a**.

- **A sentirlo** si direbbe che è pazzo.
  (**Se lo si sente** si direbbe che è pazzo.)

Der Infinitiv anstelle von Relativsätzen

Anstelle von Relativsätzen steht der Infinitiv + **di** besonders nach Ordnungszahlen und nach **il solo, l'ultimo, l'unico**.

- Paolo era il primo **a tagliare** il traguardo.
  (Paolo era il primo **che aveva tagliato** il traguardo.)

Der Infinitiv anstelle von Hauptsätzen

Anstelle von Fragesätzen wird der Infinitiv ohne Präposition an das Fragewort angeschlossen.

- *Che* **fare**?
  (Che **dobbiamo fare**?)
- *A chi* **riferirmi**?

Das Gerundio

Das gerundio gehört zu den infiniten, nicht konjugierten Verbformen, die keine Personen- oder Zeitangabe beinhalten. Es bezeichnet den Verlauf eines Vorgangs und ist stets unveränderlich.

Das gerundio übernimmt im Satz die Funktion eines Verbs und steht anstelle von Nebensätzen und ist in dieser Funktion ein wichtiges Stilmittel zur Verkürzung von Nebensätzen.

Das Gerundio nach bestimmten Verben

Das Gerundio nach stare

Zum Ausdruck, daß ein Vorgang gerade, im Moment des Sprechens stattfindet, steht **stare** + gerundio.

- I bambini *stanno* **giocando** in giardino.
  (Die Kinder **spielen gerade** im Garten.)
- Mio fratello *sta* **telefonando**.

Das Gerundio nach andare

Zum Ausdruck der allmählichen Entwicklung oder ständigen Wiederholung folgt das gerundio auf **andare**.

- *Vado* **preparando** l'esame da tre mesi.
  (Ich **bereite mich** seit 3 Monaten auf die Prüfung **vor**.)
- La maestra *va* sempre **cercando** i miei difetti.
  (Die Lehrerin **sucht immer** nach meinen Schwächen.)

Das Gerundio anstelle von Nebensätzen

Das Gerundio anstelle von temporalen Nebensätzen

Das gerundio steht anstelle von temporalen Nebensätzen zum Ausdruck, daß der Vorgang des Hauptsatzes gleichzeitig mit dem des Nebensatzes verläuft.
Zum Ausdruck der Vorzeitigkeit kann das gerundio passato stehen. In der gesprochenen Sprache wird meist nur noch das gerundio presente verwendet.

- **Giungendo** alla stazione, mi accorsi che avevo dimenticato il passaporto.
  (**Mentre giungevo** alla stazione, mi accorsi che avevo dimenticato il passaporto.)
- **Avendo vissuto** da dieci anni in città, ritornò in campagna.
- **Vivendo** da dieci anni in città, ritornò in campagna.

Das Gerundio anstelle von kausalen Nebensätzen

Das gerundio steht anstelle von kausalen Nebensätzen.
Zum Ausdruck der Vorzeitigkeit kann das gerundio passato stehen. In der gesprochenen Sprache wird meist nur noch das gerundio presente verwendet.

> • **Essendo** figlio di un professore dell'università di Roma, è logico che studi lì.
> (**Siccome è** figlio di un professore dell' università di Roma, è logico che studi lì.)

Das Gerundio anstelle von konzessiven Nebensätzen

Anstelle eines konzessiven Nebensatzes steht das gerundio vor allem mit **pure**.

> • *Pur* **essendo** tardi, rimarrò ancora un po'.
> (**Benché sia tardi,** rimarrò ancora un po'.)

Das Gerundio anstelle von konditionalen Nebensätzen

Das gerundio steht anstelle von konditionalen Nebensätzen.

> • **Avendo** tanto lavoro come Paolo, io comincerei a lavorare subito.
> (**Se avessi** tanto lavoro come Paolo ...)

Das Gerundio anstelle von modalen Nebensätzen

Das gerundio kann anstelle von modalen Nebensätzen stehen.

> • **Sbagliando** s'impara.
> (**Durch Fehler** lernt man.)

Die Partizipien (I participi)

Die Partizipien gehören zu den infiniten, nicht konjugierten Verbformen, die keine Personen- oder Zeitangabe enthalten.

Das Partizip Präsens (Il participio presente)

Das participio presente steht in der Funktion eines Adjektivs und richtet sich nach der Zahl des Substantivs, auf das es sich bezieht. Das Geschlecht braucht dabei nicht beachtet zu werden, da das participio presente für beide Geschlechter, das männliche und das weibliche, die gleiche Endung (**-ante** bei den Verben auf **-ARE** und **-ente** bei den Verben auf **-ERE** und **-IRE**) hat.

	ein Substantiv	mehrere Substantive
Singular	un pacchetto **pesante** una figura **prestante**	un pacchetto ed un sacchetto **pesanti** un pacchetto ed una borsa **pesanti**
Plural	pacchetti **pesanti** figure **prestanti**	pacchetti e sacchetti **pesanti** pacchetti e borse **pesanti**

Das Partizip Perfekt (Il participio passato)

Das Partizip Perfekt als Verb

In der Funktion eines Verbs dient das participio passato zur Bildung des Passivs und der zusammengesetzten Zeiten. Es richtet sich bei den mit **essere** zu konjugierenden Verben in Geschlecht und Zahl nach dem Subjekt, d. h. bei einem männlichen Subjekt (1. - 3. Person Singular) endet das participio passato auf **-o**, bei mehreren auf **-i**. Bei einem weiblichen Subjekt endet es auf **-a**, bei mehreren auf **-e**. Bei einem, mehreren männlichen Subjekten (1. - 3. Person Plural) und einem, mehreren weiblichen Subjekten endet das participio passato auf **-i**, selbst wenn unter mehreren webilichen nur ein männliches ist.

Subjekt/ Geschlecht	eine Person, Sache (1. - 3. Person Singular)	mehrere Personen, Sachen (1. - 3. Person Plural)
männlich	Paolo è venut**o**.	Paolo e Luigi sono venut**i**.
weiblich	Anna è venut**a**.	Anna e Gianna sono venut**e**.
männlich und weiblich	-	Paolo e Gianna sono venut**i**.

Das Partizip Perfekt als Adjektiv

Das Partizip Perfekt kann als Adjektiv stehen und richtet sich in dieser Funktion, wie als Verb, in Geschlecht und Zahl nach dem Substantiv, auf das es sich bezieht.

- *L'uomo* è **sorpreso**.
- *La donna* è **sorpresa**.
- *Gli uomini* sono **sorpresi**.
- *Le donne* sono **sorprese**.
- *Gli uomini e le donne* sono **sorpresi**.

Das Partizip Perfekt kann an die Stelle von Nebensätzen treten und stellt in dieser Funktion ein wichtiges Stilmittel der Satzverkürzung dar. Es richtet sich auch in dieser Funktion in Geschlecht und Zahl nach dem Substantiv, auf das es sich bezieht.

Das Partizip Perfekt anstelle von temporalen Nebensätzen

Das Partizip Perfekt steht anstelle eines temporalen Nebensatzes. Das Subjekt wird dem Partizip Perfekt nachgestellt. Ist es ein Personalpronomen, so steht die betonte Form des Personalpronomens.

- **Terminato** il lavoro, lo studente andò a casa.
  (Dopo che lo studente **aveva terminato** il lavoro andò a casa.)
- **Arrivata** *lei,* possiamo cominciare a mangiare.

Das Partizip Perfekt anstelle von kausalen Nebensätzen

Das Partizip Perfekt steht anstelle von kausalen Nebensätzen.

- **Partito** presto di mattina, riuscì ad arrivare in tempo.
  (**Perché è partito** presto di mattina, ...)

Das Partizip Perfekt anstelle von konzessiven Nebensätzen

Das Partizip Perfekt steht anstelle von konzessiven Nebensätzen.

- **Partiti** di mattina, arrivarono di sera.
  (**Sebbene fossero partiti** di mattina, ...)

Das Partizip Perfekt anstelle von konditionalen Nebensätzen

Das Partizip Perfekt steht anstelle von konditionalen Nebensätzen.

- **Partita** lei, potremmo partire.
  (**Se lei è partita**, potremmo partire.)

Das Partizip Perfekt anstelle von Relativsätzen

Das Partizip Perfekt kann anstelle von Relativsätzen stehen.

- Abbiamo già venduto tutti i dolci **fatti** da mia madre per lo spettacolo di beneficenza.
  (... i dolci **che mia madre ha fatto** ...)

Die Angleichung des Partizip Perfekts bei avere (L'accordo del participio passato con avere)

Das Partizip Perfekt richtet sich bei den mit **essere** konjugierten Verben in Geschlecht und Zahl stets nach dem Subjekt, auf das es sich bezieht.

Bei den mit **avere** konjugierten Verben ist es meist unveränderlich. In den folgenden Fällen richtet es sich jedoch in Geschlecht und Zahl nach dem Substantiv, auf das es sich bezieht.

	Angleichung	Keine Angleichung
Vorangehendes direktes Objekt	Geht dem Partizip Perfekt ein direktes Objekt voran, so richtet es sich in Geschlecht und Zahl nach diesem. Das vorangehende direkte Objekt kann sein: 1. ein Personalpronomen, 2. das Relativpronomen **che**, 3. ein sonstiges direktes Objekt	Geht dem Partizip Perfekt kein direktes Objekt oder ein direktes Objekt der folgenden Formen voran, so bleibt es unverändert. 1. das Relativpronomen **che**, 2. ein sonstiges direktes Objekt
	• _Gianna ha visto_ _Paola._ _Gianna l'(la) ha_ **vista**. • _Le lettere che_ Gianna ha **scritte**. • _Quanti libri_ ha **venduti**?	• _Le lettere che_ Gianna ha **scritto**. • _Quanti libri_ ha **venduto**?
Reflexive Verben	Bei den reflexiven Verben, die immer mit **essere** konjugiert werden, richtet sich das Partizip Perfekt in Geschlecht und Zahl nach dem Subjekt. Ist das Reflexivpronomen indirektes Objekt, so kann sich das Partizip Perfekt auch nach dem direkten Objekt richten.	
	• _Carla_ si è **lavata** le mani. • _Carla_ si è **lavate** _le mani._	
	Bei der Si-Konstruktion steht das Partizip Perfekt im Plural, wenn das Verb bei persönlicher Konstruktion mit **essere** konjugiert wird.	Bei der Si-Konstruktion wird das Partizip Perfekt nicht verändert, wenn das Verb bei persönlicher Konstruktion mit **avere** konjugiert wird.

	• Si è **andati** a cinema.
	  (andare + essere)
		• Si è **parlato** di te.
		  (parlare + avere)

Der Artikel (L'articolo)

Der Artikel (Geschlechtswort) ist der Begleiter des Substantivs und gibt dessen Geschlecht und Zahl an. Das Italienische kennt nur zwei Geschlechter, das männliche bzw. maskuline (maschile) und das weibliche bzw. feminine (femminile).

Der bestimmte Artikel (L'articolo determinativo)

Der bestimmte Artikel bezeichnet ein oder mehrere bestimmte Substantive.

- **il** giorno - **i** giorni
- **la** tavola - **le** tavole

Der unbestimmte Artikel (L'articolo indeterminativo)

Der unbestimmte Artikel bezeichnet ein unbestimmtes Substantiv.

- **un** uomo
- **una** moglie

Der Teilungsartikel (L'articolo partitivo)

Der Teilungsartikel wird aus **di** + bestimmtem Artikel gebildet und bezeichnet eine unbestimmte Menge oder Anzahl.

- Per fare un dolce si prenda **della** farina, **dello** zucchero, **del** burro, **delle** uova.
  (Man nehme **Mehl, Zucker, Butter, Eier,** um einen Kuchen zu backen.)

DER ARTIKEL

Die Formen der Artikel (Le forme degli articoli)

Vor	Nu.	Genus	Best. Artikel	Bestimmter Artikel + Präposition					Unbest. Artikel
				a	da	di	in	su	
Konsonant	Sing.	mask.	il	al	dal	del	nel	sul	un
		fem.	la	alla	dalla	della	nella	sulla	una
	Plur.	mask.	i	ai	dai	dei	nei	sui	-
		fem.	le	alle	dalle	delle	nelle	sulle	-
Vokal	Sing.	mask.	l'	all'	dall'	dell'	nell'	sull'	un
		fem.	l'	all'	dall'	dell'	nell'	sull'	un'
	Plur.	mask.	gli	agli	dagli	degli	negli	sugli	-
		fem.	le	alle	dalle	delle	nelle	sulle	-
s- + Kon., z-, gn-	Sing.	mask.	lo	allo	dallo	dello	nello	sullo	uno
		fem.	la	alla	dalla	della	nella	sulla	una
	Plur.	mask.	gli	agli	dagli	degli	negli	sugli	-
		fem.	le	alle	dalle	delle	nelle	sulle	-
pn-, ps-, x-	Sing.	mask.	lo / il	allo / al	dallo / dal	dello / del	nello / nel	sullo / sul	uno, un
		fem.	la	alla	dalla	della	nella	sulla	una
	Plur.	mask.	gli / i	agli / ai	dagli / dai	degli / dei	negli / nei	sugli / sui	-
		fem.	le	alle	dalle	delle	nelle	sulle	-

Der bestimmte und unbestimmte Artikel (L'articolo determinativo e l'articolo indeterminativo)

	Bestimmter Artikel	
Abstrakta, Gattungsnamen, Stoffnamen	Abstrakta, Gattungsnamen und Stoffnamen stehen in der Regel mit dem bestimmten Artikel.	• Quando viene **la** *forza* è morta **la** *giustizia*. • **Il** *gatto* è un animale indipendente. • **L'***oro* è più prezioso del denaro.

	Bestimmter Artikel	Kein Artikel
Eigennamen	Eigennamen, die zum Beispiel durch ein Adjektiv näher bestimmt sind.	Nicht näher bestimmte Eigennamen stehen in der Regel ohne Artikel.
	• **La** *bella Roma* è la mia città preferita.	• *Roma* è bella. • *Maria* è gentile.
Personennamen	Personennamen, die zum Beispiel durch ein Adjektiv näher bestimmt sind.	Nicht näher bestimmte Personennamen stehen in der Regel ohne Artikel.
	• **La** *piccola Anna* è una ragazza molto amabile.	• *Anna* ha scritto una lettera. • *Luigi* è già partito.
Familiennamen	Familiennamen stehen in der Regel mit dem bestimmten Artikel. Dies gilt vor allem bei Familiennamen, die Frauen bezeichnen.	Familiennamen, die Männer bezeichnen, können ohne Artikel stehen.
	• **Il** *Rossi* è molto avaro. • **La** *Bianchi* è molto scortese.	• *Rossi* è molto avaro. • *Blasi* è molto scortese.
	Familiennamen, die die gesamte Familie oder Mitglieder einer Familie bezeichnen, stehen mit dem bestimmten Artikel im Plural. Der Familienname wird nicht in den Plural gesetzt.	
	• **I** *Domingo* sono miei amici. • **Le** *(sorelle) Bianchi* ed io veniamo dalla stessa scuola.	

	Bestimmter Artikel	Kein Artikel
Verwandtschafts-bezeichnungen	Verwandtschaftsbezeichnungen + Personen- oder Familienname stehen in der Regel mit dem bestimmten Artikel. • **La** *zia Anna* e **lo** *zio Luigi* sono miei padrini. • **I** *fratelli Bianchi* sono miei amici.	
Titel, Berufsbezeich-nungen	Titel und Berufsbezeichnungen, auf die ein Eigenname folgt, stehen mit dem bestimmten Artikel. Dies gilt auch für **signor(e), signora.** Bei Titeln auf **-re** entfällt das Endungs-**e**, wenn ein Name folgt.	Titel und Berufsbezeichnungen in der Anrede. Dies gilt auch für **signor(e), signora.** Bei Titeln auf **-re** entfällt das Endungs-**e**, wenn ein Name folgt.
	• **Il** *re* Umberto I morì nel 1900. • **Il** *dottor Rossi* mi ha operato allo stomaco. • **Il** *signor Rossi* è un uomo molto gentile.	• Buon giorno *dottore*. • Buon giorno, *dottor Rossi*. • *Signor Rossi*, mi informi il più presto possibile.
		Santo, santa mit nachfolgendem Eigennamen. • *Santa Maria* • *Santa Maddalena*
Herrschernamen		Bei der Zählung von Herrschernamen wird der Artikel, im Gegensatz zum Deutschen, nicht verwendet. • *Vittorio Emanuele Terzo (Vittorio Emanuele III)* fu re d'Italia dal 1900 al 1946. (*Viktor Emanuel* **der** *Dritte (Viktor Emanuel III.)* war von 1900 bis 1946 König von Italien.)
Erdteile, Ländernamen	Die Namen von Erdteilen und Ländern stehen in der Regel mit dem bestimmten Artikel.	Der Artikel entfällt bei den Namen von Erdteilen und Ländern nach der Präposition **in.** Nach der Präposition **di** wird der Artikel vor allem bei Titeln, Institutionen und typischen Erzeugnissen eines Erdteils, Landes weggelassen.

	Bestimmter Artikel	Kein Artikel
	• Susanna conosce l'*Italia* molto bene. • **Gli** *Stati Uniti* sono chiamati il paese delle possibilità illimitate.	• Prima siamo andati *in Europa* e dopo *in Asia*. • Il *Consiglio d'Europa* ha la sua sede a Strasburgo.
Inselnamen	Die Namen großer Inseln stehen in der Regel mit dem bestimmten Artikel. Kleine Inseln stehen mit dem bestimmten Artikel, wenn sie zum Beispiel durch ein Adjektiv näher bestimmt sind.	Die Namen kleiner Inseln stehen in der Regel ohne Artikel. Inselnamen nach den Präpositionen **in, a** und Inselnamen nach der Präposition **di**, vor allem bei Titeln, Institutionen und typischen Erzeugnissen der Insel stehen ohne Artikel.
	• **La** *Corsica* appartiene alla Francia. • **La** *bella Capri* è un'isola dove molti turisti passano le vacanze.	• *Capri* è un'isola dove molti turisti passano le vacanze. • Prima siamo andati *in Sicilia* e dopo *a Capri*. • I vini *di Sicilia* sono molto famosi in tutto il mondo.
Städtenamen	Städtenamen, die zum Beispiel durch ein Adjektiv näher bestimmt sind. Die folgenden Städtenamen stehen immer mit dem bestimmten Artikel. • **l'Aia** (Den Haag) • **l'Aquila** (Aquila) • **l'Avana** (Havanna) • **il Cairo** (Kairo) • **la Mecca** (Mekka) • **la Spezia** (Spezia)	Städtenamen stehen in der Regel ohne Artikel.
	• **La** *Roma* del medioevo m'interessa molto. • **Il Cairo** è la capitale d'Egitto.	• *Roma* è una città antica. • *Milano* è una città bella. • *Napoli* è una città romantica.
Meeresnamen, Namen von Seen, Flußnamen, Berge, Gebirge	Die Namen der Meere, Seen, Flüsse, Gebirge und Berge stehen in der Regel mit dem bestimmten Artikel.	

	Bestimmter Artikel	Kein Artikel
	• l'*Atlantico* • il *Lago di Garda* • il *Danubio* • le *Alpi* • l'*Etna*	
Himmelsrichtun-gen	Die Himmelsrichtungen stehen in der Regel mit dem bestimmten Artikel.	Himmelsrichtungen, die mit einer Präposition verbunden sind oder in Bezeichnungen wie **la stazione (del) nord, Roma Ovest** vorkommen, können auch ohne Artikel stehen.
	• Milano è situata **nel** *nord* d'Italia. • **Al** *sud* d'Italia fa molto caldo in estate.	• Milano è situata *a nord* di Roma. • Luigi arriverà alla *stazione nord*.
Jahreszeiten	Die Jahreszeiten stehen in der Regel mit dem bestimmten Artikel.	Jahreszeiten, die mit einer Präposition verbunden sind, können auch ohne Artikel stehen.
	• La mia famiglia passa l'*estate* sempre in campagna.	• *In estate* siamo sempre nel nord d'Italia.
Monatsnamen	Monatsnamen, wenn sie zum Beispiel durch ein Adjektiv näher bestimmt sind.	Die Monatsnamen stehen in der Regel ohne Artikel.
	• Ci siamo sposato **nel** *bel maggio*.	• In *luglio* siamo sempre in vacanza in campagna.
Wochentage	Wochentage, bei denen an eine regelmäßige Wiederkehr gedacht ist (montags, dienstags etc.), stehen mit dem bestimmten Artikel.	Wochentage, bei denen nicht an eine regelmäßige Wiederkehr gedacht ist, stehen ohne Artikel.
	• **I** *venerdì* non si lavora in questa ditta. (**Freitags** wird in dieser Firma nicht gearbeitet.)	• Partirò *mercoledì*. (Ich werde am *Mittwoch* abreisen.) • È possibile trovarla *lunedì*?
Feiertage		Die Feiertage stehen in der Regel ohne Artikel.
		• A *Natale* andiamo in vacanza in Toscana.

	Bestimmter Artikel	Kein Artikel
Tages-, Uhrzeiten	Tages- und Uhrzeiten stehen in der Regel mit dem bestimmten Artikel. • Era **la** *mattina* del 15 aprile. • Sono **le** *dieci* e trenta.	Sind die Tageszeiten mit einer Präposition verbunden, entfällt der Artikel. • Ha abbandonato l'ufficio *a mezzogiorno.*
Datum	Jahreszahlen und Jahrhunderte stehen mit dem bestimmten Artikel. • **Il** *1989* è stato l'anno della rinunificazione della Repubblica Federale di Germania con la Repubblica Democratica di Germania.	Das Datum im Briefkopf steht ohne Artikel. • Roma, *1 dicembre 1994* • Milano, *16 aprile 1997*

	Bestimmter Artikel	
Körperteile, Kleidung	Körperteile und Kleidungsstücke stehen, im Gegensatz zum Deutschen, vor allem in Verbindung mit **avere** mit dem bestimmten Artikel.	• Anna ha **gli** *occhi* scuri. (Anna hat dunkle *Augen.*) • Porta **i** *pantaloni* strappati. (Er hat zerrissene *Hosen* an.)

	Bestimmter Artikel	Unbestimmter Artikel
Maß-, Gewichts-, Mengenangaben	Prozentzahlen stehen in der Regel mit dem bestimmten Artikel. • **Il** *25 %* degli studenti non ha superato l'esame.	Maß-, Gewichts- und Mengenangaben stehen mit dem unbestimmten Artikel. • Ho comprato **un** *litro* di vino. • Ha cucinato **un** *chilo* di spaghetti.

	Bestimmter Artikel	Kein Artikel
Possessivpronomen	Vor Verwandtschaftsbezeichnungen im Singular, die zum Beispiel durch ein Adjektiv näher bestimmt oder durch eine Nachsilbe (Zärtlichkeitsformen) abgewandelt sind, steht das Possessivpronomen mit dem bestimmten Artikel. • **Il** *nostro* fratello maggiore vive in Francia. • **Il** *mio* fratellino è il migliore del mondo.	Vor Verwandtschaftsbezeichnungen im Singular steht das Possessivpronomen ohne Artikel. • *Mio* fratello vive con *sua* moglie in Francia.

Bestimmter Artikel	Kein Artikel
Vor Verwandtschaftsbezeichnungen im Plural steht das Possessivpronomen mit dem bestimmten Artikel. Das Possessivpronomen **loro** steht immer mit dem bestimmten Artikel. • I *miei* fratelli vivono con **le** *loro* famiglie in Francia. • **La** *loro* casa è molto grande.	
	Possessivpronomen der Anrede und in Ausrufen werden nicht mit dem Artikel verbunden. • *Mia* cara Anna ... • Mamma *mia*!
	Possessivpronomen, die in Verbindung mit **essere** stehen (gehören), stehen ohne Artikel. • È *Suo* questo libro? (*Gehört* dieses Buch Ihnen?)
	Possessivpronomen in Beifügungen. • Vorrei presentarVi il dottor Rossi, *mio* compagno di scuola.

Der Teilungsartikel (L'articolo partitivo)

Der Teilungsartikel (**di** + bestimmter Artikel) steht zur Bezeichnung einer unbestimmten Menge oder Anzahl aus einem Ganzen.

	Teilungsartikel	Kein Teilungsartikel
In bejahten Sätzen	Zur Bezeichnung einer unbestimmten Menge oder Anzahl steht der Teilungsartikel in bejahten Sätzen vor allem bei Stoffnamen, Gattungsnamen und gelegentlich bei Abstrakta.	Ist nicht ausdrücklich die unbestimmte Menge als Teil eines Ganzen, sondern die Sache an sich gemeint, entfällt der Teilungsartikel. In der Umgangssprache wird der Teilungsartikel auch in bejahten Sätzen häufig weggelassen.
	• Per fare un dolce si prende **della** *farina*, **dello** *zucchero*, **delle** *uova* e **del** *burro.*	• Prende *caffè, tè* o *latte?* • A pranzo mangiamo sempre *pane.* • Ho comprato *libri.*
In verneinten und fragenden Sätzen		In verneinten und fragenden Sätzen entfällt der Teilungsartikel.
		• Non prendo né *caffè* né *tè.* • Prende *pane* a pranzo?
Mengenangaben		Nach Mengenangaben und Substantiven, die die Menge, das Maß bezeichnen, steht nur **di.** • **un chilo** • **un sacco** • **un litro** • **una tazza** • **un metro**
		• Ho comprato un *chilo di mele* e due *litri di latte.*
Aufzählungen	In Aufzählungen einer unbestimmten Menge.	In Aufzählungen einer unbestimmten Menge.
	• Per fare un dolce si prende **della** *farina*, **dello** *zucchero*, **delle** *uova* e **del** *burro.*	• Per fare un dolce si prende *farina, zucchero, uova* e *burro.*
Präpositionen		Nach Präpositionen fällt der Teilungsartikel meist weg.
		• Un dolce è fatto *con farina, zucchero, uova* e burro.

Das Substantiv (Il nome, il sostantivo)

Substantive (Hauptwörter, Dingwörter, Nennwörter, Nomen) bezeichnen Lebewesen, Pflanzen, Gegenstände oder sonstige Begriffe und können mit dem Artikel verbunden werden.

Nach inhaltlichen Gesichtspunkten unterscheidet man folgende Gruppen von Substantiven.

Konkreta (Nomi concreti)

Konkreta (Gegenstandswörter) bezeichnen Gegenstände.

- libro
- tavola

Eigennamen (Nomi propri)

Eigennamen bezeichnen Personen und Sachen, die einmalig sind.

- Italia
- Roma

Gattungsnamen (Nomi comuni)

Gattungsnamen (Appellativa) bezeichnen eine Gattung von Lebewesen oder Dingen und zugleich jedes einzelne Lebewesen oder Ding dieser Gattung.

- uomo
- donna
- bambino
- gallo

Sammelnamen (Nomi collettivi)

Sammelnamen (Kollektiva) bezeichnen eine Gruppe gleichartiger Lebewesen oder Dinge.

- gruppo
- mobilia

Stoffnamen (Nomi di materia)

Stoffnamen sind Masse- und Materialbezeichnungen.

- acqua
- oro

Abstrakta (Nomi astratti)

Abstrakta (Begriffswörter) bezeichnen das Nichtgegenständliche, d. h. Dinge, die man nicht berühren kann.

- amore
- bontà
- coraggio

Nach formalen Gesichtspunkten unterscheidet man folgende Gruppen von Substantiven.

Ursubstantive (Nomi primitivi)

Ursprüngliche, nicht durch ein Suffix oder Präfix abgewandelte Substantive.

> • **libro**
> • **tavola**

Abgewandelte Substantive (Nomi alterati)

Substantive, die durch ein Suffix oder Präfix abgewandelt sind.

> • **libro - libretto**
> • **produzione - riproduzione**

Abgeleitete Substantive (Nomi derivati)

Von einer anderen Wortart (z. B. Verb, Adjektiv) abgeleitete Substantive.

> • felice - **felicità**
> • scrivere - **scrivania**

Zusammengesetzte Substantive (Nomi composti)

Aus verschiedenen Wortarten zusammengesetzte Substantive (z. B. Substantiv + Substantiv, Substantiv + Verb etc.).

> • **portafoglio**
> • **terracotta**
> • **terremoto**

Genus und Numerus des Substantivs (Genere e numero del nome)

Das Italienische unterscheidet zwischen männlichem bzw. maskulinem (maschile) und weiblichem bzw. femininem (femminile) Geschlecht (Genus) bei Substantiven. Substantive, die männlich sind, können mit dem männlichen Artikel (**il, un**), Substantive, die weiblich sind, können mit dem weiblichen Artikel (**la, una**) verbunden werden. Das Italienische kennt kein sächliches Geschlecht (neutrum) wie das Deutsche (das).

Da von dem Geschlecht eines deutschen Substantivs nicht auf das des italienischen Substantivs geschlossen werden kann, ist ein wichtiges Indiz für das Geschlecht eine Substantivs seine Endung.
Die folgende Tabelle gibt zunächst eine Übersicht über die Endungen männlicher und weiblicher Substantive sowie über die dazugehörigen Pluralendungen. Dabei sind die Endungen, die nicht fettgedruckt sind, für das jeweilige Geschlecht untypisch, d. h. sie kommen zwar gelegentlich vor, stellen jedoch die Ausnahme dar.

Maskulin Singular	Maskulin Plural	Feminin Singular	Feminin Plural
-a	-i	**-a**	**-e**
-	-	**-aggine**	**-aggini**
-ale	**-ali**	-ale	-ali
-ante	**-anti**	-ante	-anti
-ca	-chi	**-ca**	**-che**
-co	-chi, -ci	**-ca**	**-che**
-	-	**-cia**	**-ce, -cie**
-	-	**-e**	**-i**
-e	**-i**	-a, -essa	-e, -esse
-ente	**-enti**	-ente	-enti
-ese	**-esi**	-ese	-esi
-ga	-ghi	**-ga**	**-ghe**

DAS SUBSTANTIV   Genus und Numerus des Substantivs

Maskulin Singular	Maskulin Plural	Feminin Singular	Feminin Plural
-go	-ghi, -gi	-ga	-ghe
-	-	-gia	-ge, -gie
-i	-i	-i	-i
-	-	-ice	-ici
-	-	-ie	-ie, -i
-ile	-ili	-	-
-io	-i, -ii	-ia	-ie
-ione	-ioni	-ione	-ioni
-ista	-isti	-ista	-iste
-o	-i	-a	-e
-one	-oni	-	-
-ore	-ori	-	-
-sore	-sori	-ditrice, -sora	-ditrici, -sore
-	-	-tà	-tà
-tore	-tori	-trice	-trici
-	-	-tù	-tù

Mask. Sing. Mask. Plur.	Fem. Sing. Fem. Plur.	Maskulin	Feminin
-a -i	**-a** **-e**	Endung einiger männlicher Substantive, vor allem wenn deren natürliches Geschlecht männlich ist.	Diese Endung kennzeichnet meist weibliche Substantive.
		• **il despota** **i despoti**	• **la donna** **le donne**
- -	**-aggine** **-aggini**		Diese Endung kennzeichnet meist weibliche Substantive.
			• **la sfacciataggine** **le sfacciaggini**
-ale **-ali**	-ale -ali	Diese Endung kennzeichnet meist männliche Substantive.	Endung einiger weiblicher Substantive.
		• **il giornale** **i giornali**	• **la capitale** **le capitali**
-ante **-anti**	**-ante** **-anti**	Endung einiger männlicher Substantive.	Endung einiger weiblicher Substantive. Das männliche Substantiv kann meist direkt als weibliches übernommen werden.
		• **il cantante** (der Sänger) **i cantanti**	• **la cantante** (die Sängerin) **le cantanti**
-ca -chi	**-ca** **-che**	Endung einiger männlicher Substantive.	Diese Endung kennzeichnet meist weibliche Substantive.
		• **il duca** **i duchi**	• **la bocca** **le bocche**
-co **-chi, -ci**	**-ca** **-che**	Diese Endung kennzeichnet meist männliche Substantive. Die auf der vorletzten Silbe betonten Substantive bilden den Plural meist auf **-chi**, die auf der drittletzten Silbe betonten Substantive bilden den Plural meist auf **-ci**.	Diese Endung kennzeichnet meist weibliche Substantive. Das weibliche Substantiv kann meist direkt vom männlichen abgeleitet werden.

Mask. Sing. Mask. Plur.	Fem. Sing. Fem. Plur.	Maskulin	Feminin

		• **il tedesco**
		  i tedeschi
		• **il medico**
		  i medici
		Wichtige Ausnahmen (von **-chi**):
		• **un amico**
		  gli amici
		• **il nemico**
		  i nemici
		• **il porco**
		  i porci
		Wichtige Ausnahmen (von **-ci**):
		• **il carico**
		  i carichi
			• **la tedesca**
			  le tedesche

-
-
	-cia
	-ce, -cie
			Diese Endung kennzeichnet meist weibliche Substantive. Geht der Endung **-cia** ein Konsonant voraus oder wird das **-i** der Endung nicht betont (nicht ausgesprochen, lautet der Plural **-ce.**
			Geht der Endung **-cia** ein Vokal voraus oder wird das **-i** der Endung betont (ausgesprochen), lautet der Plural **-cie.**
			• **l'arancia** [arant∫a]
			  le arance
			• **la camicia** [kamit∫a]
			  le camicie
			• **la farmacia** [farmat∫ia]
			  le farmacie

- -	**-e** **-i**		Diese Endung kennzeichnet meist weibliche Substantive. • **la torre** **le torri**

Mask. Sing. Mask. Plur.	Fem. Sing. Fem. Plur.	Maskulin	Feminin
-e -i	-a, -essa -e, -esse	Diese Endung kennzeichnet vor allem Substantive, deren natürliches Geschlecht männlich ist.	Diese Endungen kennzeichnen weibliche Substantive. Das weibliche Substantiv kann meist direkt vom männlichen abgeleitet werden. Einige bilden die weibliche Form auf **-a**, andere auf **-essa**.

		• **il signore**
		  i signori
		• **il conte**
		  i conti
			• **la signora**
			  le signore
			• **la contessa**
			  le contesse

-ente -enti	-ente -enti	Endung einiger männlicher Substantive.	Endung einiger weiblicher Substantive. Das männliche Substantiv kann meist direkt als weibliches übernommen werden.

		• **il cliente** (der Kunde)
		  i clienti
			• **la cliente** (die Kundin)
			  le clienti

-ese -esi	-ese -esi	Endung einiger männlicher Substantive.	Endung einiger weiblicher Substantive. Das männliche Substantiv kann meist direkt als weibliches übernommen werden.

		• **il francese** (der Franzose)
		  i francesi
			• **la francese** (die Französin)
			  le francesi

-ga -ghi	-ga -ghe	Endung einiger männlicher Substantive, vor allem, wenn deren natürliches Geschlecht männlich ist.	Diese Endung kennzeichnet meist weibliche Substantive. Einige männliche Substantive können als weibliches übernommen werden.

		• **il collega** (der Kollege)
		  i colleghi
			• **la collega** (die Kollegin)
			  le colleghe
			• **la paga**
			  le paghe

Mask. Sing. Mask. Plur.	Fem. Sing. Fem. Plur.	Maskulin	Feminin
-go **-ghi, -gi**	**-ga** **-ghe**	Diese Endung kennzeichnet meist männliche Substantive. Die auf der vorletzten Silbe betonten Substantive bilden den Plural meist auf **-ghi**, die auf der drittletzten Silbe betonten Substantive bilden den Plural meist auf **-gi**.	Diese Endung kennzeichnet meist weibliche Substantive. Das weibliche Substantiv kann meist direkt vom männlichen abgeleitet werden.
		• **il collega** **i colleghi** • **il teologo** **i teologi** <u>Wichtige Ausnahme (zu -gi):</u> • **il catalogo** **i cataloghi**	• **la collega** **le colleghe**
- **-**	**-gia** **-ge, -gie**		Diese Endung kennzeichnet meist weibliche Substantive. Geht der Endung **-gia** ein Konsonant voraus oder wird das **-i** der Endung nicht betont (nicht ausgesprochen), lautet der Plural **-ge**. Geht der Endung **-gia** ein Vokal voraus oder wird das **-i** der Endung betont (ausgesprochen), lautet der Plural **-gie**.
			• **la spiaggia** [spjaddʒa] **le spiagge** • **la ciliegia** [tʃiliɛdʒa] **le ciliegie** • **la bugia** [budʒia] **le bugie**
-i **-i**	**-i** **-i**	Endung einiger männlicher Substantive.	Endung einiger weiblicher Substantive.
		• **il brindisi** **i brindisi**	• **la crisi** **le crisi**

116

Mask. Sing. Mask. Plur.	Fem. Sing. Fem. Plur.	Maskulin	Feminin
- -	-ice -ici		Diese Endung kennzeichnet meist weibliche Substantive. • **la pendice** **le pendici**
- -	-ie -ie, -i		Diese Endung kennzeichnet meist weibliche Substantive. Die meisten dieser Substantive bilden den Plural auf **-ie**. • **la serie** **le serie** • **la moglie** **le mogli**
-ile -ili	- -	Diese Endung kennzeichnet meist männliche Substantive. • **il campanile** **i campanili**	
-io -i, -ii	-ia -ie	Diese Endung kennzeichnet meist männliche Substantive. Die Substantive mit unbetontem **-i** in der Endung bilden den Plural auf **-i,** die mit betontem **-i** bilden den Plural auf **-ii.** • **l'armadio** **gli armadi** • **il figlio** (der Sohn) **i figli** • **lo zio** **gli zii**	Diese Endung kennzeichnet meist weibliche Substantive. Das weibliche Substantiv kann häufig direkt vom männlichen abgeleitet werden. • **la famiglia** **le famiglie** • **la figlia** (die Tochter) **le figlie** • **la zia** **le zie**
-ione -ioni	-ione -ioni	Endung einiger männlicher Substantive. • **il campione** **i campioni**	Diese Endung kennzeichnet meist weibliche Substantive. • **la lezione** **le lezioni**

Mask. Sing. Mask. Plur.	Fem. Sing. Fem. Plur.	Maskulin	Feminin
-ista -isti	-ista -iste	Endung einiger männlicher Substantive. Substantive mit dieser Endung kennzeichnen häufig die Anhänger einer politischen oder sozialen Gruppierung.	Endung einiger weiblicher Substantive. Das männliche Substantiv kann meist direkt als weibliches übernommen werden.

		• **il socialista** (der Sozialist)
		  i socialisti
			• **la socialista** (die Sozialistin)
			  le socialiste

-o -i	-a -e	Diese Endung kennzeichnet meist männliche Substantive.	Diese Endung kennzeichnet meist weibliche Substantive. Das weibliche Substantive kann häufig direkt vom männlichen abgeleitet werden.

		• **il naso**
		  i nasi
		• **il ragazzo** (der Junge)
		  i ragazzi
		Wichtige Ausnahme:
		• **la mano**
			• **la sera**
			  le sere
			• **la ragazza** (das Mädchen)
			  le ragazze

-one -oni	- -	Diese Endung kennzeichnet meist männliche Substantive. • **il sapone** **i saponi** Wichtige Ausnahme: • **la canzone**	
-ore -ori	- -	Diese Endung kennzeichnet meist männliche Substantive. • **il colore** **i colori**	
-sore -sori	-ditrice, -sora -ditrici, -sore	Endung einiger männlicher Substantive.	Endung einiger weiblicher Substantive. Das weibliche Substantiv kann meist direkt vom männlichen abgeleitet werden, wobei die Endungen **-sora, -sore** vor allem in der Umgangssprache verwendet werden.

Mask. Sing. Mask. Plur.	Fem. Sing. Fem. Plur.	Maskulin	Feminin

		• **il difensore**
		  i difensori
		<u>Wichtige Ausnahme:</u>
		• **il professore**
		  i professori
			• **la difenditrice (difensora)**
			  le difenditrici (difensore)
			<u>Wichtige Ausnahme:</u>
			• **la professoressa**
			  le professoresse

- -	**-tà** **-tà**		Diese Endung kennzeichnet meist weibliche Substantive.
			• **la città** **le città**
-tore **-tori**	**-trice** **-trici**	Endung einiger männlicher Substantive.	Endung einiger weiblicher Substantive. Das weibliche Substantiv kann meist direkt vom männlichen abgeleitet werden.

		• **il venditore** (der Verkäufer)
		  i venditori
			• **la venditrice** (die Verkäuferin)
			  le venditrici

- -	**-tù** **-tù**		Diese Endung kennzeichnet meist weibliche Substantive.
			• **la virtù** **le virtù**

Das Geschlecht der Substantive und seine Besonderheiten

Neben den Endungen des Substantivs sind bezüglich des Geschlechts einige Besonderheiten zu beachten. Die Pluralbildung richtet sich nach den oben aufgeführten Regeln.

	Maskulin	Feminin
Männliche Bezeichnung weiblicher Substantive		Einige männliche Substantive werden, vor allem bei Berufen, die weitgehend von Männern besetzt sind oder waren, auch für Frauen verwendet.
	• **il funzionario** (der Beamte) • **il giudice** (der Richter) • **il medico** (der Arzt) • **il ministro** (der Minister)	• **il funzionario** (die Beamtin) • **il giudice** (die Richterin) • **il medico** (die Ärztin) • **il ministro** (die Ministerin)
	• *Il signore Bianchi* è **un medico** molto rispettato.	• *La signora Bianchi* è **un medico** molto rispettato.
Weibliche Bezeichnung männlicher Substantive	Einige Substantive, die männliche Personen bezeichnen, haben weibliche Endung und stehen auch mit dem weiblichen Artikel. • **la guardia** (der Polizist) • **la guida** (der Führer) • **la spia** (der Spion)	• **la guardia** (die Polizistin) • **la guida** (die Führerin) • **la spia** (die Spionin)
	• *Il signore* che è stato arrestato ieri è **una spia.**	• *La signora* che è stata arrestata ieri è **una spia.**
Gleiches Substantiv für männliches und weibliches Geschlecht	Einige männliche Substantive, vor allem auf **-ante, -ente, -ese** und **-ista** haben dieselbe weibliche Form. Dies ist besonders bei Berufsbezeichnungen der Fall. • **un artista** (ein Künstler) • **un assistente** (ein Assistent) • **il camerata** (der Kamerad) • **il cantante** (der Sänger) • **il ciclista** (der Radfahrer) • **il cliente** (der Kunde) • **il collega** (der Kollege) • **il comunista** (der Kommunist) • **il conducente** (der Fahrer) • **il giornalista** (der Journalist)	Einige weibliche Substantive, vor allem auf **-ante, -ente, -ese** und **-ista** haben dieselbe männliche Form. Dies ist besonders bei Berufsbezeichnungen der Fall. • **un'artista** (eine Künstlerin) • **un'assistente** (eine Assistentin) • **la camerata** (die Kameradin) • **la cantante** (die Sängerin) • **la ciclista** (die Radfahrerin) • **la cliente** (die Kundin) • **la collega** (die Kollegin) • **la comunista** (die Kommunistin) • **la conducente** (die Fahrerin) • **la giornalista** (die Journalistin)

Maskulin		Feminin	
• un idiota	(ein Idiot)	• un'idiota	(eine Idiotin)
• il nipote	(der Neffe)	• la nipote	(die Nichte)
• il paziente	(der Patient)	• la paziente	(die Patientin)
• il socialista	(der Sozialist)	• la socialista	(die Sozialistin)
• il turista	(der Tourist)	• la turista	(die Touristin)

• La moglie del Signor Rossi ha **un amante.**	• Il marito della Signora Bianchi ha **un'amante.**

Einige männliche Substantive haben dieselbe weibliche Form bzw. leiten die weibliche Form direkt ab. Häufig liegt ein Unterschied in der Bedeutung vor.		Einige weibliche Substantive haben dieselbe männliche Form bzw. leiten sich direkt von dieser ab. Häufig liegt ein Unterschied in der Bedeutung vor.	
• il banco	(die Bank, Theke)	• la banca	(die Bank (Geldinstitut))
• il capitale	(das Kapital)	• la capitale	(die Hauptstadt)
• il fine	(das Ziel, Zweck)	• la fine	(das Ende)
• il foglio	(das Blatt (Papier))	• la foglia	(das Blatt (Pflanze))
• il fronte	(die Front)	• la fronte	(die Stirn; Vorderseite)
• il modo	(die Art, Weise)	• la moda	(die Mode)
• il punto	(der Punkt)	• la punta	(die Spitze)

• Questa ditta ha investito tutto **il capitale** in questo progetto.	• **La capitale** d'Italia è Roma.

	Maskulin		Feminin	
Unregelmäßiges Geschlecht	Einige männliche Substantive bilden das weibliche Substantiv unregelmäßig.		Einige weibliche Substantive bilden das männliche Substantiv unregelmäßig.	
	• il babbo, papà	(der Papa)	• la mamma	(die Mama)
	• il fratello	(der Bruder)	• la sorella	(die Schwester)
	• il genero	(der Schwiegersohn)	• la nuora	(die Schwiegertochter)
	• il marito	(der Ehemann)	• la moglie	(die Ehefrau)
	• il maschio	(der Mann)	• la femmina	(das Weib)
	• il padre	(der Vater)	• la madre	(die Mutter)
	• il padrino	(der Pate)	• la madrina	(die Patin)
	• il re	(der König)	• la regina	(die Königin)
	• l'uomo	(der Mann)	• la donna	(die Frau)

• Il signor Rossi è **un uomo** molto gentile.	• La signora Rossi è **una donna** molto gentile.

Tiernamen	Bei vielen Tiernamen steht entweder der weibliche oder männliche Name für beide Geschlechter. Um Mißverständnisse zu vermeiden, kann für männliche Tiernamen **maschio** hinzugefügt werden.	Bei vielen Tiernamen steht entweder der weibliche oder männliche Name für beide Geschlechter. Um Mißverständnisse zu vermeiden, kann für weibliche Tiernamen **femmina** hinzugefügt werden.

Maskulin	Feminin
• il coccodrillo (maschio) • l'elefante (maschio)	• il coccodrillo (femmina) • l'elefante (femmina)
• l'asino (der Esel) • il cavallo (das Pferd) • il gatto (der Kater)	Viele männliche Tiernamen auf **-o** bilden die weibliche Form auf **-a.** • l'asina (die Eselin) • la cavalla (die Stute) • la gatta (die Katze)
• Gianna ha **un gatto** che si chiama Alfonso.	• Luigi ha **una gatta** che si chiama Carlotta.
Einige männliche Tiernamen haben völlig andere weibliche Tiernamen. • il **bue** (Ochse) • il **cane** (Hund) • il **gallo** (Hahn) • il **porco** (Schwein) • il **toro** (Stier)	Einige weibliche Tiernamen haben völlig andere männliche Tiernamen. • la **vacca** (Kuh) • la **cagna** (Hündin) • la **gallina** (Henne) • la **scrofa** (Sau) • la **vacca, mucca** (Kuh)
• Il contadino Rossi ha **un gallo** e dieci galline.	• Il contadino Rossi ha un gallo e dieci **galline**.

	Maskulin	Feminin
Erdteile, Länder, Inseln	Erdteile, Länder- und Inselnamen, die nicht auf **-a** enden, sind häufig männlich.	Länder- und Inselnamen auf **-a,** sind in der Regel weiblich.
	• il **Belgio** • il **Brasile** • il **Giappone**	• l'**Europa** • l'**Italia** • la **Sicilia**
Städte		Städtenamen sind in der Regel weiblich.
		• la bella **Napoli** <u>Wichtige Ausnahmen:</u> • il **Cairo** • il **Pireo**
Meere, Seen, Flüsse, Gebirge, Berge, Himmelsrichtungen	Die Namen der Meere, Seen und Flüsse, Gebirge, Berge und Pässe und die Namen der Himmelsrichtungen sind in der Regel männlich.	

	Maskulin	Feminin
	• il (mar) Mediterraneo • il (lago di) Garda • il Danubio • gli Appennini • il nord Wichtige Ausnahmen: • l'Elba • la Senna • le Alpi • le Ande • le Dolomiti	
Jahreszeiten, Monatsnamen, Wochentage	Die Monatsnamen, Wochentage und die Jahreszeiten **autunno** (Herbst) und **inverno** (Winter) sind männlich.	Die Jahreszeiten **estate** (Sommer) und **primavera** (Frühling) sind weiblich.
	• (il) gennaio • il lunedì Ausnahme: • la domenica	• l'estate • la primavera
Kraftfahrzeuge		Die Namen der Kraftfahrzeuge sind in der Regel weiblich.
		• la Fiat • la Mercedes
Substantivierte Wörter	Substantivierte Wörter sind in der Regel männlich.	
	• il dovere • il piacere	
Zahlen/ Buchstaben	Zahlen sind in der Regel männlich.	Buchstaben sind in der Regel weiblich.
	• il due • il tre	• la a • la b

Besonderheiten beim Numerus

Der Numerus (Zahl) bezeichnet den Singular bzw. die Einzahl (singolare) und den Plural bzw. die Mehrzahl (plurale). Substantive männlichen Geschlechts enden im Plural in der Regel auf **-i**, Substantive weiblichen Geschlechts enden im Plural in der Regel auf **-e**.
Zusammengesetzte Substantive hängen die Pluralendung meist am Ende der Zusammensetzung an.
Neben den üblichen Pluralendungen des Substantivs sind einige Besonderheiten zu beachten.

	Singular	Plural
Gleiche Form im Singular und Plural	Substantive auf Konsonant, betonten Vokal oder einsilbige Substantive haben im Plural dieselbe Form. Hierzu gehören auch alle Abkürzungen.	Substantive auf Konsonant, betonten Vokal, einsilbige Substantive haben im Singular dieselbe Form. Nicht abgekürzte Formen bilden den Plural regelmäßig.
	• **Il film** di quest'attore fu un gran successo. • Luigi si è comprato **un tassì**. • Luigi si è comprato **un'auto** nuova. • Luigi si ha comprato **un'automobile** nuova.	• **I film** di quest'attore furono grandi successi. • Ci sono *molti* **tassì** a Roma. • Giuseppe ha *cinque* **auto**. • Giuseppe ha *cinque* **automobili**.
Substantive, die nur im Singular/ Plural vorkommen	Einige Substantive kommen nur im Singular vor und stehen folglich auch mit einem Verb im Singular. **La gente** bezeichnet zwar den Plural, ist jedoch ein Sammelname und gilt daher als Substantiv im Singular. Es steht folglich auch mit einem Verb im Singular.	Einige Substantive, vor allem solche, die Werkzeuge und Kleidungsstücke bezeichnen, die aus zwei Teilen bestehen, kommen nur im Plural vor und stehen folglich auch mit einem Verb im Plural. Um deutlich zu machen, daß es sich tatsächlich um einzelne Stücke handelt, können sie mit **un paio di** verbunden werden.
	• **il coraggio**　(der Mut) • **l'età**　(das Alter) • **la fame**　(der Hunger) • **la febbre**　(das Fieber) • **la gente**　(die Leute) • **la gioventù**　(die Jugend) • **la roba**　(das Zeug)	• **i baffi**　(der Schnurrbart) • **i calzoni**　(die Hose) • **i dintorni**　(die Umgebung) • **le forbici**　(die Schere) • **le mutande**　(die Unterhose) • **le nozze**　(die Hochzeit) • **gli occhiali**　(die Brille) • **i pantaloni**　(die (lange) Hose) • **gli spiccioli**　(das Kleingeld)

	Singular	Plural
	• **L'età** di queste ossa *è* di due milioni di anni. • **La gente** *è arrivata* un'ora fa.	• Per favore, può darmi **le forbici** che *sono* sulla tavola? (Können Sie mir bitte **die Schere** geben, die auf dem Tisch *liegt?*) • **Due paia di forbici** *sono* sulla tavola. (**Zwei Scheren** *liegen* auf dem Tisch.)
Unregelmäßiger Plural	• l'ala • l'arma • il bue • il centinaio • il dio • il migliaio • il miglio • la moglie • il paio • la superficie • l'uomo • l'uovo	Einige Substantive bilden den Plural unregelmäßig. • le ali • le armi • i buoi • le centinaia • gli dei • le migliaia • le miglia • le mogli • le paia • le superfici • gli uomini • le uova
	• La religione cristiana conosce solamente **un** solo **dio.**	• Le religioni pagane conoscono *molti* **dei.**
	Einige männliche Substantive auf **-o** haben neben der Pluralendung **-i** auch noch eine weibliche Pluralform auf **-a**. Meist liegt zwischen diesen beiden Pluralformen ein Unterschied in der Bedeutung vor. • **il braccio** (Arm) • **il ciglio** (Wimper) • **il corno** (Horn) • **il dito** (Finger) • **il filo** (Faden) • **il fondamento** (Fundament)	• **i bracci** (Arme) (übertragen)) • **le braccia** (Arme (des Menschen)) • **i cigli** (Ränder) • **le ciglia** (Wimpern) • **i corni** (Hörner (Instrumente)) • **le corna** (Hörner, Geweih) • **i diti** (Finger, Zehen) • **le dita** (Finger, Zehen) • **i fili** (Fäden, Drähte) • **le fila** (Fäden (übertragen)) • **i fondamenti** (Grundlagen) • **le fondamenta** (Grundmauern)

Singular		Plural	
• il frutto	(Frucht)	• i frutti	(Früchte (übertragen))
		• le frutta	(Obst)
• il grido	(Schrei)	• i gridi	(Schrei (Tier))
		• le grida	(Schrei (Mensch))
• il labbro	(Lippe)	• i labbri	(Rand, Ränder)
		• le labbra	(Lippen)
• il membro	(Mitglied)	• i membri	(Mitglieder)
		• le membra	(Gliedmaßen)
• il muro	(Mauer)	• i muri	(Mauern)
		• le mura	(Stadtmauer)
• l'osso	(Knochen)	• gli ossi	(Knochen (einzeln))
		• le ossa	(Knochengerüst)
• Il toro ha perso **un corno** nel combattimento.		• Il toro ha **le corna** grandi.	
• Luigi suona molto bene **il corno**.		• I musicisti hanno suonato **i corni.**	

Familiennamen

	Familiennamen sind männlich und erhalten, obwohl der Artikel im Plural steht, keine Pluralendung. Sie stehen mit einem Verb im Plural.
	• **I Benetton** *sono* famosi in tutto il mondo.

Das Adjektiv (L'aggettivo)

Das Adjektiv (Eigenschaftswort, Wiewort) drückt eine Eigenschaft aus und bezieht sich im Satz auf ein oder mehrere Substantive.

Attributives Adjektiv (L'aggettivo attributivo)

Das attributive Adjektiv steht unmittelbar beim Substantiv.

- un bambino **intelligente**
- una donna **gentile**

Prädikatives Adjektiv (L'aggettivo predicativo)

Das prädikative Adjektiv wird durch ein Verb (meist **essere**) mit dem Substantiv verbunden.

- Questo fiore è **bello.**
- Questo libro è **interessante.**
- Questa donna è **gentile.**

Beide Adjektive, sowohl das attributive als auch das prädikative richten sich in Geschlecht und Zahl nach dem Substantiv, auf das sie sich beziehen. Dabei ist zu beachten, auf wieviele Substantive sich das Adjektiv bezieht. Bezieht es sich auf:

ein Substantiv	mehrere Substantive gleichen Geschlechts	mehrere Substantive verschiedenen Geschlechts
so richtet sich das Adjektiv in Geschlecht und Zahl nach diesem einen Substantiv. Bezieht es sich auf ein unbestimmtes Subjekt, so erhält das Adjektiv die männliche Pluralendung.	so steht das Adjektiv im Plural und hat dasselbe Geschlecht wie die Substantive.	so steht das Adjektiv im Plural und ist männlich, selbst wenn nur ein Substantiv unter mehreren weiblichen männlich ist. Aus stilistischen Gründen sollte unmittelbar beim Adjektiv kein weibliches Substantiv stehen. Attributive Adjektive können sich auch nach dem ihnen am nächsten stehenden Substantiv richten.
• un libro **nuovo** • una macchina **nuova** • libri **nuovi** • macchine **nuove** • *Conviene* essere **gentili.** (*Es ist angebracht*, **höflich** zu sein.)	• un libro ed un quaderno **nuovi** • una casa ed una macchina **nuove**	• libri e quaderni **nuovi** • case e macchine **nuove** • bambine, signore e signori **simpatici** • È interessante osservare *il mare* e *la* **vasta** *spiaggia.*

Genus und Numerus des Adjektivs (Genere e numero dell'aggettivo)

Genus (Geschlecht) und Numerus (Zahl) des Adjektivs werden wie beim Substantiv durch die Endung gekennzeichnet.
In der Regel erhält das Adjektiv in der männlichen Form ein **-o** und im Plural ein **-i** und in der weiblichen Form ein **-a** und im Plural ein **-e**.

Die folgende Tabelle gibt eine Übersicht über die männlichen und weiblichen Endungen sowie über die dazugehörigen Pluralendungen.

Maskulin Singular	Maskulin Plural	Feminin Singular	Feminin Plural
-co	-chi, -ci	-ca	-che
-cio	-ci	-cia	-cie
-e	-i	-e	-i
-go	-ghi	-ga	-ghe
-gio	-gi	-gia	-gie
-io	-i, -ii	-ia	-ie
-ista	-isti	-ista	-iste
-o	-i	-a	-e

Mask. Sing. Mask. Plur.	Fem. Sing. Fem. Plur.	Maskulin	Feminin
-co **-chi, -ci**	**-ca** **-che**	Diese Endung kennzeichnet männliche Adjektive. Auf der vorletzten Silbe betonte Adjektive bilden den Plural auf **-chi**, auf der drittletzten Silbe betonte Adjektive bilden den Plural auf **-ci**.	Diese Endung kennzeichnet weibliche Adjektive.
		• un muro **bianco** muri **bianchi** • un signore **comico** signori **comici**	• una tavola **bianca** tavole **bianche**
-cio **-ci**	**-cia** **-cie**	Diese Endung kennzeichnet männliche Adjektive.	Diese Endung kennzeichnet weibliche Adjektive.
		• un frutto **fradicio** frutti **fradici**	• una mela **fradicia** mele **fradicie**
-e **-i**	**-e** **-i**	Diese Endung kennzeichnet männliche Adjektive.	Diese Endung kennzeichnet weibliche Adjektive.
		• un signore **intelligente** signori **intelligenti**	• una signora **intelligente** signore **intelligenti**
-go **-ghi**	**-ga** **-ghe**	Diese Endung kennzeichnet männliche Adjektive.	Diese Endung kennzeichnet weibliche Adjektive.
		• un sentiero **lungo** sentieri **lunghi**	• una via **lunga** vie **lunghe**
-gio **-gi**	**-gia** **-gie**	Diese Endung kennzeichnet männliche Adjektive.	Diese Endung kennzeichnet weibliche Adjektive.
		• un vestito **grigio** vestiti **grigi**	• una stoffa **grigia** stoffe **grigie**
-io **-i, -ii**	**-ia** **-ie**	Diese Endung kennzeichnet männliche Adjektive. Adjektive mit unbetontem **-i** enden im Plural auf **-i**, Adjektive mit betontem **-i** enden auf **-ii**.	Diese Endung kennzeichnet weibliche Adjektive.
		• un libro **vecchio** libri **vecchi** • un prete **pio** prete **pii**	• una macchina **vecchia** macchine **vecchie** • una donna **pia** donne **pie**

Mask. Sing. Mask. Plur.	Fem. Sing. Fem. Plur.	Maskulin	Feminin
-ista **-isti**	**-ista** **-iste**	Diese Endung kennzeichnet männliche Adjektive. • un signore **ottimista** signori **ottimisti**	Diese Endung kennzeichnet weibliche Adjektive. • una signora **ottimista** signore **ottimiste**
-o **-i**	**-a** **-e**	Diese Endung kennzeichnet männliche Adjektive. • un foglio **rosso** fogli **rossi**	Diese Endung kennzeichnet weibliche Adjektive. • una stoffa **rossa** stoffe **rosse**

Besonderheiten beim Genus und Numerus

Adjektiv	Nu.	Genus	Vor Vokal	Vor Konsonant	Vor s- + Konsonant, gn-, pn-, ps-, x-, z-
buono	Sing.	mask.	**buon**	**buon**	**buono**
		fem.	**buona, buon'** (vor **a-**)	**buona**	**buona**
	Plur.	mask.	**buoni**	**buoni**	**buoni**
		fem.	**buone**	**buone**	**buone**
bello	Sing.	mask.	**bell'**	**bel**	**bello**
		fem.	**bella, bell'** (vor **a-**)	**bella**	**bella**
	Plur.	mask.	**begli**	**bei**	**begli**
		fem.	**belle, bell'** (vor **e-**)	**belle**	**belle**
grande	Sing.	mask.	**grande, grand'**	**gran, grande**	**grande**
		fem.	**grande, grand'**	**gran, grande**	**grande**
	Plur.	mask.	**grandi, grand'**	**gran, grandi**	**grandi**
		fem.	**grandi, grand'**	**gran, grandi**	**grandi**
santo	Sing.	mask.	**sant'**	**san**	**santo**
		fem.	**sant'**	**santa**	**santa**
	Plur.	mask.	**santi**	**santi**	**santi**
		fem.	**sante**	**sante**	**sante**

Die Steigerung des Adjektivs (Gradi dell'aggettivo qualificativo)

Das Italienische kennt neben der Grundstufe die folgenden Steigerungsformen des Adjektivs. Auch bei der Steigerung richtet sich das Adjektiv in Geschlecht und Zahl nach dem Substantiv, auf das es sich bezieht.

Positiv (Positivo)

Der Positiv ist die Grundstufe des Adjektivs. Er drückt aus, daß zwei oder mehr Wesen oder Dinge in bezug auf eine Eigenschaft gleich sind; gleicher Grad.

- Paolo e Luigi sono **alti**.
- Anna e Gianna sono **alte**.

Komparativ (Comparativo)

Der Komparativ drückt aus, daß zwei Wesen oder Dinge in bezug auf eine Eigenschaft ungleich sind; ungleicher Grad.

- Mio fratello è **più alto**.
  (Mein Bruder ist **größer**.)
- Il signor Rossi è **meno gentile**.
  (Herr Rossi ist **weniger freundlich**.)

Steigerung:	**più + Adjektiv**
Verminderung:	**meno + Adjektiv**

Die allmählich zunehmende Steigerung bzw. Verminderung wird ausgedrückt durch:

- Le macchine sono **sempre più care**.
  (Die Autos werden **immer teurer**.)
- Questi libri sono **sempre meno interessanti**.
  (Diese Bücher werden **immer weniger interessant**.)

Steigerung:	**sempre + più + Adjektiv**
Verminderung:	**sempre + meno + Adjektiv**

Relativer Superlativ (Superlativo relativo)

Der Superlativ drückt aus, daß von mindestens drei Wesen oder Dingen einem der höchste Grad einer Eigenschaft zukommt; höchster Grad.
Steht das Adjektiv nach dem Substantiv, wird der Artikel nicht wiederholt.

- Mio fratello è **il più alto** nella nostra famiglia.
  (Mein Bruder ist **der größte** in unserer Familie.)
- Queste donne sono **le meno gentili** di tutti i nostri vicini.
- La Signora Bianchi è *la vicina* **più gentile** di tutte quelle che abbiamo.

Numerus	Genus	Steigerung	Verminderung
Singular	maskulin	il più + Adjektiv	il meno + Adjektiv
	feminin	la più + Adjektiv	la meno + Adjektiv
Plural	maskulin	i più + Adjektiv	i meno + Adjektiv
	feminin	le più + Adjektiv	le meno + Adjektiv

Absoluter Superlativ (Superlativo assoluto)

Der absolute Superlativ drückt einen sehr hohen Grad einer Eigenschaft aus und wird durch Anhängen der Endung **-issimo** an das um den Endvokal verkürzte Adjektiv gebildet.

- Questo giardino è **grandissimo**.
  (Dieser Garten ist **sehr, äußerst, überaus groß**.)
- Questa camera è **piccolissima**.
- Questi libri sono **interessantissimi**.
- Queste macchine sono **carissime**.

Numerus	Genus	Adjektiv	Adjektiv auf -co	Adjektiv auf -go
Singular	maskulin	Adjektiv + -issimo	Adjektiv + -chissimo	Adjektiv + -ghissimo
	feminin	Adjektiv + -issima	Adjektiv + -chissima	Adjektiv + -ghissima
Plural	maskulin	Adjektiv + -issimi	Adjektiv + -chissimi	Adjektiv + -ghissimi
	feminin	Adjektiv + -issime	Adjektiv + -chissime	Adjektiv + -ghissime

Der absolute Superlativ kann nicht von jedem Adjektiv gebildet werden oder er ist ungebräuchlich. Er wird dann durch Adverbien wie **molto, assai, oltremodo, tanto** oder **tutto**, durch Wiederholen des Adjektivs, ein zweites Adjektiv oder Vorsilben wie **arci-stra-, sopra-** ausgedrückt.

- Questo animale è **molto grande**.
- Queste macchine sono **care care**.
  (Diese Autos sind **sehr teuer**.)
- Sono **stanco morto**.
  (Ich bin **todmüde**.)
- È **arcistupido**.
  (Er ist **erzdumm**.)

In der folgenden Tabelle sind die unregelmäßig gesteigerten Adjektive aufgeführt. Dabei ist nur die jeweils männliche Form genannt. Die Bildung des weiblichen Geschlechts und des Plurals richtet sich nach den oben aufgeführten Regeln.

Die unregelmäßig gesteigerten Adjektive haben jeweils zwei Formen im Komparativ und Superlativ. Generell werden die Adjektive regelmäßig gesteigert, wenn sie in ihrer Grundbedeutung verwendet werden, werden sie in übertragener Bedeutung verwendet, werden sie unregelmäßig gesteigert.

Unregelmäßig gesteigerte Adjektive

Positiv		Komparativ	Relativer Superlativ	Absoluter Superlativ
buono	(gut(herzig)) (gut)	più buono migliore	il più buono il migliore	buonissimo ottimo
cattivo	(schlecht (bösartig)) (schlecht)	più cattivo peggiore	il più cattivo il peggiore	cattivissimo pessimo
alto	(hoch) (oberer; besser)	più alto superiore	il più alto il superiore	altissimo supremo, sommo
basso	(niedrig) (unterer; schlecht)	più basso inferiore	il più basso l'inferiore	bassissimo infimo
grande	(groß) (alt; bedeutend)	più grande maggiore	il più grande il maggiore	grandissimo massimo
piccolo	(klein) (jung; gering)	più piccolo minore	il più piccolo il minore	piccolissimo minimo

Die Adjektive **buono** und **cattivo** werden in der Grundbedeutung zum Ausdruck einer sittlichen Eigenschaft regelmäßig gesteigert, im anderen Fall unregelmäßig.

- La zia di Luigi è **più buona** della zia di Paolo.
- La macchina di Paolo è **migliore** della macchina di Luigi.

Die Adjektive **alto, basso, grande** und **piccolo** werden in ihrer Grundbedeutung (in räumlicher Bedeutung) regelmäßig, in übertragener Bedeutung unregelmäßig gesteigert.

- La macchina di Paolo è **più piccola** della macchina di Luigi.
- La famiglia nella nostra vita è di importanza **minore** di prima.

133

Die Stellung des Adjektivs (La posizione dell'aggettivo)

In der Regel wird das Adjektiv dem Substantiv, das es näher bestimmt, nachgestellt. In einigen Fällen kann das Adjektiv dem Substantiv auch vorangestellt werden.

	Adjektive vor dem Substantiv	Adjektive nach dem Substantiv
Häufig verwendete Adjektive	Häufig verwendete Adjektive wie **molto, poco** und **tutto** stehen meist vor dem Substantiv. • Ha letto **molti** *libri.* • Ha **poco** *tempo.*	
Lange, mehrsilbige Adjektive		Lange, mehrsilbige Adjektive und Adjektive, die eine Beifügung bei sich haben. • L'Italia è un *paese* **meraviglioso**. • Questa *macchina* è troppo **cara**.
Hervorgehobene Adjektive	Die folgenden Adjektive werden dem Substantiv vorangestellt, wenn sie nicht besonders betont sind. • **bello**　　• **giovane** • **breve**　　• **grande** • **brutto**　　• **interessante** • **buono**　　• **lungo** • **cattivo**　　• **nuovo** • **diverso**　　• **piccolo** • **enorme**　　• **vecchio** • **famoso** Vor dem Substantiv ändern die Adjektive **buono, bello** und **grande**, wie oben aufgeführt, ihre Form.	Die folgenden Adjektive werden dem Substantiv nachgestellt, wenn sie besonders hervorgehoben werden sollen. • **bello**　　• **giovane** • **breve**　　• **grande** • **brutto**　　• **interessante** • **buono**　　• **lungo** • **cattivo**　　• **nuovo** • **diverso**　　• **piccolo** • **enorme**　　• **vecchio** • **famoso** Nach dem Substantiv ändern **buono, bello** und **grande** ihre Form nicht.
	• La signora Bianchi è una **bella** *donna.* (Frau Bianchi ist eine **schöne** Frau.)	• La signora Bianchi è una *donna* **bella.** (Frau Bianchi ist eine **besonders schöne** Frau.)
Bedeutungsunterschiede voran- und nachgestellter Adjektive	Dem Substantiv vorangestellt, haben die folgenden Adjektive übertragene Bedeutung.	Dem Substantiv nachgestellt, behalten die folgenden Adjektive ihre ursprüngliche Bedeutung.

	Adjektive vor dem Substantiv		Adjektive nach dem Substantiv
	• **alto** (hochrangig)		• **alto** (hoch, groß)
	• **antico** (ehemalig)		• **antico** (sehr alt)
	• **caro** (lieb)		• **caro** (teuer)
	• **certo** (gewisser)		• **certo** (sicher)
	• **grande** (bedeutend)		• **grande** ((körperlich) groß)
	• **nuovo** (neu)		• **nuovo** (neu(artig))
	• **povero** (bedauernswert)		• **povero** (arm, mittellos)
	• **semplice** (nur)		• **semplice** (einfach)
	• **solo** (einzig)		• **solo** (alleinstehend)
	• **vero** (wirklich)		• **vero** (echt)
	• Ieri ho incontrato un **certo** *signor Rossi*.		• La *cosa* **certa** è che non supererà l'esame.
Partizipien			Partizipien, die wie ein Adjektiv verwendet werden.
			• Paolo non può venire perché ha la *gamba* **rotta**.
Ordnungszahlen	Ordnungszahlen, die wie ein Adjektiv verwendet werden und **mezzo** stehen vor dem Substantiv.		
	• È un vestito di **seconda** *qualità*. • Questo pacchetto pesa **mezzo** *chilo*.		
Mehrere Adjektive			Zwei und mehr Adjektive, die sich auf das gleiche Substantiv beziehen, stehen nach demselben.
			• Paolo è un *ragazzo* **amabile, gentile** ed **intelligente**.

Der Vergleich (La comparazione)

Zum Ausdruck des Vergleichs stehen im Italienischen die folgenden Adverbien zur Verfügung.

Di

Di steht nach dem Komparativ eines Adjektivs vor Substantiven oder Pronomen.
Im Deutschen steht nach dem Komparativ eines Adjektivs *als* (nicht *wie*).

- La chiesa è *più vecchia* **delle** *mura cittadine.*
  (Die Kirche ist *älter* **als** die Stadtmauer.)
- Mia sorella è *più vecchia* **di** *me.*

Zahlen werden im Vergleich mit **di** angeschlossen.

- Il signor Rossi è molto ricco. Ha molte case. Sono più **di** *dieci.*

Che

Che steht nach dem Komparativ eines Adjektivs vor Verben, anderen Adjektiven, Adverbien und Präpositionen.
Auch hier steht im Deutschen nach dem Komparativ *als* (nicht *wie*).

- Oziare è *più bello* **che** *lavorare.*
  (Faulenzen ist *schöner* **als** arbeiten.)
- Il libro è *più grosso* **che** *interessante.*
- Meglio tardi **che** *mai.*

Wird mit **più** oder **meno** ein Mehr oder Weniger die Menge oder Anzahl betreffend ausgedrückt, so wird der zweite Teil des Vergleichs mit **che** angeschlossen.

- Si comprano *più* appartamenti **che** case.
- Si prende *più* la macchina **che** il treno o l'autobus.

Che non, di quel che, di quanto

Folgt ein Nebensatz, wird der Vergleich durch **che non, di quel che, di quanto** (als, wie) ausgedrückt.

- Possiede più case **che non** *si creda.*
- Possiede più case **di quel che** *si crede.*
- Possiede più case **di quanto** *si creda.*

(Così) ... come, (tanto) ... quanto

Zum Ausdruck des gleichen Grades (Positiv) einer Eigenschaft steht **(così)** ... **come** oder **(tanto)** ... **quanto** ((eben)so ... wie) bezüglich eines Adjektivs.

- Una volta le macchine non erano **(così)** care **come** oggi.
- Una volta le macchine non erano **(tanto)** care **quanto** oggi.

Im folgenden Schaubild ist die Stellung der einzelnen Satzglieder im Vergleichssatz im Überblick dargestellt.

Das Adverb (L'avverbio)

Das Adverb (Umstandswort) dient zur näheren Bestimmung von Verben, Adjektiven, anderen Adverbien und ganzen Satzinhalten. (Mit dem Adjektiv werden Substantive näher bestimmt.)
Das Adverb ist stets unveränderlich und dient zur Definition der Art und Weise (avverbio di modo), des Ortes (avverbio di luogo), der Zeit (avverbio di tempo), der Menge (avverbio di quantità) und des Grades, der Intensität (avverbio d'intensità).

Ursprüngliche Adverbien (Avverbi semplici)

Die ursprünglichen Adverbien haben keine besondere Form.

- Ho dormito **bene**.
- È venuto **qui.**

Abgeleitete Adverbien (Avverbi derivati)

Abgeleitete Adverbien hängen generell an die weibliche Form des Adjektivs die Endung **-mente** an.

- Lavora **intensamente**.
- Si può capire **facilmente** questa regola.

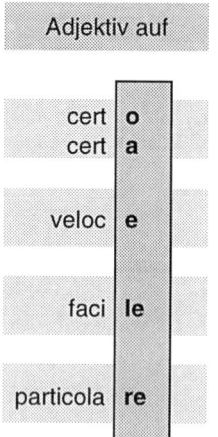
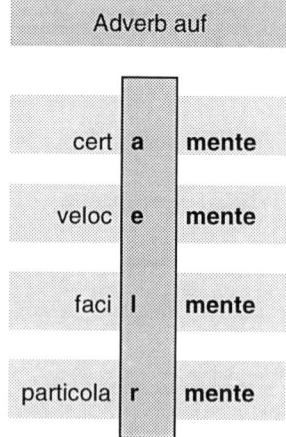

	Adjektiv auf		Adverb auf	
Männliche Form des Adjektivs auf **-o**	cert	**o**		
	cert	**a**	cert **a**	**mente**
Männliche und weibliche Form des Adjektivs auf **-e**	veloc	**e**	veloc **e**	**mente**
Männliche und weibliche Form des Adjektivs auf **-le**	faci	**le**	faci **l**	**mente**
Männliche und weibliche Form des Adjektivs auf **-re**	particola	**re**	particola **r**	**mente**

Häufig wirken die auf **-mente** gebildeten Adverbien schwerfällig und werden deshalb im Italienischen nicht so häufig verwendet. Mit den folgenden Stilmitteln können diese Adverbien vermieden werden.

Adverbien, die durch Umschreibung gebildet werden

Einige Adjektive können entweder kein Adverb bilden, sie werden auch als Adverb verwendet, oder das Adverb klingt schwerfällig. Man kann sie dann durch Ausdrücke wie in **modo/maniera** + Adjektiv oder **con** + Substantiv umschreiben.

- Lo spiega **in modo facile.**
- Lavora **in maniera precisa.**
- Lavora **con precisione.**

Verbaler Ausdruck

Häufig wird im Italienischen ein verbaler Ausdruck verwendet, wo im Deutschen ein Adverb steht.

- **Sto leggendo.**
  (Ich lese gerade.)
- **Mi piace** leggere.
  (Ich lese gern.)

Unregelmäßig gebildete Adverbien

Adjektiv (männlich)	Adjektiv (weiblich)	Adverb
buono	buona	**bene**
cattivo	cattiva	**male**
leggero	leggera	**leggermente**
violento	violenta	**violentemente**

Die Steigerung des Adverbs (Gradi dell'avverbio)

Das Italienische kennt neben der Grundstufe die folgenden Steigerungsformen des Adverbs.

Positiv (Positivo)

Der Positiv ist die Grundstufe des Adverbs. Er drückt aus, daß zwei oder mehr Wesen oder Dinge in bezug auf ein Merkmal gleich sind; gleicher Grad.

- Anna e Gianna cantano **meravigliosamente.**
  (Anna und Gianna singen **wunderbar.**)
- Paolo e Luigi si comportano **correttamente.**

Komparativ (Comparativo)

Der Komparativ drückt aus, daß zwei Wesen oder Dinge in bezug auf ein Merkmal ungleich sind; ungleicher Grad.

- Anna canta **più appassionatamente.**
  (Anna singt **leidenschaftlicher.**)
- Questi libri si leggono **meno facilmente.**
  (Diese Bücher lesen sich **weniger leicht.**)

Steigerung:	**più** + Adverb
Verminderung:	**meno + Adverb**

Die allmählich zunehmende Steigerung bzw. Verminderung wird ausgedrückt durch:

- Maria canta **sempre più appassionatamente.**
  (Maria singt **immer leidenschaftlicher.**)
- Maria canta **sempre meno appassionatamente.**
  (Maria singt **immer weniger leidenschaftlich.**)

Steigerung:	**sempre + più** + Adverb
Verminderung:	**sempre + meno + Adverb**

Relativer Superlativ (Superlativo relativo)

Beim Adverb kennt das Italienische keinen relativen Superlativ.

Absoluter Superlativ (Superlativo assoluto)

Der absolute Superlativ drückt einen sehr hohen Grad aus und wird durch Anhängen der Endung **-issimamente** an das um den Endvokal verkürzte Adjektiv gebildet.

Der absolute Superlativ wird meist als schwerfällig empfunden und daher durch andere Adverbien wie **molto, assai, oltremodo** oder **tutto** umschrieben.

- Si può risolvere questo problema **facilissimamente**.
  (Man kann dieses Problem **sehr/überaus/äußerst einfach** lösen.)
- Si può risolvere questo problema **molto facilmente**.
- Si può risolvere questo problema **assai facilmente**.

Unregelmäßig gesteigerte Adverbien

Positiv		Komparativ	Superlativ
bene	(gut)	**meglio**	**benissimo**
male	(schlecht)	**peggio**	**malissimo**
molto	(viel)	**più**	**moltissimo**
poco	(wenig)	**meno**	**pochissimo**

Die Stellung des Adverbs (La posizione dell'avverbio)

Für die Stellung des Adverbs lassen sich keine allgemeingültigen Regeln aufstellen. Im allgemeinen steht das Adverb nach dem Verb, vor dem Adjektiv oder einem anderen Adverb oder gelegentlich am Satzanfang oder -ende.

Beim Verb

Die Adverbien stehen in den einfachen und den zusammengesetzten Zeiten in der Regel nach dem Verb.
Zur Hervorhebung können sie in den zusammengesetzten Zeiten auch zwischen das Hilfsverb und Vollverb treten.

- Anna *lavora* **tanto.**
- Paolo *dice* **sempre** la verità.
- Anna *ha lavorato* **tanto.**
- Anna *ha* **tanto** *lavorato.*
- Paolo *ha detto* **sempre** la verità.
- Paolo *ha* **sempre** *detto* la verità.

Già steht immer zwischen Hilfsverb und Vollverb.

- Paolo *è* **già** *partito.*
- Ti *ha* **già** *visto.*

Beim Adjektiv und anderen Adverbien

Die Adverbien stehen in der Regel vor einem Adjektiv oder vor anderen Adverbien.

- Questo problema è **troppo** *difficile.*
- Peter parla **molto** *bene* l'italiano.

Am Satzanfang, Satzende

Die Adverbien, die eine bestimmte Zeit bezeichnen, können sowohl an den Satzanfang als auch an das Satzende treten.

- **Stamattina** Paolo è partito.
- Ho incontrato tua sorella **ieri**.

Die Adverbien des Ortes können sowohl am Satzanfang als auch am Satzende stehen.
Trifft ein Adverb des Ortes am Satzende auf ein Adverb der Zeit, so steht das Ortsadverb vor dem Zeitadverb (Ort vor Zeit).

- **Qui** ho abitato molti anni.
- Si è seduto **dietro.**
- Ho abitato **qui molti anni.**

Die Stellung der Adverbien im Satz ist in dem folgenden Schaubild noch einmal im Überblick dargestellt.

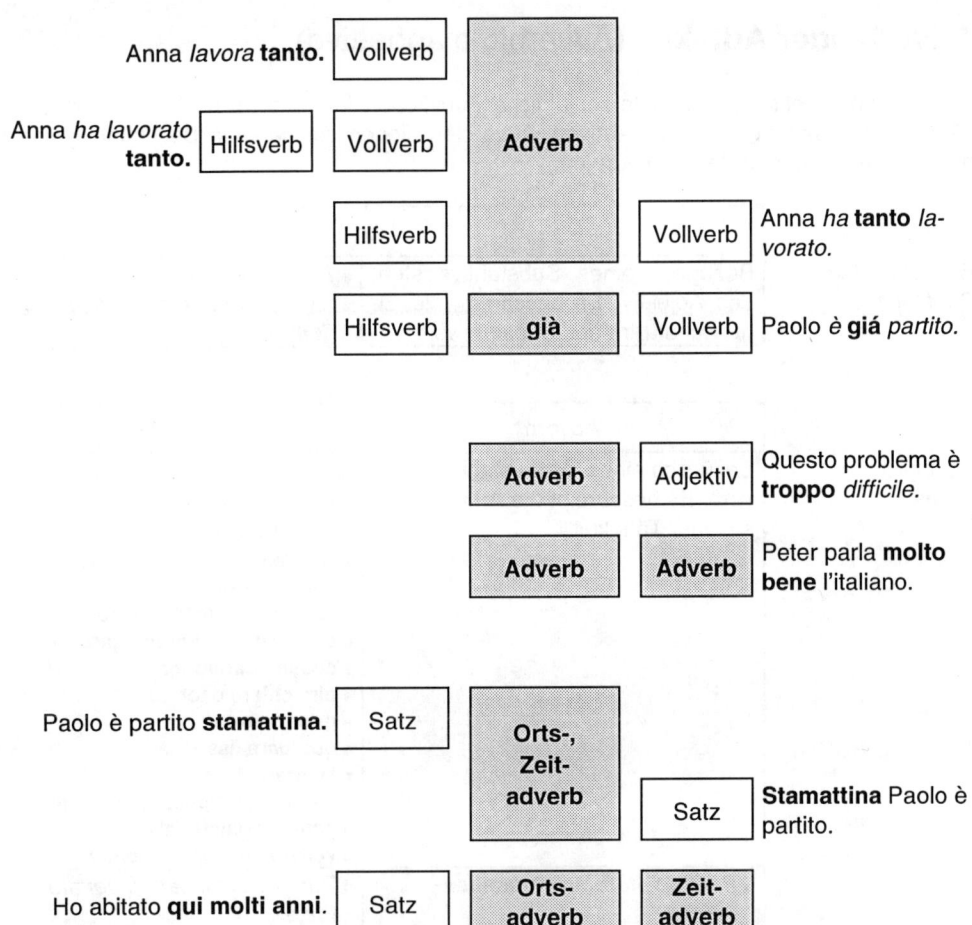

Adverb oder Adjektiv (Avverbio o aggettivo)

Adverb und Adjektiv haben unterschiedliche Funktionen im Satz, d. h. Adjektive dienen zur näheren Bestimmung von Substantiven, Adverbien dienen zur näheren Bestimmung von Verben, Adjektiven und anderen Adverbien.

	Adjektiv	
Bezüglich des Substantivs	Bezüglich eines Substantivs steht das Adjektiv. Es beschreibt die Eigenschaft(en) des Substantivs.	• *Paolo* è **intelligente**. • *La signora Bianchi* è molto **gentile.**

	Adverb	Adjektiv
Bezüglich des Verbs	Bezüglich eines Verbs steht das Adverb. Es beschreibt die Art und Weise einer Tätigkeit.	Bei einigen Verben steht das Adjektiv in der Funktion eines Adverbs. In dieser Funktion ist das Adjektiv unveränderlich. • **andare dritto** • **cantare giusto/sbagliato** • **comprare/vendere/pagare caro** • **costare caro/poco** • **dire chiaro e tondo** • **gridare forte** • **guardare fisso** • **lavorare duro** • **parlare forte/piano/italiano/tedesco** • **pensare giusto/falso** • **vedere chiaro/doppio/nero**
	• Paolo *è ritornato* **chiassosamente.** (Paolo *kam* **lärmend** *heim.* Das Heimkommen war lärmend, nicht Paolo.)	• Paolo e Luigi *hanno parlato* **forte.** (Paolo und Luigi *haben* **laut** *gesprochen.*)

	Adverb	
Bezüglich des Adjektivs, Adverbs	Bezüglich eines Adjektivs oder eines anderen Adverbs steht das Adverb. Das Adverb bezeichnet den Grad oder die Menge eines anderen Adjektivs oder Adverbs.	• È un uomo **molto** *povero*. • Questo problema è **tanto** *difficile.* • Marcia **molto** *lentamente.* • Ha parlato **tanto** *velocemente.*

Die Grundzahlen (I numeri cardinali)

Die folgende Aufstellung stellt die Grundzahlen im Überblick dar. Dabei sind bei Zusammensetzungen aus Einern und Zehnern und Hundertern und Tausendern einige Beispiele gegeben, die aufzeigen, wie andere Zahlen dieser Art zusammengesetzt werden.

Einer	Zehner		Hunderter, Tausender
0 zero	10 dieci	20 venti	100 cento
1 uno	11 undici	21 ventuno	101 centouno
2 due	12 dodici	22 ventidue	102 centodue
3 tre	13 tredici	23 ventitré	103 centotré ...
4 quattro	14 quattordici	24 ventiquattro	108 centootto ...
5 cinque	15 quindici	25 venticinque	200 duecento
6 sei	16 sedici	26 ventisei	300 trecento ...
7 sette	17 diciassette	27 ventisette	1.000 mille
8 otto	18 diciotto	28 ventotto	1.001 milleuno ...
9 nove	19 diciannove	29 ventinove	1.002 milledue ...
		30 trenta	2.000 duemila ...
		40 quaranta	3.000 tremila ...
		50 cinquanta	100.000 centomila ...
		60 sessanta	200.000 duecentomila ...
		70 settanta	300.000 trecentomila ...
		80 ottanta	1.000.000 un milione ...
		90 novanta	2.000.000 due milioni ...
			3.000.000 tre milioni ...
			10^9 un miliardo ...

Uno, otto

Uno hat vor Substantiven dieselben Formen wie der unbestimmte Artikel.

> • **un minuto**
> • **un'ora**

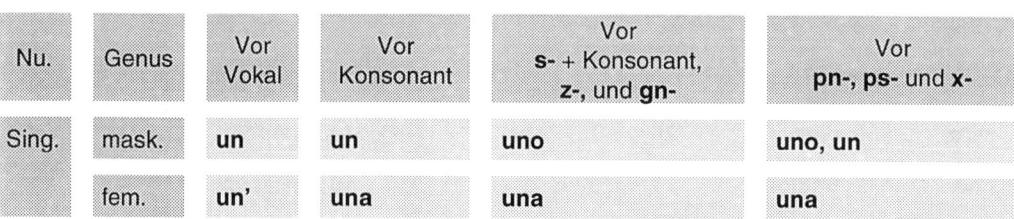

Nu.	Genus	Vor Vokal	Vor Konsonant	Vor s- + Konsonant, z-, und gn-	Vor pn-, ps- und x-
Sing.	mask.	un	un	uno	uno, un
	fem.	un'	una	una	una

Folgt **uno** oder **otto** auf eine Zehnerzahl, entfällt deren Endvokal.

> • **trentuno**
> • **trentotto**

Tre

Tre erhält in Zusammensetzungen mit anderen Zahlen den Akzent.

> • **tre**
> • **ventitré**

Mille

Mille wird zu **mila**, wenn eine andere Grundzahl, die größer 1 ist, vorangeht.

> • **duemila**
> • **tremila**

Zero, milione, miliardo

Zero, milione und **miliardo** sind Substantive und enden im Plural auf **-i**.
Folgende Substantive werden (außer bei **zero**) mit **di** angeschlossen, folgt eine weitere Zahl auf **milione** entfällt **di**.

> • Ha guadagnato *tre* **milioni**.
> • Il progetto costa *due* **miliardi** *di dollari*.
> • Il progetto costa *due* **milioni e tremila** *dollari*.

Zahlen von vier und mehr Stellen werden je drei Stellen von rechts durch Punkt getrennt.

> • 10.000
> • 1.000.000

Die Ordnungszahlen (I numeri ordinali)

Einer	Zehner		Hunderter, Tausender	
	10° decimo	20° ventesimo	100°	centesimo
1° primo	11° undicesimo	21° ventunesimo	101°	centounesimo
2° secondo	12° dodicesimo	22° ventiduesimo	102°	centoduesimo ...
3° terzo	13° tredicesimo	23° ventitreesimo	200°	du(e)centesimo ...
4° quarto	14° quattordicesimo	24° ventiquattresimo	300°	trecentesimo ...
5° quinto	15° quindicesimo	25° venticinquesimo	1.000°	millesimo
6° sesto	16° sedicesimo	26° ventiseiesimo	1.001°	millesimo primo
7° settimo	17° diciasettesimo	27° ventisettesimo	1.002°	millesimo secondo ...
8° ottavo	18° diciottesimo	28° ventottesimo	2.000°	duemillesimo ...
9° nono	19° diciannovesimo	29° ventinovesimo	3.000°	tremillesimo ...
		30° trentesimo	100.000°	centomillesimo ...
		40° quarantesimo	200.000°	duecentomillesimo ...
		50° cinquantesimo	300.000°	trecentomillesimo ...
		60° sessantesimo	1.000.00°	milionesimo ...
		70° settantesimo	2.000.00°	duemilionesimo ...
		80° ottantesimo	3.000.00°	tremilionesimo ...
		90° novantesimo	10^{9}°	miliardesimo ...

Die Ordnungszahlen stehen mit dem bestimmten Artikel und richten sich in Geschlecht und Zahl nach dem Wort, auf das sie sich beziehen. Als Ziffer geschrieben, wird der Ordnungszahl für männliche Substantive ° und für weibliche ª hinzugefügt. Es steht kein Punkt wie im Deutschen.

Bei Herrschernamen und häufig bei den Jahrhunderten wird die Ordnungszahl nachgestellt, als römische Ziffer geschrieben und nicht mit Punkt versehen.

- Abito al **terzo** *piano*, al numero 5 di via Mulino.
- I miei genitori si siedono *alla* **prima** *tavola*.
- Abito al **3°** (terzo) piano.
- I miei genitori si siedono alla **1ª** (prima) tavola.

- Vittorio Emanuele **III** (Vittorio Emanuele **Terzo**) fu re d'Italia dal 1900 al 1946.
  (Viktor Emanuel **III.** (Viktor Emanuel **der Dritte**) war von 1900 bis 1946 König von Italien.)

Die Bruchzahlen (I numeri frazionari)

Gemeine Brüche (Le frazioni comuni)

Für die gemeinen Brüche gilt folgende Formel:

$$\frac{\text{Zähler}}{\text{Nenner}} = \frac{\text{Grundzahl}}{\text{Ordnungszahl}}$$

Ist die Grundzahl > 1, so steht die Ordnungszahl im Plural und richtet sich im Geschlecht nach ihrem Bezugswort.

- $\dfrac{1}{5}$ un quinto
- $\dfrac{3}{7}$ tre settimi

Bei Brüchen, die eine ganze Zahl enthalten, wird zwischen der ganzen Zahl und dem Bruch **e** eingefügt.

- **2 2/5 due e due quinti**
- **1 1/2 uno e mezzo**
- **3 1/2 tre e mezzo**

1/2, mezzo steht ohne Artikel, alle anderen Brüche mit einer 1 im Zähler stehen mit dem unbestimmten Artikel.
Vorangestelltes **mezzo** richtet sich in Geschlecht und Zahl nach dem folgenden Substantiv, nachgestelltes **mezzo** ist unveränderlich.

- Questo pacchetto pesa **mezzo (1/2)** chilogrammo.
  (Dieses Paket wiegt **ein halbes** Kilo.)
- Ho comprato due **mezzi** *litri* di latte.
- Ho comprato due *metri* e **mezzo** di questa stoffa.

Bei Maßangaben wird die Bruchzahl dem Bestimmungswort nachgestellt.

- Ogni sera, il signor Rossi beve un *litro* e **un quarto** di vino.

Dezimalbrüche (Le frazioni decimali)

Für die Dezimalbrüche gilt folgende Formel:

     Grundzahl   Komma   Grundzahl

Die Ziffern nach dem Komma werden in der Regel nicht einzeln gesprochen.

- **3,23**   tre virgola ventitré
- **52,45**   cinquantadue virgola quarantacinque

Die Vervielfältigungszahlen (I numeri moltiplicativi)

Außer den folgenden Vervielfältigungszahlen werden die anderen Vervielfältigungszahlen meist aus Grundzahl + **volte maggiore/tanto** gebildet.

> • Ha guadagnato **il doppio**.
> (Er hat **das Doppelte** verdient.)
> • Ha ricevuto **dieci volte maggiore/tanto**.
> (Er hat **zehnmal so viel** bekommen.)

- • semplice   (einfach)
- • (il) doppio, duplice   ((das) Doppelt(e))
- • (il) triplo, triplice   ((das Dreifach(e))
- • (il) quadruplo, quadruplice   ((das) Vierfach(e))
- • (il) quintuplo, quintuplice   ((das) Fünffach(e))

- • (il) sestuplo, sestuplice   ((das) Sechsfach(e))
- • sette volte maggiore   ((das) Siebenfach(e))
- ...
- • (il) centuplo   ((das) Huntertfach(e))

Ausdrücke wie *einmal, zweimal ...* werden aus Grundzahl + **volte** gebildet.

> • Ti ho già detto **dieci volte** che devi laciarla tranquilla.
> (Ich habe dir schon **zehnmal** gesagt, daß du sie in Ruhe lassen sollst.)

Die Sammelzahlen (I numeri collettivi)

Außer den folgenden Sammelzahlen werden die anderen Sammelzahlen meist aus **circa** + Grundzahl gebildet.
Nachfolgende Wörter werden mit **di** angeschlossen.

> • Ho comprato **una dozzina** *di bicchieri*.
> (Ich habe **ein Dutzend** *Gläser* gekauft).
> • Ho comprato **circa ventidue** bicchieri.
> (Ich habe **etwa zweiundzwanzig** Gläser gekauft.)

- • una decina   (etwa zehn)
- • una dozzina   (ein Dutzend)
- • un centinaio   (etwa hundert)
- • centinaia   (hunderte)

- • un migliaio   (etwa tausend)
- • migliaia   (tausende)

Die Uhrzeit und andere Zeitangaben (L'ora ed altre indicazioni temporali)

Die Uhrzeit (L'ora)

Zeitangaben in Stunden stehen mit dem weiblichen bestimmten Artikel, wobei **ora** und **minuto** meist weggelassen werden. Bei **una** entfällt ora grundsätzlich.
Bei 1 Uhr, 1 Stunde stehen **ora**, der Artikel und **essere** im Singular, sonst stehen die Zeitangaben im Plural.
Bei offiziellen Zeitangaben werden 24 Stunden gezählt.

> ● **È l'una e cinque (minuti).**
> **(Es ist ein Uhr und 5 (Minuten).)**
> ● **Sono le (ore) due** e uno (un minuto).
> **(Es ist zwei Uhr** und eine Minute.)
> ● Arriviamo **alle (ore) nove e cinque.**
> ● Il treno arriva **alle quindici e trentacinque (15:35).**

Das Datum (La data)

Beim Datum werden, im Gegensatz zum Deutschen, Grundzahlen verwendet. Nur für den Ersten des Monats kann die Ordnungszahl stehen.

> ● Roma, **il primo** aprile
> ● Roma, **l'uno** aprile
> ● Roma, il ventitré agosto **1997**

Das Datum im Brief wird nicht wie im Deutschen durch Punkt, sondern durch Schrägstrich getrennt.

> ● **Roma, (il) quindici aprile 1994**
> ● **Roma, 15 aprile 1994**
> ● **15/4/1994**

Die ersten beiden Ziffern in Jahreszahlen dürfen nicht zusammengezogen werden, d. h. **mille** darf nicht fehlen. Die Jahreszahlen stehen mit dem bestimmten Artikel. Im Deutschen stehen die Jahreszahlen ohne Präposition.

> ● Sono nato **nel mille**novecentosessantaquattro (1964).
> (Ich bin **neunzehnhundert**vierundsechzig geboren.)

Das Alter (L'età)

Das Alter wird angegeben mit **avere** + Grundzahl + **anni**. Im Deutschen wird zur Angabe des Alters *sein* verwendet.

> ● **Ho trent'anni.**
> (Ich **bin 30 Jahre** alt.)

Die Uhrzeit (L'ora)

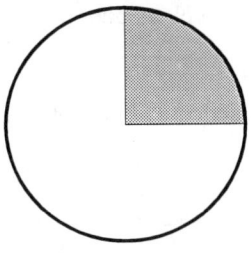 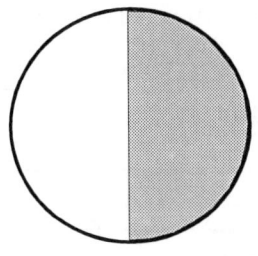 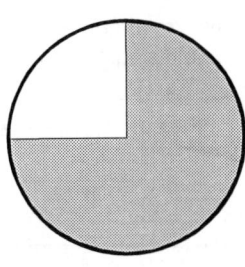

un quarto d'ora   mezz'ora   tre quarti d'ora

Che ora è?/Che ore sono?

È la una e un quarto,
è la una e quindici.

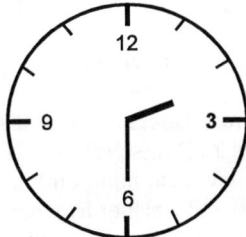

Sono le due e trenta,
sono le due e mezzo.

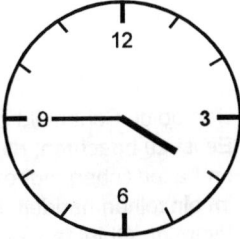

Sono le quattro meno
un quarto,
sono le quattro
quarantacinque.

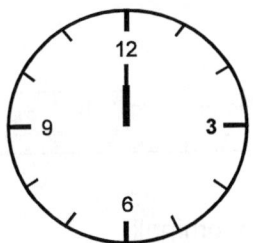

Sono le dodici,
è mezzogiorno,
è mezzanotte.

Sono le nove e venti.

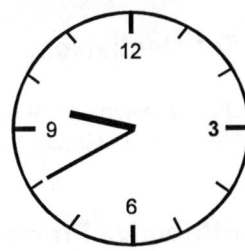

Sono le nove meno
venti.

Das Pronomen (Il pronome)

Die Pronomen (Fürwörter) vertreten Personen und Sachen, die Subjekt, indirektes oder direktes Objekt sind.

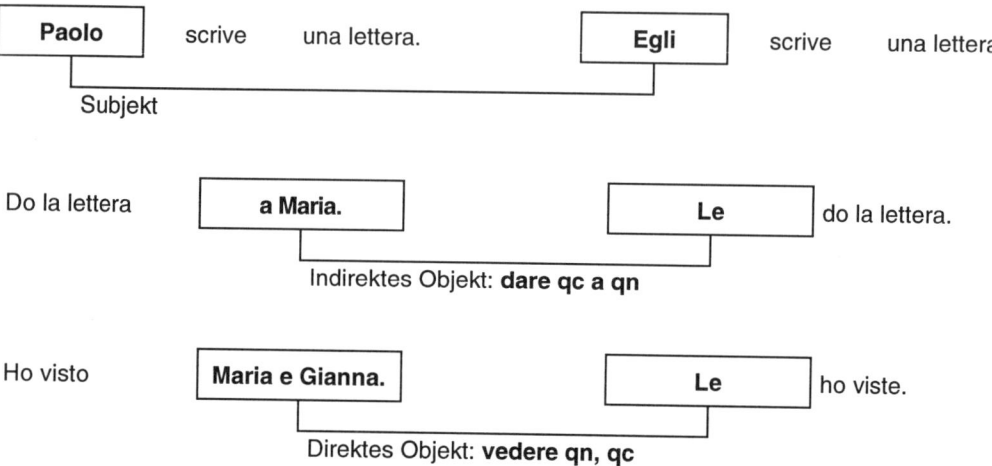

Das obige Schaubild stellt eine generelle Übersicht über die Fälle dar.

Es ist zu beachten, daß ein Wort, das im Deutschen zum Beispiel direktes Objekt (Akkusativ) ist, im Italienischen indirektes Objekt (Dativ) sein kann und umgekehrt. Um welches Objekt es sich im einzelnen handelt, hängt davon ab, mit welcher Ergänzung das jeweilige Verb stehen kann. Indirekte Objekte werden mit Präpositionen (meist **a, di, da**) an das Verb angeschlossen und sind folglich auch durch ein indirektes Objektpronomen zu ersetzen. Direkte Objekte werden ohne Präposition an das Verb angeschlossen und sind folglich auch durch ein direktes Objektpronomen zu ersetzen.

Substantivische Pronomen (I pronomi)

Die substantivischen Pronomen können ohne ein Substantiv verwendet werden.

- Dov'è il tuo libro? - Ho dimenticato **il mio.**

Attributive Pronomen (I pronomi attributivi, gli aggettivi pronominali)

Die attributiven Pronomen können nicht ohne Substantiv stehen.

- Dov'è il **tuo** *libro?*
- Ho letto **questo** *libro.*

Das Personalpronomen (Il pronome personale)

Das Personalpronomen (persönliches Fürwort) vertritt Personen und Sachen.

Das unbetonte Personalpronomen (Il pronome personale atono)

Das unbetonte Personalpronomen vertritt Personen und Sachen, die Subjekt oder indirektes oder direktes Objekt sind. Es muß immer in Verbindung mit einem Verb stehen.

Nu.	Pers.	Genus	Subjekt	Indirektes Objekt	Direktes Objekt
Sing.	1	mask.	-	mi	mi
		fem.			
	2	mask.	-	ti	ti
		fem.			
	3	mask.	egli, esso	gli	lo, l'
		fem.	ella, essa	le	la, l'
	Anrede	mask.	-	Le	La
		fem.			
Plur.	1	mask.	-	ci	ci
		fem.			
	2	mask.	-	vi	vi
		fem.			
	3	mask.	essi	loro (gli)	li
		fem.	esse	loro (gli)	le
	Anrede	mask.	-	Loro (Vi)	Li
		fem.	-	Loro (Vi)	Le

153

Die Subjektpronomen

Egli bzw. **ella** vertreten eine männliche bzw. weibliche Person, die Subjekt ist, **essi** bzw. **esse** mehrere.
Esso bzw. **essa** vertreten eine männliche bzw. weibliche Person oder Sache, die Subjekt ist, **essi** bzw. **esse** mehrere.
Meist werden die Subjektpronomen weggelassen, da die konjugierte Verbform bereits Person und Zahl angibt. Sie stehen nur zur Hervorhebung oder wenn nicht deutlich werden würde wer bzw. was gemeint ist.

- *Paolo* e Gianna sono buoni amici. - **Egli/esso** è un mio compagno di scuola.
- *Paola e Gianna* sono buone amiche. - **(Esse)** sono le mie compagne di scuola.
- *Questo libro* è molto interessante. - **(Esso)** è il più interessante che conosco.
- *Queste macchine* sono molto care. -**(Esse)** sono le più care che conosco.

Die indirekten Objektpronomen gli, le und loro

Gli bzw. **le** vertreten eine männliche bzw. weibliche Person, die indirektes Objekt ist, **loro** mehrere.
In der Umgangssprache wird **loro** häufig durch **gli** ersetzt, was jedoch Mißverständnisse in sich birgt, da **gli** im Gegensatz zu **loro** auch für eine Person stehen kann.

- Scriverò una lettera *a Paolo*. - **Gli** scriverò una lettera.
- Scriverò una lettera *a Gianna*. - **Le** scriverò una lettera.
- Scriverò una lettera *a Paolo e Luigi*. - **Gli** scriverò/scriverò **loro** una lettera.
- Scriverò una lettera *a Gianna e Maria*. - Scriverò **loro** una lettera.

Die direkten Objektpronomen lo, li und la, le

Lo bzw. **la** vertreten eine männliche bzw. weibliche Person oder Sache, die direktes Objekt ist, **li** bzw. **le** mehrere.
Vor Wörtern, die mit Vokal oder -h beginnen, werden **lo** und **la** zu **l'** apostrophiert.

- Ieri ho visto *Paolo*. - **L'(lo)** ho visto ieri.
- Ho scritto *una lettera*. - **L'(la)** ho scritta.
- Ieri ho visto *Paolo e Luigi*. - **Li** ho visti ieri.
- Ho scritto *queste lettere*. - **Le** ho scritte.

Lo kann auch in neutraler Funktion stehen und bezieht sich als solches auf einen vorausgehenden Satzinhalt (es, das).

- Paolo era già andato a casa, ma io non **lo** sapevo.
  (Paolo war schon nach Hause gegangen, aber ich wußte **es** nicht.)

In der gesprochenen Sprache werden Objekte zur Hervorhebung häufig an den Satzanfang gestellt. Diese werden dann durch das entsprechende unbetonte Objektpronomen vor dem Verb wieder aufgenommen.

- *Tua moglie*, **la** abbandonerai?
  (Was, du verläßt *deine Frau*?)
- Non dir**gli**elo *ai tuoi genitori*.
  (Sag es ja nicht *deinen Eltern*.)

Die Anredepronomen

Ti bzw. **vi** dienen zur Anrede von einer bzw. mehreren Personen, die man duzt (dir, dich, euch).
Le bzw. **Loro** dienen zur höflichen Anrede von einer bzw. mehreren Personen, die indirektes Objekt sind und die man siezt (Ihnen, Sie).
La bzw. **Li** und **Le** dienen zur höflichen Anrede von einer bzw. mehreren männlichen und weiblichen Personen, die direktes Objekt sind und die man siezt (Ihnen, Sie).
Statt des förmlichen **Loro** wird in der Handelskorrespondenz oder bei Personen, die man gut kennt, aber nicht duzt, häufig das weniger förmliche **Vi** verwendet.
Die Anredepronomen der höflichen Anrede werden vorzugsweise groß geschrieben.

- Posso assicurar**ti** che vengo subito.
  (Ich kann **dir** versichern, daß ich sofort komme.)
- Posso assicurar**vi** che vengo subito.
  (Ich kann **euch** versichern, daß ich sofort komme.)
- **Le** è piaciuto il film?
  (Hat **Ihnen** (eine Person) der Film gefallen?)
- Signore, **La** prego di informarmi subito.
  (Mein Herr, bitte informieren **Sie** mich sofort.)
- Signora, **La** prego di informarmi subito.
  (Meine Dame, bitte informieren **Sie** mich sofort.)
- Signori, **Li** prego di informarmi subito.
  (Meine Herren, bitte informieren **Sie** mich sofort.)
- Signore, **Le** prego di informarmi subito.
  (Meine Damen, bitte informieren **Sie** mich sofort.)
- Ho già spiegato **Loro** come stanno le cose.
  (Ich habe **Ihnen** (mehrere Personen) schon erklärt, wie die Dinge stehen.)
- Posso assicurar**Vi** che vengo subito.
  (Ich kann **Ihnen** versichern, daß ich sofort komme.)

Aufeinandertreffen zweier unbetonter Pronomen

Trifft ein unbetontes indirektes Objektpronomen auf die folgenden unbetonten direkten Objektpronomen oder auf die Pronominaladverbien **ci, vi, ne**, ergeben sich folgende Formen.

| Indir. Obj.pron. und Pron. adv. | Direkte Objektpronomen | | | | Pron.adv. |
	lo	la	li	le	ne
mi	me lo	me la	me li	me le	me ne
ti	te lo	te la	te li	te le	te ne
gli / le	glielo	gliela	glieli	gliele	gliene
ci	ce lo	ce la	ce li	ce le	ce ne
vi	ve lo	ve la	ve li	ve le	ve ne
loro	**Loro** ist stets unveränderlich.				

Das betonte Personalpronomen (Il pronome personale tonico)

Das betonte Personalpronomen vertritt Personen und Sachen, die Subjekt oder indirektes oder direktes Objekt sind. Es kann mit und ohne Verb stehen.

Nu.	Pers.	Genus	Subjekt	Indirektes Objekt	Direktes Objekt
Sing.	1	mask.	io	me	me
		fem.			
	2	mask.	tu	te	te
		fem.			
	3	mask.	lui	lui	lui
		fem.	lei	lei	lei
	Anrede	mask.	Lei	Lei	Lei
		fem.			
Plur.	1	mask.	noi	noi	noi
		fem.			
	2	mask.	voi	voi	voi
		fem.			
	3	mask.	loro	loro	loro
		fem.			
	Anrede	mask.	Loro	Loro	Loro
		fem.			

Die Subjektpronomen

Die Subjektpronomen werden meist weggelassen, da die konjugierte Verbform bereits Person und Zahl angibt. Sie stehen nur zur Hervorhebung oder wenn nicht deutlich werden würde wer bzw. was gemeint ist.

- (Io) ho comprato un libro.
- *Paolo* e Gianna sono buoni amici. Era lui che mi ha detto tutta la verità.
- In casa mia il padrone sono io.

Die Objektpronomen

Die betonten Objektpronomen stehen in den folgenden Fällen, in allen anderen Fällen werden die unbetonten Objektpronomen verwendet.

Zur besonderen Hervorhebung stehen die betonten Objektpronomen.

> • Perché trovano da ridere sempre sul conto di **me** e non su quello di **lui**?

Die betonten Objektpronomen stehen, wenn ein weiteres Objekt auf das Pronomen folgt.

> • Ho parlato a **lei** e a *suo fratello*.
> • Ho spiegato il caso a **lui** e a *sua madre*.

In Sätzen oder Satzteilen ohne konjugiertes Verb.

> • Detta **lei** la verità, potremmo andare a casa.

Nach Präpositionen, vor allem nach der Präposition **di**.

> • Hanno parlato *di* **me**.
> • È partito *con* **lei**.

Nach den Konjunktionen **anche** und **neppure**.
Nach **ecco** steht die unbetonte Objektform.

> • *Anche* **lei** lo sapeva.
> • *Ecco***ti**.
> (Da bist **du** ja.)

Im Vergleich stehen die betonten Objektpronomen nach **di**, **come** und **quanto**.

> • Paola è più gentile *di* **lui**.
> • Non comportarti *come* **lei**.

Die Anredepronomen

Tu, **te** bzw. **voi** dienen zur Anrede von einer bzw. mehreren Personen, die man duzt (du, dich, ihr, euch).
Lei bzw. **Loro** dienen zur höflichen Anrede von einer bzw. mehreren Personen, die man siezt (Sie, Ihnen).
Die Subjektpronomen können weggelassen werden.
Statt des förmlichen **Loro** wird in der Handelskorrespondenz oder bei Personen, die man gut kennt, aber nicht duzt, häufig das weniger förmliche **Voi** verwendet.
Die Anredepronomen der höflichen Anrede werden in der Regel groß geschrieben.

> • **(Tu)** devi andare a prenderla.
> (**Du** mußt sie abholen.)
> • Bambini, vostra madre ha chiamato **voi**.
> (Kinder, eure Mutter hat **euch** gerufen.)
> • Potrebbe **(Lei)** aprire la porta per favore?
> (Könnten **Sie** (eine Person) bitte die Tür öffnen?)
> • Signore, spero che non abbiano nulla in contrario se andiamo con **Loro**.
> (Meine Damen, ich hoffe, Sie haben nichts dagegen, wenn wir mit **Ihnen** gehen.)
> • Signore, spero che non abbiano nulla in contrario se andiamo con **Voi**.
> (Meine Damen, ich hoffe, Sie haben nichts dagegen, wenn wir mit **Ihnen** gehen.)

Die Stellung des Personalpronomens (La posizione del pronome personale)

Beim Verb

Die Pronomen stehen vor dem konjugierten Verb.
Dabei stehen die indirekten Objektpronomen (meist eine Person) vor den direkten Objektpronomen (meist eine Sache). Es ist zu beachten, daß die indirekten Objektpronomen, treffen sie auf ein direktes Objektpronomen oder die Pronominaladverbien **ne, ci** und **vi,** ihre Form - wie oben dargestellt - ändern.

Subjekt(pronomen)	indir. Obj. pron.	dir. Obj. pron.	Prädikat
• Paolo	me	lo	dice.
• Paolo	me	l'	ha detto.

Loro wird dem Prädikat stets nachgestellt.

Subjekt(pronomen)	dir. Obj. pron.	Prädikat	loro
• Paolo	l'	ha dato	loro.

Die Pronominaladverbien **ci, vi** und **ne** werden den Personalpronomen stets nachgestellt. Die Pronominaladverbien wiederum treten vor das Prädikat, wobei **ci** und **vi** vor **ne** stehen.

Objekt	indir. Obj. pron.	Pron. adv.	Prädikat	adv. Best.
• Della marmellata	ve	ne	do	un po'.

Beim Infinitiv

Die Pronomen werden an den Infinitiv angehängt, ohne daß sich die Betonung dabei ändert. Der Endvokal des Infinitivs entfällt. Infinitive auf **-rre** werden um **-re** verkürzt.

Subjekt(pronomen)	Prädikat	Infinitiv + **Pronomen**	adv. Bestimmung
• Paolo	vuole	prender**ti**	alla stazione.
• Paolo	vuole	tradur**lo** (tradurre).	

Das Pronomen **loro** wird dem Infinitiv stets nachgestellt und nicht an diesen angehängt.

Subjekt(pron.)	Prädikat	Infinitiv	loro	Objekt
• Paolo	vuole	spiegare	**loro**	il problema.

Ist der Infinitiv mit den Modalverben **dovere, potere, sapere, volere** oder Verben wie **andare a, venire a** verbunden, so können die Pronomen entweder an den Infinitiv angehängt oder dem Modalverb vorangestellt werden.

Subjekt(pronomen)	Modalverb	Infinitiv + **Pronomen**
• Paolo	può	spiegar**melo**.

Subjekt(pron.)	**Pronomen**	Modalverb	Infinitiv
• Paolo	**me lo**	può	spiegare.

Ist der Infinitiv mit **fare** ((veran)lassen), **lasciare** ((zu)lassen) oder einem Verb der Sinneswahrnehmung verbunden, so werden die Pronomen diesen Verben vorangestellt.

Pronomen	Verb	Infinitiv
• **Lo**	lascia	uscire.

Das Pronomen **loro** wird auch dem mit einem Modalverb, **fare, lasciare** oder einem Verb der Sinneswahrnehmung verbundenen Infinitiv stets nachgestellt und nicht an diesen angehängt.

Subjekt(pron.)	Modalverb	Infinitiv	**loro**
• Paolo	può	spiegar**lo**	**loro.**
• Paolo	lascia	uscire	**loro.**

Beim Partizip Perfekt

Die Pronomen können an das Partizip Perfekt angehängt werden. Dies ist jedoch nur möglich, wenn es nicht zur Bildung der zusammengesetzten Zeiten verwendet wird.

Subjekt(pron.)	Prädikat	Objekt	Part. + **Pron.**	Objekt
• Anna	ha letto	le lettere	scritte**le**	da Maria.

Beim Gerundio

Die Pronomen werden an das gerundio angehängt, ohne daß sich die Betonung ändert.

Gerundio + **Pronomen**	Objekt	Hauptsatz
• Lavando**mi**	i capelli	mi cadde lo shampoo.

Bei der Konstruktion **stare** + gerundio tritt das Pronomen vor **stare**.

Pronomen	stare + gerundio	Objekt
• **Mi**	sto preparando	per l'esame.

Beim Imperativ

Die Pronomen werden an die Formen des bejahten Imperativs der 2. Person Singular und Plural sowie an die Formen der 1. Person Plural angehängt. Der Endkonsonant einsilbiger Imperative (**di'**, **fa'** etc.) wird, außer bei **gli**, verdoppelt.

Imperativ + Pronomen	Objekt
• Dim**mi**	la verità.
• Dim**mela**.	
• Di**gliela**.	

Dem verneinten Imperativ der 2. Person Singular und Plural sowie der 1. Person Plural können die Pronomen vor- oder nachgestellt werden.

Non	Objektpronomen	Imperativ
• Non	**glielo**	mostrare.

Non	Imperativ + Pronomen
• Non	mostrar**glielo**.

Dem bejahten und verneinten Imperativ der 3. Person Singular und Plural werden die Pronomen vorangestellt.

Indirektes Objektpronomen	direktes Objektpronomen	Imperativ
• **Me**	**lo**	spieghi.

Non	direktes Obj.pron.	Imperativ
• Non	**lo**	faccia!

Loro wird dagegen nicht mit dem Imperativ verbunden, steht jedoch auch nach demselben.

Imperativ	loro	Objekt
• Dica	**loro**	la verità.

Das Reflexiv- und Reziprokpronomen (Il pronome riflessivo e reciproco)

Das Reflexivpronomen (rückbezügliches Fürwort) und das Reziprokpronomen (Fürwort der Gegenseitigkeit) bezieht sich „zurück" auf das Subjekt, d.h. Pronomen und Subjekt bezeichnen dieselbe Person. Reflexiv- und Reziprokpronomen haben dieselbe Form, das Reziprokpronomen kommt nur im Plural vor.

Person/ Genus	1. Person Singular	2. Person Singular	3. Person Singular	1. Person Plural	2. Person Plural	3. Person Plural
mask.	mi	ti	si	ci	vi	si
fem.			sé			sé

Die Reflexivpronomen stehen in Verbindung mit den reflexiven Verben. Die Reziprokpronomen stehen mit den reziproken Verben und kommen nur im Plural vor.

- Paolo **si** *lava.*
- La porta **si** *apre.*
- **Ci** *conosciamo* da molto tempo.
- Gianna e Luigi **si** *amano* molto.

Si steht in der sogenannten Si-Konstruktion zur Umschreibung eines unbestimmten Subjekts (man) oder des Passivs, wenn der Urheber, die Ursache der Handlung unbekannt ist oder bleiben soll.

- Sabato non **si** lavora in questa ditta.
  (Am Samstag **wird** in dieser Firma nicht gearbeitet.)
- **Si** sono visti molti errori.
  (Molti errori sono stati visti.)

Das betonte Reflexivpronomen **sé** steht bei Präpositionen und zur Betonung der eigenen Person (selbst).
In Verbindung mit **stesso** entfällt der Akzent.

- Paolo sempre vuole tutto *per* **sé**.
- Ha fiducia in **sé**.
  (Er vertraut auf **sich selbst**.)
- Ha fiducia in **se** *stesso*.

Trifft das Reflexivpronomen **si** auf eine der folgenden direkten Objektformen des unbetonten Personalpronomens oder auf das Pronominaladverb **ne**, so ändert sich seine Form wie folgt.

Reflexiv- pronomen	Direkte Objektpronomen				Pron.adv.
	lo	la	li	le	ne
si	se lo	se la	se li	se le	se ne

Die Stellung des Reflexivpronomens (La posizione del pronome riflessivo)

Beim Verb

Das Reflexivpronomen steht in den einfachen und zusammengesetzten Zeiten immer vor dem Prädikat.

Subjekt	Reflexivpronomen	Prädikat
• Anna	si	lava.
• Anna	si	è lavata.

In Verbindung mit den unbetonten Personalpronomen, die indirektes Objekt sind, tritt das Reflexivpronomen der Si-Konstruktion unmittelbar vor das Prädikat.

Personalpronomen	Reflexivpronomen	Prädikat	Nebensatz
• Mi	si	dice	che ...
• Mi	si	è detto	che ...

In Verbindung mit den unbetonten Personalpronomen, die direktes Objekt sind, tritt das Reflexivpronomen vor das Personalpronomen und ändert seine Form wie oben aufgeführt.

Reflexivpronomen	Personalpronomen	Prädikat
• Se	la	compra.

In Verbindung mit den Pronominaladverbien **ci**, **vi** und **ne** tritt das Reflexivpronomen hinter die Pronominaladverbien **ci** und **vi** und vor das Pronominaladverb **ne**, vor dem es seine Form wie oben aufgeführt ändert.

Subjekt(pron.)	ci, vi	Reflexivpron.	Prädikat	Adverb
• Paolo	ci	si	prepara	bene.

Reflexivpronomen	ne	Prädikat
• Se	ne	parla.

Beim Infinitiv

Das Reflexivpronomen wird an den Infinitiv angehängt, der dabei seinen Endvokal verliert. Infinitive auf **-rre** werden um **-re** verkürzt.

Subjekt	Personalpronomen	Prädikat	Infinitiv + **Refl. pron.**
• Mia madre	mi	ha detto di	lavar**mi.**

Ist der Infinitiv mit den Modalverben **dovere, potere, sapere, volere** oder Verben wie **andare a, venire a** verbunden, so kann das Reflexivpronomen entweder an den Infinitiv angehängt oder dem Modalverb vorangestellt werden.

Subjekt	Pers. pron.	Prädikat	Modalverb	Inf. + **Refl. pron.**
• Mia madre	mi	ha detto che	devo	lavar**mi.**

Subjekt	Pers.pron.	Prädikat	**Refl. pron.**	Modalverb	Infinitiv
• Mia madre	mi	ha detto che	**mi**	devo	lavare.

Beim Partizip Perfekt und Gerundio

Das Reflexivpronomen wird an das Partizip Perfekt und an das gerundio angehängt.

Partizip, gerundio + **Refl. pron.**	Pers. pron.	Prädikat	Objekt
• Lavato**mi,**	mi	cadde	il sapone.
• Lavando**mi,**	mi	cadde	il sapone.

Beim Imperativ

Das Reflexivpronomen wird an die 2. Person Singular und an die 1. und 2. Person Plural des bejahten und verneinten Imperativs angehängt. Der 3. Person Singular und Plural werden die Pronomen vorangestellt. Dem verneinten Imperativ kann das Reflexivpronomen in allen Personen auch vorangestellt werden.

Subjekt	Prädikat	Imperativ + **Reflexivpronomen**
• Mia madre	ha detto:	«Lavati.»
• Mia madre	ha detto:	«Non laviamo**ci**.»

Subjekt	Prädikat	**Reflexivpronomen** + Imperativ
• Mia madre	ha detto:	«**Si** lavi.»
• Mia madre	ha detto:	«Non **ti** lavare.»

Das Possessivpronomen (Il pronome possessivo)

Das Possessivpronomen (besitzanzeigendes Fürwort) drückt ein Besitzverhältnis aus.
Es kann substantivisch (il pronome possessivo) und attributiv (l'aggettivo possessivo) verwendet werden, ohne daß sich seine Form ändert.

Nu.	Pers.	Genus	Singular	Plural
Sing.	1	mask.	mio	miei
		fem.	mia	mie
	2	mask.	tuo	tuoi
		fem.	tua	tue
	3	mask.	suo	suoi
		fem.	sua	sue
	Anrede	mask.	Suo	Suoi
		fem.	Sua	Sue
Plur.	1	mask.	nostro	nostri
		fem.	nostra	nostre
	2	mask.	vostro	vostri
		fem.	vostra	vostre
	3	mask.	loro	loro
		fem.	loro	loro
	Anrede	mask.	Loro (Vostro)	Loro (Vostri)
		fem.	Loro (Vostra)	Loro (Vostre)

Die Possessivpronomen richten sich in Geschlecht und Zahl nach dem Besitzobjekt und nicht nach dem Besitzer.

- *Paolo e Luigi* dicono: «È la **nostra** *casa*.»
- *Anna e Maria* dicono: «Sono i **nostri** *libri*.»

Suo, suoi, sua, sue und loro

Suo bzw. **sua** bezeichnen einen Besitzer und ein männliches bzw. weibliches Besitzobjekt, **Suoi** bzw. **sue** bezeichnen einen Besitzer und mehrere männliche bzw. weibliche Besitzobjekte,
loro bezeichnet mehrere Besitzer und ein bzw. mehrere Besitzobjekte.

- *Luigi* ha perduto il **suo** *libro.*
  (*Luigi* hat **sein** *Buch* verloren.)
- *Luigi* ha venduto le **sue** *macchine.*
  (*Luigi* hat **seine** *Autos* verkauft.)
- *Luigi e Paolo* hanno perduto il **loro** *libro.*
  (*Luigi und Paolo* haben **ihr** *Buch* verloren.)
- *Luigi e Paolo* hanno venduto le **loro** *macchine.*
  (*Luigi und Paolo* haben **ihre** *Autos* verkauft.)

Besitzer/ Besitzobjekt	Ein Besitzobjekt	Mehrere Besitzobjekte
Ein Besitzer	**suo, sua**	**suoi, sue**
Mehrere Besitzer	**loro**	**loro**

Wenn aus dem Zusammenhang nicht klar hervorgeht, welcher Besitzer mit **suo** bezeichnet wird, so wird **suo** durch **di** + betontes Personalpronomen ersetzt.

- È venuto **suo** *padre?*
  (Ist **sein/ihr** *Vater* gekommen?)
- È venuto *il padre* **di lui?**
  (Ist **sein** Vater gekommen?)
- È venuto *il padre* **di lei?**
  (Ist **ihr** Vater gekommen?)

In Sätzen, die kein bestimmtes Subjekt enthalten, wird **suo** durch **proprio** ersetzt.

- Non si deve pensare sempre al **proprio** benessere.
  (Man darf nicht immer nur an **sein eigenes** Wohlergehen denken.)

Die Anredepronomen

Tuo bzw. **vostro** dienen zur Anrede von einer bzw. mehreren Personen, die man duzt (dein, euer).
Suo bzw. **Loro** dienen zur höflichen Anrede von einer bzw. mehreren Personen, die man siezt (Ihr).
Statt des förmlichen **Loro** wird in der Handelskorrespondenz oder bei Personen, die man gut kennt, aber nicht duzt, häufig das weniger förmliche **Vostro** vorgezogen.
Die Anredepronomen der höflichen Anrede werden in der Regel groß geschrieben.

- Ho trovato il **tuo** libro.
  (Ich habe **dein** Buch gefunden.)
- Ho trovato la **vostra** chiave.
  (Ich habe **euren** Schlüssel gefunden.)
- Ho trovato i **Suoi** libri.
  (Ich habe **Ihre** (eine Person) Bücher gefunden.)
- Ho trovato le **Loro** chiavi.
  (Ich habe **Ihre** (mehrere Personen) Schlüssel gefunden.)
- Abbiamo accluso a questa lettera la **Vostra** conferma d'ordinazione in tre copie.
  (Wir haben diesem Schreiben **Ihre** Auftragsbestätigung in dreifacher Ausfertigung beigelegt.)

	Anrede einer Person	Anrede mehrerer Personen
Person(en), die man duzt	**tuo**	**vostro**
Person(en), die man siezt	**Suo**	**Loro** (förmlich), **Vostro**

Die männliche Singularform steht stellvertretend für die Pluralformen und für die weibliche Form.

Das Possessivpronomen mit und ohne den bestimmten Artikel

	Possessivpronomen mit dem bestimmten Artikel	Possessivpronomen ohne Artikel
Verwandtschaftsbezeichnungen	Vor Verwandtschaftsbezeichnungen im Singular, die näher bestimmt sind (zum Beispiel durch ein Adjektiv) oder vor Zärtlichkeitsformen. • **Il nostro** *fratello maggiore* vive in Francia. • **Il mio** *fratellino* è il migliore del mondo.	Vor Verwandtschaftsbezeichnungen im Singular. • **Mio** *fratello* vive con **sua** *moglie* in Francia.
	Vor Verwandtschaftsbezeichnungen im Plural. **Loro** steht immer mit dem bestimmten Artikel. • **I miei** *fratelli* vivono con **le loro** *famiglie* in Francia.	
Anrede, Ausrufe		Die Possessivpronomen der Anrede und in Ausrufen. • **Mia** *cara Anna* ... • Mamma **mia!**
In Verbindung mit **essere**		Possessivpronomen, die in Verbindung mit **essere** stehen (gehören). • *È* **Suo** questo libro? (**Gehört** dieses Buch Ihnen?)
In Beifügungen		Possessivpronomen, die in Beifügungen stehen. • Vorrei presentarVi il dottor Rossi, **mio** *compagno di scuola!*

Das Demonstrativpronomen (Il pronome dimostrativo)

Das Demonstrativpronomen (hinweisendes Fürwort) weist auf bestimmte Personen oder Sachen.

Das substantivische Demonstrativpronomen (Il pronome dimostrativo)

Dem. pron.	Pers.	Genus	Singular	Plural
questo	3	maskulin	questo; questi	questi
		feminin	questa	queste
quello	3	maskulin	quello; quegli	quelli
		feminin	quella	quelle
costui	3	maskulin	costui	costoro
		feminin	costei	costoro
colui	3	maskulin	colui	coloro
		feminin	colei	coloro
codesto	3	maskulin	codesto	codesti
		feminin	codesta	codeste
tale	3	maskulin	tale	tali
		feminin	tale	tali

ciò

lo stesso

Stellvertretend für
Näherliegendes/
Fernerliegendes

questo	quello
Questo vertritt Personen oder Sachen in der Nähe (dieser).	**Quello** vertritt Personen oder Sachen in der Ferne (jener).
• Vedi questi libri? Dammi **questo**? • Vedi queste riviste? Dammi **queste**?	• Vedi questi libri? Dammi **quello**. • Vedi queste riviste? Dammi **quella**.

questi	quegli
Questi kann statt **questo** stellvertretend für eine männliche Person, die Subjekt ist, stehen, wird jedoch selten verwendet. Es weist in Aufzählungen auf das Zuletztgenannte.	**Quegli** kann statt **quello** stellvertretend für eine männliche Person, die Subjekt ist, stehen, wird jedoch selten verwendet. Es weist in Aufzählungen auf das Zuerstgenannte.
• Michelangelo e Raffaello erano pittori italiani; **questi** (Raffaello) ha dipinto „La Scuola d'Atene".	• Michelangelo e Raffaello erano pittori italiani; **quegli** (Michelangelo) ha dipinto gli affreschi nella cappella Sistina.

costui	colui	codesto
Costui vertritt Personen (nicht Sachen) in der Nähe (der da). Es wird relativ selten verwendet und steht meist zum Ausdruck der Geringschätzung.	**Colui** vertritt Personen (nicht Sachen) in der Ferne (der dort). Es wird relativ selten verwendet und steht meist zum Ausdruck der Geringschätzung.	**Codesto** vertritt Personen oder Sachen beim Angesprochenen dieser). Es wird meist nur in der Toskana verwendet.
• Hai visto **costui**? • Che vuole **costui**?	• Hai visto **colei**? • Che vuole **colei**?	• **Codesto** non è vero.

Bezüglich eines
vorangehenden
Substantivs

quello	
Ein vorangehendes Substantiv, das nicht ständig wiederholt werden soll, kann durch **quello** wieder aufgenommen werden.	• Di queste due case **quella** bianca è la più bella. (Di queste due case **la casa bianca** è più bella.)

	quello	colui	tale
Bezüglich eines Relativsatzes	**Quello** leitet einen folgenden Relativsatz ein, das vor **che** meist zu **quel** verkürzt wird.	**Colui** leitet einen folgenden Relativsatz ein, ohne Geringschätzung auszudrücken.	**Tale** leitet einen folgenden Relativsatz ein (so, derart).
	• Ecco **quello** *che ho cercato.* • È più furbo di **quel** *che pensi.*	• **Colui** *che è partito per ultimo* ha dimenticato di spegnere la luce.	• I difetti erano **tali** *che non si poteva accetare la fornitura.*

	ciò	lo stesso
Bezüglich eines ganzen Satzinhalts	**Ciò** steht stellvertretend für einen ganzen Satzinhalt (das).	**Lo stesso** steht stellvertretend für einen ganzen Satzinhalt (dasselbe).
	• Curarsi dei bambini e lavorare, **ciò** è difficile.	• Dire e fare. Non è **lo stesso**. • È sempre **lo stesso** con te.

Das attributive Demonstrativpronomen (L'aggettivo dimostrativo)

Die attributiven Demonstrativpronomen **questo** und **quello** haben in den folgenden Fällen besondere Formen.

Dem. pron.	Nu.	Pers.	Genus	Vor Konsonant	Vor s-+Konsonant	Vor Vokal
questo	Sing.	3	mask.	questo	questo	quest'
			fem.	questa	questa	quest'
	Plur.	3	mask.	questi	questi	questi
			fem.	queste	queste	queste
quello	Sing.	3	mask.	quel	quello	quell'
			fem.	quella	quella	quell'
	Plur.	3	mask.	quei	quegli	quegli
			fem.	quelle	quelle	quelle

Die attributiven Demonstrativpronomen **codesto, tale, stesso** und **medesimo** haben keine Sonderformen.

Dem. pron.	Pers.	Genus	Singular	Plural
codesto	3	maskulin	**codesto**	**codesti**
		feminin	**codesta**	**codeste**
tale	3	mask.	**tal(e)**	**tali**
		fem.	**tale**	**tali**
stesso	3	mask.	**lo stesso**	**gli stessi**
		fem.	**la stessa**	**le stesse**
medesimo	3	mask.	**medesimo**	**medesimi**
		fem.	**medesima**	**medesime**

	questo	**quello**
Bezüglich des Näherliegenden/ Fernerliegenden	**Questo** bezeichnet Personen oder Sachen in der Nähe (dieser).	**Quello** bezeichnet Personen oder Sachen in der Ferne (jener).
	• Puoi vedere **quest'***uomo*? • Puoi darmi **queste** *riviste*?	• Puoi darmi **quel** *libro*? • Puoi vedere **quelle** *donne*?

	tale	**codesto**
Bezüglich des Folgenden, zuvor Genannten	**Tale** bezeichnet Personen oder Sachen, die zuvor oder nachfolgend gennant werden (solch). Vor männlichen Substantiven im Singular wird es meist zu **tal** verkürzt.	**Codesto** bezeichnet Personen oder Sachen beim Angesprochenen und wird meist nur in der Toskana verwendet.
	• Hai già visto **tal** *signore*? • Puoi mostrarmi **tali** *macchine*?	• **Codesto** *tuo vestito* è una vergogna.

	questo	quello
In Zeitangaben	**Questo** steht in Zeitangaben, die auf die Gegenwart weisen.	**Quello** steht in Zeitangaben, die nicht auf die Gegenwart weisen.
	● **Questa** mattina ho incontrato tua sorella. (**Heute** morgen habe ich deine Schwester getroffen.)	● **Quella** mattina incontrò tua sorella. (**An jenem** Morgen traf ich deine Schwester.)

	stesso	medesimo
Zur Bezeichnung „der gleichen" Person oder Sache	**Lo stesso** bezeichnet die „gleiche" Person oder Sache. Wird **stesso** dem Substantiv nachgestellt, steht es in der Bedeutung *selbst*.	**Medesimo** bezeichnet die „gleiche" Person oder Sache.
	● Paolo e mio fratello Luigi hanno **lo stesso** *hobby*. ● Gli *alunni* **stessi** hanno risolto il problema. (*Die Schüler* **selbst** haben das Problem gelöst.)	● Paolo e mio fratello Luigi hanno il **medesimo** *hobby*. ● Tutti gli alunni hanno svolto il **medesimo** *tema*.

Das Relativpronomen (Il pronome relativo)

Das Relativpronomen (bezügliches Fürwort) bezieht sich auf ein unmittelbar vorausgehendes Substantiv, das Subjekt, indirektes oder direktes Objekt ist. Es leitet einen Nebensatz, den sogenannten Relativsatz ein.

Rel. pron.	Nu.	Pers.	Genus	Subjekt	Indirektes Objekt	Direktes Objekt
che	Sing.	3	mask.	che	-	che
			fem.	che	-	che
	Plur.	3	mask.	che	-	che
			fem.	che	-	che
chi	Sing.	3	mask.	chi	chi	chi
			fem.	chi	chi	chi
	Plur.	3	mask.	chi	chi	chi
			fem.	chi	chi	chi
cui	Sing.	3	mask.	-	cui	-
			fem.	-	cui	-
	Plur.	3	mask.	-	cui	-
			fem.	-	cui	-
il quale	Sing.	3	mask.	il quale	al quale *	il quale
			fem.	la quale	alla quale	la quale
	Plur.	3	mask.	i quali	ai quali	i quali
			fem.	le quali	alle quali	le quali
quello che	Sing.	3	mask.	quello che	-	quello che
			fem.	quella che	-	quella che
	Plur.	3	mask.	quelli che	-	quelli che
			fem.	quelle che	-	quelle che

Rel. pron.	Nu.	Pers.	Genus	Subjekt	Indirektes Objekt	Direktes Objekt
colui che	Sing.	3	mask.	colui che	-	colui che
			fem.	colei che	-	colei che
	Plur.	3	mask.	coloro che	-	coloro che
			fem.	coloro che	-	coloro che
quanto	Sing.	3	mask.	quanto	quanto	quanto
			fem.	quanta	quanta	quanta
	Plur.	3	mask.	quanti	quanti	quanti
			fem.	quante	quante	quante
tutto quello che	Sing.	3	mask.	tutto quello che	tutto quello che	tutto quello che
			fem.	tutta quella che	tutta quella che	tutta quella che
	Plur.	3	mask.	tutti quelli che	tutti quelli che	tutti quelli che
			fem.	tutte quelle che	tutte quelle che	tutte quelle che

tutto ciò che

che cosa

il che

ciò che

dove

quando

* In Verbindung mit Präpositionen wird der Artikel von **il quale** mit der Präposition zusammengezogen. Stellvertretend für die Präpositionen bei indirekten Objekten, wurde hier die Präposition **a** verwendet.

Bezüglich
Personen oder
Sachen

che	chi
Che bezieht sich auf eine oder mehrere (vorausgehende) Personen und Sachen, die Subjekt oder direktes Objekt sind.	**Chi** vertritt eine oder mehrere Personen, die Subjekt, direktes oder indirektes Objekt sind. Es steht ohne vorausgehendes Substantiv.
• *La donna* **che** ha dimenticato la sua macchina. • Ho dimenticato *i libri* **che** ho messo sul tavolo.	• **Chi** cerca il pericolo, perirà in esso. • Esco con **chi** mi pare.

cui	il quale
Cui bezieht sich auf eine oder mehrere (vorausgehende) Personen oder Sachen, die indirektes Objekt sind. Es steht daher meist nach Präpositionen. Die Präposition **a** kann in Verbindung mit **cui** weggelassen werden.	**Il quale** bezieht sich auf (vorausgehende) Personen oder Sachen, die Subjekt, indirektes oder direktes Objekt sind. Es steht meist im Plural. Im Singular steht es meist bezüglich einer bestimmten Person oder Sache oder anstelle von **che** zur Verdeutlichung wer oder was gemeint ist.
• *Il presidente*, la figlia *di* **cui** ha avuto un incidente, è arrivato. • Ecco *il direttore per* **cui** lavoro da 10 anni. • *La ditta (a)* **cui** ho spedito questa lettera.	• *La sorella* di Paolo, **la quale**/(che) parte stasera, è qui. • La sorella di *Paolo,* **il quale**/(che) parte stasera, sta arrivando. • Ecco *i direttori per* **i quali** lavoro da 10 anni.

Bezüglich
bestimmter
Personen oder
Sachen

quello che	colui che
Quello che bezieht sich auf bestimmte Personen oder Sachen, die Subjekt oder direktes Objekt sind. Es kann mit und ohne folgendes Substantiv stehen.	**Colui che** vertritt Personen, die Subjekt oder direktes Objekt sind. Es kann nicht vor einem folgenden Substantiv stehen. Statt **colui che** wird meist **chi** verwendet.
• **Quello che** ho visto ieri era tuo padre. • **Quelle** *signore* **che** ho visto ieri erano tue zie.	• **Colui che/(chi)** cerca il pericolo, perirà in esso. • Ecco **colei che** ho visto stamattina.

	quello che	che cosa
Bezüglich eines ganzen Satzin- halts	**Quello che** bezieht sich auf einen vorangehenden Satzinhalt (was).	**Che cosa** bezieht sich auf einen vorangehenden Satzinhalt (was) und steht häufig in der Umgangssprache statt **quello che.**
	• Io so **quello che** ho visto. • Paolo sapeva **quello che** l'aspettava.	• Io so **che cosa** ho visto. • Paolo sapeva **che cosa** l'aspettava.

il che	ciò che
Il che bezieht sich auf einen voran- gehenden Satzinhalt (was).	**Ciò che** bezieht sich auf einen vor- angehenden Satzinhalt (was).
• Voglio cambiare vita, **il che** non è facile.	• Io so **ciò che** ho visto. • Paolo sapeva **ciò che** l'aspettava.

	quanto	tutto quello che	tutto ciò che
Zur Bezeichnung der Anzahl, Menge	**Quanto** drückt die An- zahl (folgender) Perso- nen oder Sachen aus. Die neutrale Form **quanto** bezeichnet die Menge und ist unver- änderlich.	**Tutto quello che** drückt die Anzahl be- stimmter Personen oder Sachen aus. Es steht ohne Substantiv. Die neutrale Form **tutto quello che** bezeichnet die Menge und ist un- veränderlich.	**Tutto ciò che** bezeich- net die Menge und ist unveränderlich.
	• Non puoi figurarti **quanti** *turisti* hanno aspettato all'aero- porto. • Dico **quanto** so. (Ich sage **soviel** ich weiß.)	• Penso a **tutti quelli che** soffrono. (Ich denke an **all dieje- nigen**, die leiden.) • Faccio **tutto quello che** vuole. (Ich mache **all das,** was er will.)	• Dico **tutto ciò che** so. (Ich sage **alles, was** ich weiß.) • Di **tutto ciò che** mi di- ci, non credo a nulla.

	dove	quando	che
Zur Bezeichnung des Ortes/der Zeit	**Dove** steht, neben **in cui, nel quale,** zur Be- zeichnung des Ortes.	**Quando** steht zur Be- zeichnung der Zeit.	**Che** steht zur Bezeich- nung der Zeit statt **in cui, nel quale.**
	• Ecco l'università **dove** ho studiato 5 anni.	• Il giorno **quando** è arrivato mio padre fu un giorno di gioia.	• Il giorno **che** è arrivato mio padre fu un giorno di gioia.

Das Interrogativpronomen (Il pronome interrogativo)

Das Interrogativpronomen (Fragefürwort) leitet Fragesätze ein und fragt nach Personen oder Sachen, die Subjekt, indirektes oder direktes Objekt sind.

Int. Pron.	Nu.	Pers.	Genus	Subjekt	Indirektes Objekt	Direktes Objekt
chi	Sing.	3	mask.	chi	chi	chi
			fem.	chi	chi	chi
	Plur.	3	mask.	chi	chi	chi
			fem.	chi	chi	chi
che	Sing.	3	mask.	che	che	che
			fem.	che	che	che
	Plur.	3	mask.	che	che	che
			fem.	che	che	che
quale	Sing.	3	mask.	quale	quale	quale
			fem.	quale	quale	quale
	Plur.	3	mask.	quali	quali	quali
			fem.	quali	quali	quali
quanto	Sing.	3	mask.	quanto	quanto	quanto
			fem.	quanta	quanta	quanta
	Plur.	3	mask.	quanti	quanti	quanti
			fem.	quante	quante	quante

(che) cosa

quando

come

dove

176

chi	quale
Chi fragt nach einer oder mehreren beliebigen Personen, die Subjekt, indirektes oder direktes Objekt sind. Es steht nicht in Verbindung mit einem Substantiv.	**Quale** fragt nach Personen oder Sachen aus einer bestimmten Anzahl. Es steht mit und ohne Substantiv. Vor männlichen Substantiven im Singular, die mit Konsonant bzw. Vokal beginnen, wird es oft zu **qual** bzw. **qual'** verkürzt.
• **Chi** è? • **Chi** ha invitato alla sua festa? • **A chi** l'hai detto? • **Di chi** è il libro?	• **Quale** *dei due ragazzi* che giocano nel giardino è tuo figlio? • **Quali** *delle ragazze* che giocano nel giardino sono tue figlie?

In Fragen nach beliebigen/ bestimmten Personen oder Sachen

che	(che) cosa
Che fragt nach der Eigenschaft, Art und Weise von einer oder mehreren Personen oder Sachen. Es steht in Verbindung mit einem Substantiv.	**(Che) cosa** fragt nach einer beliebigen Sache. Es kann nicht in Verbindung mit einem Substantiv stehen. In der Umgangssprache wird statt **che cosa** häufig **cosa** verwendet.
• **Che** *persona* hai incontrato alla stazione? (**Was für eine** *Person* hast du am Bahnhof getroffen?) • **Che** *libri* hai comprato?	• **Che cosa** hai visto? (**Was** hast du gesehen?) • **Cosa** hai visto?

In Fragen nach der Eigenschaft, Art und Weise/ einer beliebigen Sache

come	
Como fragt nach der Art und Weise (wie).	• **Come** si può risolvere questo problema?

In Fragen nach der Art, Weise

quanto	
Quanto fragt nach der Anzahl (folgender) Personen oder Sachen. Die neutrale Form **quanto** fragt nach der Menge, ist unveränderlich und steht ohne Substantiv.	• **Quante** *persone* hai incontrato in città? • **Quanti** *libri* di quest'autore hai letto? • Può dirmi **quanto** costa questo libro?

In Fragen nach der Anzahl, Menge

Im Ausruf

che	quanto
Im Ausruf steht **che** vor Substantiven, Adjektiven und Adverbien.	Im Ausruf.
• **Che** *bugiardo!* **(Was für ein** *Lügner!*) • **Che** *freddo!*	• **Quanta** *gente!* **(Wieviele** *Leute!*) • **Quanto** *freddo!*

In Fragen nach der Zeit/ dem Ort

quando	dove	che
Quando fragt nach der Zeit .	**Dove** fragt nach dem Ort. Mit nachfolgendem **è** wird **dove** zu **dov'è** verkürzt.	In Fragen nach der Uhrzeit steht **che** in der Wendung **che ora è?, che ore sono?**
• **Quando** hai incontrato mia madre? • Per **quando** puoi terminare questo lavoro?	• **Dove** sono i miei pantaloni? • **Dov'è** la mia chiave?	• **Che ora** è? - È l'una. **(Wieviel Uhr** ist es? - Es ist ein Uhr.) • **Che ore** sono? - Sono le tre. **(Wieviel Uhr** ist es? - Es ist drei Uhr.)

Die Indefinitpronomen (I pronomi indefiniti)

Die Indefinitpronomen (unbestimmte Fürwörter) bezeichnen unbestimmte Personen und Sachen.

Qualcuno, qualcheduno und qualcosa, qualche cosa

	qualcuno, qualcheduno	qualcosa, qualche cosa
Zur Bezeichnung einer unbestimmten Person/Sache	Substantivisches Indefinitpronomen zur Bezeichnung einer unbestimmten Person ((irgend)jemand).	Substantivisches Indefinitpronomen zur Bezeichnung einer unbestimmten Sache ((irgend)etwas). Es ist kein Femininum und steht nur im Singular. Adjektive werden mit **di** angeschlossen. Es steht nie in Verbindung mit **non** oder **senza**.
	• **Qualcuno** vuole parlare con Paolo. • Stamattina, ho visto **qualcuna** delle vicine passare.	• Vuole leggere **qualcosa**? • È successo **qualcosa** *di terribile*.

Numerus	Pers.	Genus	qualcuno	qualcheduno
Singular	3	maskulin	qualcuno	qualcheduno
		feminin	qualcuna	qualcheduna

Nessuno und niente, nulla

	nessuno	niente, nulla
Zu Bezeichnung einer unbestimmten Person/Sache	Substantivisches und attributives Indefinitpronomen zur Bezeichnung einer unbestimmten Person oder Sache (niemand, keiner). Steht **nessuno** hinter dem Verb, so tritt **non** vor das Verb, **non** entfällt, wenn **nessuno** vor das Verb tritt.	Substantivisches Indefinitpronomen zur Bezeichnung einer unbestimmten Sache (nichts). Sie sind in Geschlecht und Zahl stets unveränderlich. Stehen **niente, nulla** hinter dem Verb, so muß **non** vor das Verb treten, **non** entfällt, wenn **niente, nulla** vor das Verb treten. Adjektive werden mit **di** angeschlossen.

nessuno	niente, nulla
• *Non c'è* **nessuno** in strada. • **Nessuno** *disse* niente. • Non ho **nessun'***idea* a questo proposito.	• *Non riesco* a vedere **niente/nulla**. • **Niente/nulla** *è successo*. • Non ho visto **nient'***altro***/null'***altro*. • Non è **niente/nulla** *di terribile*.
Im fragenden Satz und nach **senza** und **non mai** hat es positive Bedeutung (jemand, jeder, irgendeiner).	Im fragenden Satz, nach **senza** und **non mai** haben **niente** und **nulla** positive Bedeutung (etwas).
• Hai **nessun'**osservazione da fare? • Le ha creduto *senza* **nessun** dubbio.	• Hai bisogno di **niente**? • Hai bisogno di **nulla**?

Pronomen	Nu.	Pers.	Genus	Vor Konsonant	Vor s +Konsonant, gn, pn, ps, x, z	Vor Vokal
nessuno	Sing.	3	mask.	**nessun**	**nessuno**	**nessun**
			fem.	**nessuna**	**nessuna**	**nessun'**
niente, nulla	Sing.	3	mask.	**niente, nulla**	**niente, nulla**	**nient', null'**
			fem.	**niente, nulla**	**niente, nulla**	**nient', null'**

Alcuno und qualche

	alcuno	qualche
Zur Bezeichnung unbestimmter Personen oder Sachen	Substantivisches und attributives Indefinitpronomen zur Bezeichnung einer bzw. mehrerer unbestimmter Personen oder Sachen (jemand bzw. einige).	Attributives Indefinitpronomen zur Bezeichnung einer unbestimmten Person oder Sache (irgendein) oder einer unbestimmten Menge (einige, etwas). Es ist in Geschlecht und Zahl stets unveränderlich und steht nur mit Substantiven im Singular.
	• **Alcuni** hanno superato l'esame. • Ho letto **alcuni** *libri* di quest'autore.	• Ho consultato **qualche** *dottore*. (Ich habe **irgendeinen** *Arzt* aufgesucht.) • È rimasto **qualche** *giorno*. (Er ist **einige** *Tage* geblieben.) • Ha **qualche** *esperienza*. **(Er hat etwas** *Erfahrung.)*

alcuno	qualche
In fragenden und verneinten Sätzen hat es negative Bedeutung (niemand, keiner). Nach **senza** behält es die ursprüngliche, positive Bedeutung (jemand).	Es steht nie in Verbindung mit **non** oder **senza**. Dies gilt auch für die Zusammensetzungen mit **qualche**.
• *Non* c'*è* **alcuna** persona cui possa rivolgermi. • Ho fatto tutto *senza* che **alcuno** mi abbia aiutato.	

Numerus	Pers.	Genus	Vor Konsonant	Vor s + Konsonant, z, gn, pn, ps, x	Vor Vokal
Singular	3	mask.	**alcun**	**alcuno**	**alcun**
		fem.	**alcuna**	**alcuna**	**alcun'**
Plural	3	mask.	**alcuni**	**alcuni**	**alcuni**
		fem.	**alcune**	**alcune**	**alcune**

Ogni, ognuno und ciascuno, ciascheduno

Zur Bezeichnung jeder beliebigen Person oder Sache

ogni	ognuno	ciascuno, ciascheduno
Attributives Indefinitpronomen zur Bezeichnung jeder beliebigen Person oder Sache (jeder (beliebige)). Es ist in Geschlecht und Zahl unveränderlich und wird stets mit einem Substantiv im Singular verbunden.	Substantivisches Indefinitpronomen zur Bezeichnung jeder Person ohne Ausnahme (jeder). Es ist in Geschlecht und Zahl unveränderlich und steht mit einem Verb im Singular.	Substantivisches und attributives Indefinitpronomen zur Bezeichnung jeder Person oder Sache ohne Ausnahme (jeder).
• **Ogni** *studente* ha la sua propria camera. • Ho visto **ogni** macchina.	• **Ognuno** *ha* la sua propria camera. • **Ognuno** *ha* i suoi difetti.	• **Ciascun** ha la sua propria camera. • **Ciascun'***alunna* ha ricevuto un libro.

Numerus	Pers.	Genus	Vor Konsonant	Vor s + Konsonant, z, gn, pn, ps, x	Vor Vokal
Singular	3	mask.	ciasc(hed)un	ciasc(hed)uno	ciasc(hed)un
		fem.	ciasc(hed)una	ciasc(hed)una	ciasc(hed)un'

Chiunque, qualunque und qualsiasi

	chiunque	qualunque	qualsiasi
Zur Bezeichnung einer beliebigen Person oder Sache	Substantivisches Indefinitpronomen zur Bezeichnung einer beliebigen Person (jeder beliebige, gleichgültig welcher). Es ist in Geschlecht und Zahl stets unveränderlich.	Attributives Indefinitpronomen zur Bezeichnung einer beliebigen Sache (jeder beliebige, gleichgültig welcher, was). Es ist in Geschlecht und Zahl stets unveränderlich und kann seinem Bezugswort nachgestellt werden. Nachgestellt steht es in der Bedeutung *gewöhnlich.*	Attributives Indefinitpronomen zur Bezeichnung einer oder mehrerer beliebiger Personen oder Sachen (jeder beliebige, gleichgültig welcher). Es ist in Geschlecht und Zahl unveränderlich und kann seinem Bezugswort im Singular nachgestellt werden. Steht das Bezugswort im Plural muß es nachgestellt werden.
	• **Chiunque** è in grado di capirlo.	• Ho comprato una **qualunque** *macchina.* • Ho comprato una **macchina** *qualunque.*	• Ho comprato una **qualsiasi** *macchina.* • Ho comprato delle *macchine* **qualsiasi**.

Uno

	uno	
Zur Bezeichnung einer unbestimmten, beliebigen Person	Substantivisches Indefinitpronomen zur Bezeichnung einer beliebigen Person (einer, jemand, jeder) oder einer unbestimmten Person (man). In der Bedeutung *man* steht es nur im Singular und ist unveränderlich.	• La maestra ha una mela per **uno**. (Die Lehrerin hat für **jeden** einen Apfel.) • **Una** di loro mi ha domandato se vieni. (**Eine** von ihnen hat mich gefragt, ob du kommst.) • **Uno** può ottenere tutto se lavora. (**Man** kann alles erreichen, wenn man arbeitet.)

Altro und altri

	altro	altri
Zur Bezeichnung „anderer" Personen oder Sachen	Substantivisches und attributives Indefinitpronomen zur Bezeichnung „anderer" Personen oder Sachen (anderer). Zur Bezeichnung einer unbestimmten Person oder Sache kann es mit dem unbestimmten Artikel (ein anderer), zur Bezeichnung einer bestimmten Person oder Sache kann es mit dem bestimmten Artikel stehen (der andere).	Substantivisches Indefinitpronomen zur Bezeichnung „anderer" Personen (andere(r)). Es ist in Geschlecht und Zahl stets unveränderlich.
	• Non aspettare gli **altri.** • Ho comprato l'**altra** *macchina.* • Dammi *un* **altro** *libro.*	• Paola, e non **altri,** mi ha fatto visita. (Paola und keine *andere* hat mich besucht.) • Paolo è già partito mentre gli **altri** devono aspettare.

Nu.	Pers.	Genus	altro	l'altro	un altro
Sing.	3	mask.	altro	l'altro	un altro
		fem.	altra	l'altra	un'altra
Plur.	3	mask.	altri	gli altri	-
		fem.	altre	le altre	-

Tutto und tutto il

	tutto	tutto il
Zur Bezeichnung „aller" Personen oder Sachen	Substantivisches Indefinitpronomen zur Bezeichnung „aller" Personen oder Sachen ohne Ausnahme (alle, jeder). In dieser Bedeutung steht es im Plural. Vor Relativsätzen muß **tutto** mit einem Demonstrativpronomen als Stützwort stehen.	Attributives Indefinitpronomen zur Bezeichnung „aller" Personen oder Sachen (alle). In dieser Bedeutung steht es im Plural. Statt des bestimmten Artikels kann auch der unbestimmte Artikel, **questo** oder **quello** stehen.

tutto	tutto il
• Venite **tutti** qui. • **Tutti** *quelli che* lo conoscono lo amano.	• **Tutti gli** *uomini* sono uguali. • Ha venduto **tutte queste** *case*.
Die neutrale Form **tutto** bezieht sich auf ein Ganzes und ist stets unveränderlich (alles).	Zur Bezeichnung „der ganzen" Person oder Sache (ganz, alles) steht es im Singular. Bei Städte-, Ländernamen oder in festen Wendungen fehlt der Artikel (**a tutta forza, a tutta velocità**). **Tutto** + Adjektiv (ganz) richtet sich in Geschlecht und Zahl nach dem Bezugswort.
• **Tutto** è in ordine. • Penso a **tutto**.	• **Tutto il** *paese* si prende gioco di questo ministro. • **Tutta** *Roma* era in piedi. • *Paolo* è **tutto** *sorpreso*. • *Anna e Gianna* sono **tutte** *sorprese*.

Zur Bezeichnung der Gesamtheit

Nu.	Pers.	Genus	tutto	tutto il
Sing.	3	mask.	tutto	tutto il
		fem.	tutta	tutta la
Plur.	3	mask.	tutti	tutti i
		fem.	tutte	tutte le

Tutti e due und tutti e tre

tutti e due	tutti e tre
Substantivisches Indefinitpronomen zur Bezeichnung „beider" Personen oder Sachen ((alle) beide). Es steht immer im Plural.	Substantivisches Indefinitpronomen zur Bezeichnung „dreier" Personen oder Sachen (alle drei). Es steht immer im Plural.
• **Tutte e due** sono mie amiche. • Hai letto questi libri. Sì, li ho letti **tutti e due**.	• **Tutte e tre** sono mie amiche. • Hai letto questi libri. Sì, li ho letti **tutti e tre**.

Zur Bezeichnung „beider"/„dreier" Personen oder Sachen

184

Nu.	Pers.	Genus	tutti e due		tutti e tre
Plur.	3	mask.	tutti e due		tutti e tre
		fem.	tutte e due		tutte e tre

Molto, tanto und poco

	molto	tanto	poco
Zur Bezeichnung „vieler"/ „weniger" Personen oder Sachen	Substantivisches und attributives Indefinitpronomen zur Bezeichnung „vieler" Personen oder Sachen (viele, viel).	Substantivisches und attributives Indefinitpronomen zur Bezeichnung „(so) vieler" Personen oder Sachen ((so) viele, viel).	Substantivisches und attributives Indefinitpronomen zur Bezeichnung „weniger" Personen oder Sachen (wenige, wenig).
	• **Molti** lo sanno. • È caduta **molta** *pioggia.* • **Molti** *studenti* hanno passato l'esame.	• **Tanti** lo sanno. • È caduta **tanta** *pioggia.* • **Tanti** *studenti* hanno passato l'esame.	• **Pochi** lo sanno. • È caduta **poca** *pioggia.* • **Pochi** *studenti* hanno passato l'esame.
Zur Bezeichnung einer unbestimmten Menge	Das neutrale substantivische **molto** bezeichnet eine unbestimmte Menge und ist unveränderlich (viel).	Das neutrale substantivische **tanto** bezeichnet eine unbestimmte Menge und ist unveränderlich (so viel).	Das neutrale substantivische **poco** bezeichnet eine unbestimmte Menge und ist unveränderlich (so wenig). Es kann mit dem unbestimmten Artikel stehen (ein bißchen).
	• È successo **molto** nel frattempo.	• È successo **tanto** nel frattempo!	• È successo **poco** nel frattempo. • Ha pianto **un poco**.

Nu.	Pers.	Genus	molto	tanto	poco
Sing.	3	mask.	molto	tanto	poco
		fem.	molta	tanta	poca
Plur.	3	mask.	molti	tanti	pochi
		fem.	molte	tante	poche

Troppo und parecchio

	troppo	parecchio
Zur Bezeichnung „zu vieler"/ „ziemlich vieler" Personen, Sachen	Substantivisches und attributives Indefinitpronomen zur Bezeichnung „zu vieler" Personen oder Sachen (zu viele, zuviel).	Substantivisches und attributives Indefinitpronomen zur Bezeichnung „ziemlich vieler" Personen oder Sachen (ziemlich viele, ziemlich viel).
	• **Troppi** lo sanno. • È caduta **troppa** *pioggia*. • **Troppi** *studenti* non hanno passato l'esame.	• **Parecchi** lo sanno. • È caduta **parecchia** *pioggia*. • **Parecchi** *studenti* non hanno passato l'esame.
Zur Bezeichnung einer unbestimmten Menge	Das neutrale substantivische **troppo** bezeichnet eine unbestimmte Menge und ist unveränderlich (zuviel).	Das neutrale substantivische **parecchio** bezeichnet eine unbestimmte Menge und ist unveränderlich (ziemlich viel).
	• È successo **troppo** nel frattempo.	• È successo **parecchio** nel frattempo.

Nu.	Pers.	Genus	troppo	parecchio
Sing.	3	mask.	**troppo**	**parecchio**
		fem.	**troppa**	**parecchia**
Plur.	3	mask.	**troppi**	**parecchi**
		fem.	**troppe**	**parecchie**

Certo

	certo	
Zur Bezeichnung „gewisser" Personen oder Sachen	Substantivisches und attributives Indefinitpronomen zur Bezeichnung „gewisser" Personen oder Sachen (ein gewisser, manche).	• **Certi** si vendono molto bene. • **Certe** *macchine* si vendono molto bene. • Ho visto **un certo** *signor Rossi*.

Nu.	Pers.	Genus	certo	un certo
Sing.	3	mask.	**un certo**	**un certo**
		fem.	**una certa**	**una certa**
Plur.	3	mask.	**certi**	-
		fem.	**certe**	-

Die Pronominaladverbien ne, ci und vi (Gli avverbi pronominali ne, ci und vi)

Die Pronominaladverbien **ne**, **ci** und **vi** sind eigentlich Ortsadverbien, d. h. sie stehen stellvertretend für eine Ortsbestimmung. Sie können jedoch auch in den folgenden Funktionen verwendet werden.

	ne	**ci**	**vi**
Stellvertretend für Ortsangaben	Stellvertretend für Ortsangaben mit **da** und **di**.	Stellvertretend für Ortsangaben mit **a, da, in** und **su**.	Stellvertretend für Ortsangaben mit **a, da, in** und **su**.
	• Vengo *da casa.* - Io **ne** vengo. (Ich komme *von zu Hause.* Ich komme **von dort**.)	• Vado *a Roma.* - **Ci** vado. (Ich gehe *nach Rom.* - Ich gehe **dorthin**.)	• Vado *a Roma.* - **Vi** vado. (Ich gehe *nach Rom.* - Ich gehe **dorthin**.)
Stellvertretend für Personen, Sachen	Es steht in übertragenem Sinn stellvertretend für Personen und Sachen und ersetzt Ergänzungen mit **da** und **di**.	Es steht in übertragenem Sinn nur für Sachen und ersetzt Ergänzungen mit **a, da, in, su**.	Es steht in übertragenem Sinn nur für Sachen und ersetzt Ergänzungen mit **a, da, in, su**.
	• Abbiamo parlato *di questo libro.* **Ne** abbiamo parlato. (Wir haben von diesem Buch gesprochen. Wir haben **davon** gesprochen.) • Abbiamo parlato *di Paolo e Luigi.* **Ne** abbiamo parlato.	• Penso sempre *alle vacanze.* - **Ci** penso sempre. (Ich denke immer an die Ferien. - Ich denke immer **daran**.)	• Penso sempre *alle vacanze.* - **Vi** penso sempre. (Ich denke immer an die Ferien. - Ich denke immer **daran**.)

Die Konjunktion (La congiunzione)

Konjunktionen sind Bindewörter und verbinden ganze Sätze oder Satzteile.
Es ist zu beachten, daß manche Konjunktionen den congiuntivo verlangen. Diese sind im folgenden mit * versehen.

Nebenordnende, beiordnende Konjunktionen (Congiunzioni coordinative)

Nebenordnende oder beiordnende Konjunktionen verbinden gleichartige Satzglieder oder Sätze, also zum Beispiel Haupt- und Hauptsatz.

Unterordnende Konjunktionen (Congiunzioni subordinative)

Unterordnende Konjunktionen leiten Nebensätze ein.

Temporale Konjunktionen (Congiunzioni temporali)

Die temporalen Konjunktionen geben einen Zeitraum, Zeitpunkt an.

> • Devi andartene **prima che** venga mio marito.

• allorché	(als)	• mentre	(während)
• (non) appena *	(sobald)	• prima che *	(bevor)
• dopo che	(nachdem)	• quando	(wenn, als)
• fino a che *	(solange als)	• da quando	(seitdem)
• finché *	(bis, solange)		

Finale Konjunktionen (Congiunzioni finali)

Die finalen Konjunktionen drücken eine Absicht, einen Zweck aus.

> • Partiamo presto **affinché** arriviamo in tempo.

• affinché *	(damit)	• perché *	(damit)
• in modo che *	(so, derart daß)		

Kausale Konjunktionen (Congiunzioni causali)

Kausale Konjunktionen geben den Grund, die Ursache an.

> • Il treno è in ritardo, **perciò** non arriviamo in tempo.

- **perché**   (weil)
- **perciò**   (deshalb)

- **poiché**   (da)

Konsekutive Konjunktionen (Congiunzioni consecutive)

Konsekutive Konjunktionen drücken die Folge, die Wirkung aus.
Zum Ausdruck der gewünschten Folge stehen **cosicché, così ... che** mit congiuntivo, zum Ausdruck der tatsächlichen Folge steht der indicativo.

> - Oggi non uscite **cosicché** possiate incontrarvi a casa.
> - Oggi non uscite **cosicché** potete incontrarvi a casa.

- **cosicché (*)**   (so daß)
- **così ... che (*)** (so daß)
- **dunque**   (also, folglich)

- **quindi**   (also, folglich)
- **senza che ***   (ohne daß)

Konzessive Konjunktionen (Congiunzioni concessive)

Konzessive Konjunktionen dienen zum Ausdruck der Einräumung, des Zugeständnisses.

> - **Benché** lavori molto, è povero.
> - **Malgrado che** non abbia molto tempo, ti aiuterò.

- **benché ***   (obwohl)
- **malgrado che ***   (obwohl)

- **sebbene ***   (obwohl)
- **come se ***   (als ob)

Konditionale Konjunktionen (Congiunzioni condizionali)

Konditionale Konjunktionen dienen zum Ausdruck der Bedingung.

> - Te lo do **se** lo vuoi.
> - **Nel caso che** piova, non verrò.

- **se (*)**   (wenn, falls)
- **ammesso che ***   (gesetzt den Fall)
- **nel caso che ***   (falls)

- **a condizione che ***   (unter der Bedingung daß)
- **supposto che ***   (wenn nun)

Se steht mit dem congiuntivo imperfetto zum Ausdruck, daß die Erfüllung der Bedingung unwahrscheinlich ist, der congiuntivo trapassato steht zum Ausdruck der unerfüllten Bedingung. Zum Ausdruck der erfüllbaren Bedingung steht der indicativo.

> - Andrei a prenderti **se** venissi in tempo.
> - Sarei andato a prenderti **se** fossi venuto in tempo.
> - Andrò a prenderti **se** vieni in tempo.

Adversative Konjunktionen (Congiunzioni avversative)

Adversative Konjunktionen stehen zum Ausdruck des Gegensatzes.

> • Non volevo venire, **però** ora ho deciso che vengo.

• **ma**	(aber, sondern)
• **però**	(aber, dennoch)

• **tuttavia**	(dennoch, trotzdem)

Vergleichende Konjunktionen (Congiunzioni comparative)

Vergleichende Konjunktionen bringen einen Vergleich zum Ausdruck.

> • Lavora **così** rapidamente **come** io pensavo.

• **come**	(wie)
• **così ... come**	((eben)so ... wie)

• **(tanto) quanto**	((eben)so wie)

Anreihende Konjunktionen (Congiunzioni coordinative)

Anreihende Konjunktionen dienen zur Verbindung zweier Sätze oder Satzteile.

> • Faccio tutto il lavoro **e** poi posso andare a casa.

• **e, ed**	(und)
• **e ... e**	(sowohl als auch)
• **o**	(oder)
• **o ... o**	(entweder ... oder)
• **oppure**	(oder (auch))
• **anche**	(auch)

• **neanche**	(auch nicht)
• **nemmeno**	(auch nicht)
• **neppure**	(auch nicht)
• **né ... né**	(weder ... noch)
• **non solo ... ma anche**	(nicht nur ... sondern auch)

Statt **e** steht vor Wörtern, die mit Vokal oder stummem h- beginnen, häufig **ed**.

> • Gianna **ed** *A*nna sono buone amiche.
> • Anna **ed** *il* suo amico Paolo vanno alla stessa scuola.

Die Präposition (La preposizione)

Mit der Präposition (Verhältniswort) werden bestimmte Verhältnisse und Beziehungen gekennzeichnet.
Für den Gebrauch der Präpositionen lassen sich keine allgemeingültigen Regeln aufstellen.
Nicht jede Präposition kann in Verbindung mit jedem beliebigen Wort verwendet werden. Häufig ändert die Präposition die Bedeutung eines Wortes. Es empfiehlt sich daher jedes Wort von Anfang an mit seinen möglichen Präpositionen zu lernen.
Die folgende Aufstellung zeigt die wichtigsten Präpositionen und ihre wichtigsten Bedeutungen.

Präposition	In räumlicher Bedeutung	In zeitlicher Bedeutung	In übertragener Bedeutung
a(d)	an, auf, bei, in, nach, zu	um (Zeitpunkt), bis	an, auf, für, in, mit, zu, je, pro
accanto a	an, bei, neben		
addosso a	auf		auf
attraverso (a)	(quer ...) durch		durch, mittels
avanti	vor	vor	
a/per causa di			wegen
circa	nahe bei	ungefähr um	was anbetrifft
con			durch, mit
contro	an, gegen		auf, an, gegen, vor
da	aus, bei, von, zu	ab, seit, von ... an	als, durch, mit, nach, von, zu
davanti a	vor		
dentro (di)	in(nen, drin), innerhalb	innerhalb	
di	von, aus	an, bei, in, während	an, auf, aus, bei, für, mit, von, vor, zu
dietro (di)	hinter, nach	nach	auf, bei, gegen, gemäß, nach
dirimpetto a	gegenüber		

Präposition	In räumlicher Bedeutung	In zeitlicher Bedeutung	In übertragener Bedeutung
dopo (di)	nach, hinter	nach	
durante		während	
entro	in(nerhalb)	in(nerhalb von)	
a favore di			für, zugunsten
fino (a)	an, bis, nach, zu	bis	
fino da		ab, seit, von ... an	
fra (di)	zwischen, unter	in(nerhalb)	unter, zwischen
di fronte a	gegenüber		im Vergleich zu, angesichts
(al di) fuori (di)	außer(halb), aus ... heraus		
grazie a			dank
in	an, auf, in, nach, zu	in(nerhalb)	an, auf, bei, in, zu
incontro a	auf ... zu, entgegen		
insieme			zusammen
intorno a	um (... herum)	gegen, um	
invece di			(an)statt, anstelle
al di là di	jenseits von		
lontano da	fern (von)		
lungo	entlang, längs		
in luogo di			(an)statt, anstelle
malgrado			trotz, ungeachtet
in mezzo a	mitten in, mitten auf		

DIE PRÄPOSITION Die Präposition

Präposition	In räumlicher Bedeutung	In zeitlicher Bedeutung	In übertragener Bedeutung
per mezzo di			mittels, durch
oltre	jenseits		außer, über
a partire da	von ... an, ab	von ... an, ab	
per	durch, nach, über	(für ...) lang, während	aus, durch, für, wegen
presso (di)	(nahe) bei, zu		bei, in
prima di		vor	
al di qua di	diesseits von		
in quanto a			was anbetrifft
riguardo a			in bezug auf
rispetto a			in bezug auf
secondo			laut, gemäß
in seguito a			infolge, zufolge
senza (di)	-		ohne
sopra (di)	auf, über, oberhalb		über, mehr als
al di sopra di	über, oberhalb		über
sotto (di)	unter, unterhalb	während	unter
al di sotto di	unter(halb)		unter
su	auf, über	gegen, um	(hin)auf, über
tra (di)	unter, zwischen	in(nerhalb)	unter, zwischen
verso (di)	auf ... zu, nach	gegen, um	gegen(über), zu
vicino a	nahe bei, neben		

Es ist zu beachten, daß **a, da**, **di, in** und **su** mit dem Artikel verschmolzen werden.

Satzglieder (Le parti della proposizione)

Ein Satz besteht im wesentlichen aus den folgenden Satzgliedern.
Er besteht aus mindestens einem Hauptsatz (proposizione principale) oder einem Haupt- und Nebensatz (proposizione subordinata). Sätze, die aus Haupt- und Nebensatz bestehen, nennt man Satzgefüge (periodo).
Der Hauptsatz ist der übergeordnete Teil eines Satzgefüges und kann, im Gegensatz zum Nebensatz, jederzeit alleine stehen.

Subjekt (Soggetto)

Das Subjekt (Satzgegenstand) drückt aus, wer oder was eine Handlung ausführt. Das Subjekt steht im Nominativ (wer-Fall).

- **Paolo** scrive una lettera.
- **Il libro** si vende bene.

Prädikat (Predicato)

Das Prädikat (Satzaussage) ist das Verb und besteht aus Vollverb oder aus Vollverb und Hilfsverb. Es drückt aus, was getan wird.

- Paolo **scrive** una lettera.
- Paolo **ha scritto** una lettera.

Objekt (Complemento)

Im Italienischen unterscheidet man im wesentlichen indirekte Objekte und direkte Objekte.
Im Deutschen unterscheidet man den Genitiv (wessen-Fall), den Dativ (wem-Fall) und den Akkusativ (wen-Fall).
Es ist zu beachten, daß ein Wort, das im Deutschen im Dativ steht, im Italienischen im Akkusativ stehen, also direktes Objekt sein kann. In welchem Fall ein Wort steht, hängt davon ab, mit welcher Ergänzung das Verb steht.

Indirektes Objekt (Complemento indiretto)

Das indirekte Objekt wird im Italienischen mit einer Präposition meist **a, di, da** an das Verb angeschlossen.

- Ho dato il libro **alla signora Rossi.**
- Il figlio **di Anna** ha avuto un incidente.

Direktes Objekt (Complemento diretto)

Das direkte Objekt wird im Italienischen ohne Präposition an das Verb angeschlossen.

- Stamattina ho incontrato **la signora Tramuta.**

Präpositionales Objekt (Complemento prepositivo)

Das präpositionale Objekt ist ein Objekt mit einer Präposition. Welche Präposition beim Objekt steht, hängt davon ab, welche Präposition das Verb verlangt.

> • Si congratularono **con lui** per il suo successo.
> **(congratularsi con qn)**
> (Sie beglückwünschten **ihn** zu seinem Erfolg.)

Prädikative Ergänzung (Complemento predicativo)

Die prädikative Ergänzung kann ein Adjektiv oder Substantiv sein und bezieht sich entweder auf das Subjekt oder Objekt.

> • *Maria* è **mia sorella.**
> • Ti darò *un libro* molto **interessante.**

Adverbiale Bestimmungen (Complementi)

Adverbiale Bestimmungen (Umstandsbestimmungen) sind Zeit- oder Ortsangaben, Angaben zur Art und Weise oder des Grundes, der Ursache.

> • **Stamattina** ho letto un libro.
> • Gli alunni hanno letto il libro **a scuola.**
> • Marciamo **lentamente.**
> • Arse **di rabbia.**

Der bejahte Aussagesatz (La proposizione enunciativa affermativa)

Im Aussagesatz wird ein Sachverhalt mitgeteilt bzw. behauptet.
Generell gilt folgende Wortstellung:

Subjekt(pronomen) (S)	Prädikat (P)	Objekt (O)
• Maria	scrive	una lettera.
• (Ella)	ha scritto	una lettera.

Aussagesatz mit zwei Objekten

In Aussagesätzen mit einem direkten und einem indirekten Objekt steht das direkte Objekt (meist eine Sache) in der Regel vor dem indirekten Objekt mit **a** (meist eine Person).

Subjekt	Prädikat	**direktes Objekt**	**indirektes Objekt**
• Maria	scrive	**una lettera**	**a suo padre.**

Das indirekte Objekt tritt vor das direkte Objekt, wenn dieses länger ist als das indirekte Objekt oder wenn es besonders betont werden soll.

Subjekt	Prädikat	**indirektes Objekt**	**direktes Objekt**
• Maria	scrive	**a suo padre**	**una lettera di 50 pagine.**

Ist das direkte Objekt ein Infinitiv oder Nebensatz, so steht es nach dem indirekten Objekt.

Subjekt(pronomen)	**indir. Obj. pron.**	Prädikat	**direktes Objekt**
• Paolo	**mi**	ha detto	**di venire.**
• Paolo	**mi**	ha detto	**che viene.**

Ist das indirekte und das direkte Objekt ein Pronomen, so steht das indirekte Objektpronomen vor dem direkten Objektpronomen. Es ist zu beachten, daß die indirekten Objektpronomen (**mi**, **ti** etc.), treffen sie auf ein direktes Objektpronomen, ihre Form ändern (**me, te** etc.).

Subjekt(pronomen)	**indir. Obj. pron.**	**dir. Obj. pron.**	Prädikat
• Paolo	**me**	**lo**	dice.
• Paolo	**me**	**l'**	ha detto.

Aussagesatz mit prädikativer Ergänzung

Prädikative Ergänzungen stehen, wenn sie sich auf das Subjekt beziehen, nach dem Verb.

Subjekt	Prädikat	prädikative Ergänzung
• Maria	sembra	molto intelligente.

Prädikative Ergänzungen stehen, wenn sie sich auf das Objekt beziehen, nach demselben.

Subjekt	Prädikat	Objekt	präd. Ergänzung
• Maria	ha letto	un libro	molto interessante.

Aussagesatz mit adverbialen Bestimmungen

Adverbiale Bestimmungen, vor allem der Zeit, des Ortes, können sowohl am Satzanfang als auch am Satzende stehen.

Adv. Bestimmung	Subjekt(pronomen)	Prädikat	Objekt
• Stamattina	Paolo	ha letto	un libro.

Subjekt	Prädikat	Objekt	adv. Bestimmung
• Gli alunni	hanno letto	questo libro	a scuola.

Inversion des Subjekts

Das Subjekt kann, zur besonderen Hervorhebung, hinter das Prädikat treten (Inversion).

Adverbiale Bestimmung	Prädikat	Subjekt
• In questa casa	è nata	la mia amica Anna.

Steht der Einleitungssatz der direkten Rede nach der direkten Rede selbst, so tritt das Subjekt hinter das Prädikat.

Direkte Rede	Prädikat	Subjekt
• «Non è vero»,	ha detto	mio padre.

Der verneinte Aussagesatz (La proposizione enunciativa negativa)

Im verneinten Aussagesatz wird ein Sachverhalt verneint.
Die Verneinung wird durch zahlreiche Adverbien, Konjunktionen und Pronomen der Verneinung ausgedrückt, von denen die wichtigsten im folgenden aufgeführt sind.

Non

Non (nicht) wird am häufigsten zum Ausdruck der Verneinung verwendet. Es steht grundsätzlich vor dem Prädikat.

Subjekt(pron.)	non	Prädikat	Objekt
• Maria	**non**	compra	un libro.
• (Ella)	**non**	ha comprato	un libro.

Ist das Objekt ein Pronomen, so steht **non** vor dem Objektpronomen, das Prädikat folgt.

Subjekt	non	Objektpronomen	Prädikat
• Maria	**non**	lo	compra.
• Maria	**non**	l'	ha comprato.

In Verbindung mit dem infinito presente bzw. infinito perfetto steht **non** vor diesem.

Subjekt(pron.)	Prädikat	non	Infinitiv	Objekt
• (Io)	spero di	**non**	ascoltare	tali parole.
• Paolo	spera di	**non**	avere preoccupato	il signor Rossi.

Non ... più

Non ... più (nicht mehr) wird segmentiert, d. h. **non** tritt vor das gesamte Prädikat oder vor das Hilfsverb, **più** folgt nach dem gesamten Prädikat oder Hilfsverb.

Subjekt	non	Prädikat	più
• Paolo	**non**	viene	**più.**
• Paolo	**non**	è venuto	**più.**

Subjekt	non	Hilfsverb	più	Partizip
• Paolo	non	è	più	venuto.

Non ... mai

Non ... mai (niemals) wird segmentiert, d. h. **non** tritt vor das Prädikat, **mai** folgt nach dem Prädikat.

Subjekt	non	Prädikat	mai
• Questo	non	accadrà	mai.

In kurzen, negativen Antworten entfällt **non**.

Vordersatz	mai
• Tu se vuoi puoi farlo. -	Io mai.

Es ist zu beachten, daß **non ... mai** im fragenden Satz positive Bedeutung (jemals) hat. In diesem Fall entfällt **non**.

Hilfsverb	mai	Prädikat	Objekt
• Hai	mai	visto	Roma?

(Hast du **jemals** Rom gesehen?)

Non ... neanche, non ... neppure, non ... nemmeno

Non ... neanche, non ... neppure (auch nicht) und **non ... nemmeno** (auch nicht, nicht einmal) können segmentiert werden, d. h. **non** tritt vor das Prädikat, **neanche, neppure, nemmeno** folgen nach dem Prädikat.

Subjekt	non	Prädikat	neanche, neppure, nemmeno
• Paolo	non	viene	neanche.
• Paolo	non	è venuto	neanche.

Subjekt	non	Hilfsverb	neanche, neppure, nemmeno	Partizip
• Paolo	non	è	neanche	venuto.

199

Dem Prädikat vorangestellt , entfällt **non**.

Neanche, neppure, nemmeno	Subjekt(pronomen)	Prädikat
• **Nemmeno**	io	uscirò.

Non ... affatto

Non ... affatto (überhaupt nicht) wird segmentiert, d. h. **non** tritt vor das Prädikat oder Hilfsverb, **affatto** folgt nach dem Prädikat oder Hilfsverb.

Subjekt	non	Prädikat	affatto
• Paolo	**non**	ascolti	**affatto.**
• Paolo	**non**	ha ascoltato	**affatto.**

Subjekt	non	Hilfsverb	affatto	Partizip
• Paolo	**non**	ha	**affatto**	ascoltato.

In kurzen, negativen Antworten entfällt **non**.

Frage	affatto
• Hai fame?	**Affatto.**

Non solo ... ma anche

Non solo ... ma anche (nicht nur ... sondern auch) wird segmentiert, d. h. **non solo** tritt vor das Prädikat, **ma anche** steht vor dem einzuschränkenden Satzglied.

Non solo	Prädikat	präd. Ergänzung	ma anche	präd. Ergänzung
• **Non solo**	è	bello,	**ma anche**	intelligente.

Non ... né ... né

Non ... né ... né (weder ... noch) wird segmentiert, d. h. **non** steht vor dem Prädikat, das erste **né** tritt vor das erste einzuschränkende Satzglied, das zweite **né** tritt vor das zweite einzuschränkende Satzglied.

Non	Prädikat	né	präd. Ergänzung	né	präd. Ergänzung
• Non	è	né	bello,	né	intelligente.

Nessuno

Nessuno (niemand) kann vor und nach dem Prädikat stehen. Steht es hinter dem Prädikat, so muß **non** vor das Prädikat treten, steht es vor dem Prädikat, entfällt **non**.
Vor männlichen Substantiven, die mit Vokal oder Konsonant beginnen (außer -s + Konsonant, -gn, -pn, -ps, -x und -z) wird **nessuno** zu **nessun**, vor weiblichen Substantiven, die mit Vokal beginnen, wird **nessuno** zu **nessun'** verkürzt.

Nessuno	Prädikat	Objekt
• Nessuno	ha detto	la verità.

Non	Prädikat	nessuno	Objekt
• Non	ha detto	nessuno	la verità.

Es ist zu beachten, daß **nessuno** im fragenden Satz und nach **non ... mai** und **senza** positive Bedeutung (jemand, jeder) hat.

Objekt(pron.)	Prädikat	senza	nessuno	Objekt
• Le	ha creduto	senza	nessun	dubbio.
(Er hat ihr ohne **jeden** Zweifel geglaubt.)				

Niente, nulla

Niente, nulla (nichts) können vor und nach dem Prädikat stehen. Stehen sie hinter dem Prädikat, so muß **non** vor das Prädikat treten, stehen sie vor dem Prädikat, entfällt **non**.
Vor männlichen und weiblichen Substantiven, die mit Vokal beginnen, werden **niente** und **nulla** zu **nient'** und **null'** verkürzt.

Niente, nulla	Prädikat	adverbiale Bestimmung
• Niente, nulla	è successo	nel frattempo.

Non	Prädikat	**niente, nulla**	adverbiale Bestimmung
• **Non**	è successo	**niente, nulla**	nel frattempo.

Es ist zu beachten, daß **niente** und **nulla** im fragenden Satz und nach **senza** und **non ... mai** positive Bedeutung (etwas) haben.

Prädikat	**niente, nulla**
• Hai bisogno di (Brauchst du **etwas**?)	**niente/nulla?**

No

No tritt anstelle von **non** am Satzende und in Antworten in der Bedeutung *nein; nicht.*

Hauptsatz	Nebensatz	**no**
• Mi domanda	se vieni o	**no.**

Fragesatz	Antwort mit **no**
• Hai trovato la mia chiave?	**No.**

Der Fragesatz (La proposizione interrogativa)

Im Fragesatz wird eine Frage formuliert.

Die direkte Frage (La proposizione interrogativa diretta)

Direkte Fragen bilden selbst den Hauptsatz, sie werden nicht wie die indirekten Fragen in einen Nebensatz eingebettet und durch Verben wie **domandare** etc. eingeleitet.
Die direkte Frage wird durch Fragezeichen gekennzeichnet.

Die Entscheidungsfrage

Entscheidungsfragen enthalten kein Fragewort. Sie erwarten eine Ja-/Nein-Antwort.

Die Intonationsfrage

Die Frage wird durch die Intonation kenntlich gemacht, d. h. die Satzmelodie geht am Satzende nach oben. Die Wortstellung entspricht der des bejahten Aussagesatzes.

Subjekt(pronomen)	Prädikat	adverbiale Bestimmung
• Paolo	è	in giardino?

Die Inversionsfrage

Bei dieser Art der Fragestellung tritt das Subjekt(pronomen) hinter das Verb (Inversion des Subjekts).

Prädikat	Subjekt(pronomen)
• È venuta	tua zia?

Die Frage mit Fragewort

Diese Fragen enthalten ein Interrogativpronomen oder Fragewort, das in der Regel am Satzanfang steht. Das Subjekt(pronomen) tritt hinter das Prädikat.

Fragewort	Prädikat	Subjekt(pronomen)
• Quando	partirai	(tu)?
• Che	ha detto	Maria?

In Fragen, die mit dem Fragewort **perché** (warum) eingeleitet werden, wird häufig die Wortstellung des bejahten Aussagesatzes beibehalten.

Perché	Subjekt(pronomen)	Prädikat
• Perché	Maria	è già partita?

Perché	Prädikat	Subjekt(pronomen)
• Perché	è già partita	Maria?

Die indirekte Frage (La proposizione interrogativa indiretta)

Indirekte Fragen sind in einen Nebensatz, der von Verben wie **domandare** etc. eingeleitet wird, eingebettet. Sie werden vom Einleitungssatz nicht durch Komma abgetrennt und durch Punkt abgeschlossen.

Die indirekte Frage ohne Fragewort

Indirekte Fragen ohne Fragewort, indirekte Entscheidungsfragen, werden mit **se** eingeleitet. Es gilt dann dieselbe Wortstellung wie im bejahten Aussagesatz.

Einleitungssatz	se	Subjekt	Prädikat	Objekt
• Mi ha domandato	se	Maria	ha terminato	il lavoro.

Die indirekte Frage mit Fragewort

Die indirekte Frage mit Fragewort wird durch ein Interrogativpronomen oder Fragewort eingeleitet. Es gilt dann dieselbe Wortstellung wie im direkten Fragesatz mit Fragewort, d. h. das Subjekt(pronomen) tritt hinter das Prädikat.

Einleitungssatz	Fragewort	Prädikat	Subjekt(pron.)
• Mi domanda	quando	è arrivata	sua sorella.

Der Aufforderungssatz (La proposizione esortativa)

Im Aufforderungssatz wird ein Befehl, eine Aufforderung formuliert.

Imperativsatz

Befehle, Aufforderungen werden durch die Verbformen des Imperativs, die an den Satzanfang treten, ausgedrückt. Dem verneinten Imperativ wird **non** vorangestellt.

Prädikat (Imperativ)	Pronomen	Objekt
• **Leggi**	**(tu)**	questo testo.
• **Non leggere**	**(tu)**	questo testo.

Infinitivsatz

Im Infinitivsatz werden Befehle, Aufforderungen an unbestimmte Personen erteilt. Diese Möglichkeit eine Aufforderung auszudrücken wird besonders in schriftlichen Anweisungen genutzt.

Infinitiv	adverbiale Bestimmung
• **Agitare** (Vor Gebrauch **schütteln**.)	prima dell'uso.

Aussagesatz im Präsens oder Futur

Aussagesätze im Präsens oder Futur können Befehle, Aufforderungen ausdrücken.

Subjekt(pronomen)	Prädikat	adverbiale Bestimmung
• **Tu**	**esci**	subito.
• **Tu**	**uscirai**	subito.

Fragesätze mit volere und potere (+ Infinitiv)

Fragesätze mit **volere** und **potere** + Infinitiv sind eine höfliche Art der Aufforderung.

Volere, potere	Infinitiv	adv. Bestimmung	Subjekt(pron.)
• **Vuole**	**partire**	subito,	**(Lei)?**
• **Potrebbe**	**venire**	subito,	**Maria?**

Der Ausrufesatz (La proposizione esclamativa)

Im Ausrufesatz wird eine persönliche Empfindung (Erstaunen, Verwunderung, Überraschung etc.) in einem Ausruf formuliert.
Ausrufesätze werden mit Ausrufezeichen abgeschlossen.

Ausrufesatz mit Ausrufewort

An den Satzanfang des Aussagesatzes wird ein Ausrufewort, die Interjektion (interiezione) (**quanto, che** etc.) gestellt. Das Subjekt(pronomen) steht hinter dem Ausrufewort oder es tritt hinter das Prädikat. Das Ausrufewort **che** wird vor dem Prädikat meist nochmals wiederholt.

Ausrufewort	präd. Ergänzung	che	Prädikat	Subjekt(pron.)
• Che	gentile	che	è	Maria!

Ausrufewort	Subjekt	Prädikat
• Quanta	gente	è arrivata!

Ausrufesatz ohne Ausrufewort

Die Wortstellung im Ausrufesatz ohne Ausrufewort entspricht der des bejahten Aussagesatzes.

Subjekt(pronomen)	Prädikat	prädikative Ergänzung
• Maria	è	tanto gentile!

Der Nebensatz (La proposizione subordinata)

Der Nebensatz ist der untergeordnete Teil eines Satzgefüges und kann im Gegensatz zum Hauptsatz nicht alleine stehen.

Der Subjektsatz (La proposizione soggettiva)

Ein Subjektsatz ist ein Nebensatz anstelle des Subjekts.

> • **Se Paolo venga** è incerto.
> (**Ob Paolo kommt**, ist ungewiß.)
> (**Das** ist ungewiß.)

Der Objektsatz (La proposizione oggettiva)

Ein Objektsatz ist ein Nebensatz anstelle eines Objekts.

> • Non so **se Paolo viene.**
> (Ich weiß nicht, **ob Paolo kommt.**)
> (Ich weiß **es** nicht.)

Der Adverbialsatz (La proposizione avverbiale)

Ein Adverbialsatz ist ein Nebensatz anstelle einer adverbialen Bestimmung und wird mit einer Konjunktion eingeleitet. Es ist zu beachten, daß manche Konjunktionen den congiuntivo verlangen.

Der Temporalsatz (La proposizione temporale)

Der Temporalsatz gibt die Zeit an und wird mit einer temporalen Konjunktion eingeleitet.

> • **Mentre stava uscendo di casa,** suonò il telefono.

Der Finalsatz (La proposizione finale)

Der Finalsatz drückt die Absicht, den Zweck aus und steht mit einer finalen Konjunktion.

> • Partiamo presto **affinché arriviamo in tempo.**

Der Kausalsatz (La proposizione causale)

Der Kausalsatz gibt den Grund an und wird durch eine kausale Konjunktion eingeleitet.

> • Il treno è in ritardo, **perciò non arriviamo in tempo.**

Der Konsekutivsatz (La proposizione consecutiva)

Der Konsekutivsatz drückt die Folge, Wirkung aus und steht mit konsekutiven Konjunktionen.

> • Oggi non usciamo **cosicché possiamo incontrarci a casa.**

Der Konzessivsatz (La proposizione concessiva)

Der Konzessivsatz drückt die Einräumung aus, er steht mit einer konzessiven Konjunktion.

> • **Malgrado che non abbia molto tempo,** ti aiuterò.

Der Konditionalsatz (La proposizione condizionale)

Der Konditionalsatz drückt die Bedingung aus und steht mit einer konditionalen Konjunktion. Zu beachten ist die Zeitenfolge.

> • **Se devi lavorare,** non vengo.
> • Te lo do **se lo vuoi.**
> • **Nel caso che piova,** non verrò.

Der Attributsatz (La proposizione attributiva)

Ein Attributsatz ist ein Nebensatz anstelle eines Attributs. Das Attribut ist eine Beifügung, die zum Verständnis des Satzes nicht notwendig ist, jedoch diesen näher erklärt.

> • Il compito **di leggere tutto il libro per il giorno seguente** era troppo difficile per gli alunni.

Der Relativsatz (La proposizione relativa)

Ein Relativsatz wird durch ein Relativpronomen eingeleitet, das unmittelbar nach dem Wort steht, auf das es sich bezieht.

Der notwendige Relativsatz (La proposizione relativa determinativa)

Notwendige Relativsätze sind für das Verständnis des Hauptsatzes unbedingt erforderlich und können demnach nicht weggelassen werden. Sie werden auch nicht durch Komma vom Hauptsatz getrennt.

> • Gli studenti **che hanno passato l'esame** possono andare a casa.
> • La borsa **che Anna portava** si è perduta.
> • Ho un amico **che farà l'esame la settimana prossima.**

Der ausmalende Relativsatz (La proposizione relativa appositiva)

Ausmalende Relativsätze sind für das Verständnis des Hauptsatzes nicht unbedingt erforderlich und können demnach auch weggelassen werden. Sie werden vom Hauptsatz durch Komma abgetrennt.

> • Un signore, **che io non conosco,** è uscito di casa.
> • Napoleone, **che era basso,** perse la battaglia di Waterloo.

Präfixe (Prefissi)

Das Italienische kennt eine Reihe von Präfixen (Vorsilben), die an Substantive, Verben oder Adjektive angehängt werden können und somit ein wichtiges Mittel der Wortbildung darstellen. Es ist jedoch zu beachten, daß nicht jedes beliebige Präfix an jedes beliebige Substantiv, Verb oder Adjektiv angehängt werden darf. Die folgenden Beispiele zeigen, welches Präfix überwiegend zur Bildung von Substantiven, Verben oder Adjektiven dient.

Gegenteil	anti-	anti-, gegen-	antialcolista antiautoritario	Antialkoholiker antiautoritär
	contra-	gegen-, kontra-, wider-	contraccolpo contraddire	Rückschlag widersprechen
	contro-	gegen-, kontra-, wider-	contromisura controbattere	Gegenmaßnahme zurückschlagen
	dis-	ab-, aus-, de-, ent-, un-, ver-	disordine disanimare disonesto	Unordnung entmutigen unehrlich
	im-	in-, un-	impossibilità impossibile	Unmöglichkeit unmöglich
	in-	in-, un-	inabilità incomprensibile	Unfähigkeit unbegreiflich
	s-	ent-, un-	scontentezza scolorire scontento	Unzufriedenheit entfärben unzufrieden
Steigerung	arci-	Erz-, äußerst	arcidiavolo	Erzteufel
	sopra-	über-	soprappeso sopravvalutare sopraccarico	Übergewicht überschätzen, -bewerten überlastet
	sovra-	über-	sovraccarico sovraccaricare sovraccarico	Überlastung überladen, -lasten überladen-, lastet
	stra-	außer-, über-	strapotenza stracuocere straricco	Übermacht zerkochen steinreich

Verminderung	sotto-	unter-	sottosviluppo sottovalutare sottosviluppato	Unterentwiclung unterschätzen unterentwickelt
Wiederholung	re-	wieder-	reimpiego redistribuire	Wiederverwendung wieder verteilen
	ri-	wieder-; zurück-	riadatttamento ritornare	Wiederanpassung zurückkehren

Suffixe (Suffissi)

Das Italienische kennt eine Reihe von Suffixen (Nachsilben), die an Substantive, Verben oder Adjektive angehängt werden können und somit wiederum neue Substantive, Verben oder Adjektive bilden. Es ist jedoch zu beachten, daß nicht jedes beliebige Suffix an jedes beliebige Substantiv, Verb oder Adjektiv angehängt werden darf. Die folgenden Beispiele zeigen, welches Suffix überwiegend zur Bildung von Substantiven, Verben oder Adjektiven dient.
Es ist jeweils nur das Suffix im Singular (meist das männliche) dargestellt. Die Bildung der weiblichen Formen und der Pluralformen richtet sich nach den beim Substantiv und Adjektiv aufgeführten Regeln.

Verkleinerung,	-ellino	fiore	-	fiorellino	(Blümchen)
Verminderung	-ello	paese	-	paesello	(Dörfchen)
(diminutivo)	-ettino	quadro	-	quadrettino	(Kästchen)
	-etto	muro	-	muretto	(Mäuerchen)
	-iccino	libro	-	libriccino	(Büchlein)
	-icciolo	muro	-	muricciolo	(Mäuerchen)
	-icello	vento	-	venticello	(Lüftchen)
	-ino	nonno	-	nonnino	(Großväterchen)
	-(u)olo	figlio	-	figli(u)olo	(Söhnchen)
	-uzzo	pietra	-	pietruzza	(Steinchen)
Vergröberung	-one	naso	-	nasone	(Zinken)
(accrescitivo)	-otto	ragazzo	-	ragazzotto	(untersetzter Junge)

Abschwächung	-iccio	malato	-	malaticco	(kränklich)
	-uccio	spesa	-	spesuccia	(kleine Besorgung)
Geringschätzung	-accio	ragazzo	-	ragazzaccio	(Bengel)
(peggiorativo)	-aglia	gente	-	gentaglia	(Gesindel, Pack)
	-astro	medico	-	medicastro	(Kurpfuscher)
Ergebnis,	-agione	seminare	-	seminagione	(Aussaat)
Wirkung	-azione	esportare	-	esportazione	(Ausfuhr)
	-igione	guarire	-	guarigione	(Genesung)
	-izione	competere	-	competizione	(Wettbewerb)
	-mento	sentire	-	sentimento	(Gefühl)
	-uzione	risolvere	-	risoluzione	(Lösung)
Eigenschaft,	-ezza	bello	-	bellezza	(Schönheit)
Charakter	-ia	cortese	-	cortesia	(Höflichkeit)
	-ismo	ideale	-	idealismo	(Idealismus)
	-tà	mobile	-	mobilità	(Beweglichkeit)
Gesamtheit,	-eria	cavallo	-	cavalleria	(Kavallerie)
Kollektivum,	-ia	borghese		borghesia	(Bürgertum)
	-ismo	comune		comunismo	(Kommunismus)
	-ura	dente	-	dentatura	(Gebiß)

Groß- und Kleinschreibung (Lettere maiuscole o minuscole)

Im Italienischen schreibt man, bis auf die folgenden Ausnahmen, alles klein.

Satzanfang

Der Anfangsbuchstabe eines Wortes am Satzanfang.

> • Questa mattina ho visto il signor Rossi.
> • La signora Rossi è molto gentile.

Eigennamen

Alle Eigennamen, außer den Adjektiven, die die Nationalität, ein Volk bezeichnen und die Wochentage und Monatsnamen.

> • Questa mattina ho visto **Maria**.
> • La lingua italiana è bella.
> • È arrivato il lunedì.

Stato und Dio

Stato und **Dio** werden in der Regel groß geschrieben, wenn der italienische Staat und der christliche Gott gemeint ist.
In allen anderen Fällen schreibt man **stato** und **dio** in der Regel klein.

> • Lo **S**tato italiano è stato fondato nel 1861.
> • Grazie a **D**io siamo arrivati sani e salvi.
> • I presidenti degli **s**tati europei si sono incontrato a Roma.
> • I popoli pagani hanno molti **d**ei.

Jahrhunderte

Die Bezeichnungen der Jahrhunderte in der Literatur und Kunst schreibt man groß.

> • L'**O**ttocento (1800 - 1899) fu l'era del realismo nell'arte della pittura.

Pronomen der Anrede

Die Pronomen der höflichen Anrede schreibt man vorzugsweise groß.

> • Posso assicurar**La** che vengo il più presto possibile.

Direkte Rede

Nach einem Doppelpunkt schreibt man zur Einleitung der direkten Rede groß weiter.

> • Paolo ha detto: «**P**uoi darmi questo libro?»

Der Akzent (L'accento)

Die italienische Sprache kennt zwei Akzente, den accento grave (`) und den accento acuto (´), die auf die folgenden Buchstaben gesetzt werden.

Der Accento Grave

Der accento grave (`) wird auf das offen ausgesprochene -a, -e und -o sowie auf -i und -u (, die immer geschlossen ausgesprochen werden,) gesetzt.

- comprerà
- è
- comprò
- tassì
- gioventù

Der Accento Acuto

Der accento acuto (´) wird auf das geschlossen ausgesprochene -e und -o gesetzt.

- vendé
- perché
- ventitré

Im Italienischen wird in der Regel die vorletzte Silbe betont, ohne diese mit dem Akzent zu kennzeichnen. Bei Abweichungen von dieser Grundregel und in den folgenden Fällen wird der Akzent gesetzt.

Wörter, die auf der letzten Silbe betont werden

Wörter, die auf der letzten Silbe betont werden, erhalten auf dieser Silbe den Akzent.

- gioventù
- papà

Verbformen im passato remoto und futuro semplice

Die 3. Person Singular des passato remoto, die 1. und 3. Person Singular des futuro semplice erhalten den Akzent auf dem letzten Buchstaben.

- comprò
- comprerò
- comprerà

Gleich geschriebene Wörter

Einige Wörter erhalten zur Unterscheidung von einem anderen Wort, das zwar gleich geschrieben, jedoch in Betonung und Bedeutung von diesem einen Wort abweicht, den Akzent auf der betonten Silbe.

• **àncora**	(Anker)	**ancora**	(noch)
• **dà**	(er gibt)	**da**	(von)
• **dì**	(Tag)	**di**	(von)
• **è**	(er ist)	**e**	(und)
• **là**	(dort)	**la**	(die)
• **lì**	(dort)	**li**	(sie)
• **né**	(weder)	**ne**	(davon)
• **sé**	(sich)	**se**	(wenn)
• **sì**	(ja)	**si**	(sich)
• **tè**	(Tee)	**te**	(dich)

Der Apostroph (L'apostrofo)

Im Italienischen können unbetonte Vokale und Silben am Wortende entfallen (troncamento), an deren Stelle dann der Apostroph tritt.

Folgt ein Wort, das mit Vokal beginnt auf ein Wort, das mit Vokal endet, kann dieser Endvokal entfallen und durch den Apostroph ersetzt werden.

> • Il pittore Michelangelo fu un grand**(e)'u**omo.
> • Il mio vicino è un pover**(o)'u**omo.
> • Dov**(e)'è** la mia chiave?

Der Endvokal eines Wortes kann entfallen, wenn diesem ein **-l, -r, -n** vorausgeht.
Der Vokal wird dann allerdings nicht durch den Apostroph ersetzt.

> • il signor**(e)** Rossi
> • aver**(e)** paura

Die Zeichensetzung (La punteggiatura)

Bis auf die Verwendung des Kommas, weicht die Zeichensetzung (Interpunktion) im Italienischen im allgemeinen nicht wesentlich von der deutschen ab.

Der Punkt (Il punto)

Der Punkt steht am Ende eines Satzes.

> • Paolo è molto gentile.
> • Maria è già arrivata.

Das Komma (La virgola)

Während im Deutschen das Komma hauptsächlich zur Trennung von Satzteilen gesetzt wird, werden im Italienischen mit Kommas Sprechpausen angezeigt. Im allgemeinen werden im Italienischen weniger Kommas gesetzt als im Deutschen, daher empfiehlt es sich das Komma in Zweifelsfällen besser wegzulassen.

	Komma	Kein Komma
Nebensätze	Nebensätze, die vor dem Hauptsatz stehen, werden von diesem durch Komma abgetrennt.	Nebensätze werden im Italienischen im allgemeinen nicht durch Komma abgetrennt. Insbesondere wird im Italienischen vor **se** (wenn; ob) und **che** (daß) kein Komma gesetzt.
	• *Se io fossi in te*, lo farei il più presto possibile.	• Lo farei il più presto possibile *se io fossi in te.* • Mi ha detto *che* non verrà.
	Ausmalende Relativsätze, die zum Verständnis des Satzes nicht notwendig sind, werden durch Komma vom Hauptsatz abgetrennt.	Notwendige Relativsätze, die zum Verständnis des Satzes notwendig sind, dürfen nicht durch Komma abgetrennt werden.
	• Cesare, *che era un grand'uomo*, conquistò la Gallia.	• Le medicine *che ti ho dato sono buone.*
Indirekte Fragesätze		Indirekte Fragesätze werden nicht durch Komma vom Hauptsatz getrennt.
		• Sa Lei *quante persone sono arrivate?*

	Komma	Kein Komma
Nebensatzverkürzung	Nebensatzverkürzungen durch Infinitiv, gerundio oder Partizip werden zwischen Kommas gesetzt, wenn die Information des Nebensatzes für das Verständnis des Hauptsatzes nicht erforderlich ist.	Nebensatzverkürzungen durch Infinitiv, gerundio oder Partizip werden nicht zwischen Kommas gesetzt, wenn die Information des Nebensatzes für das Verständnis des Hauptsatzes erforderlich ist.
	• I turisti, *spossati* dal viaggio, andarono all'hotel subito.	• Le persone *chiamate* per prime devono andare in questa stanza.
Eingeschobene Sätze	Eingeschobene Sätze werden durch Komma abgetrennt.	
	• Paolo, *pensa Anna*, non è molto gentile.	
Adverbiale Bestimmungen	Adverbiale Bestimmungen am Satzanfang können zur besonderen Hervorhebung durch Komma abgetrennt werden.	
	• *Stasera*, andiamo al cinema. • *A Roma*, ho incontrato Paolo.	
Aufzählungen	In Aufzählungen steht das Komma zwischen Wörtern, die nicht durch **e, o** oder **oppure** verbunden sind.	In Aufzählungen steht das Komma nicht zwischen Wörtern, die durch **e, o** oder **oppure** verbunden sind.
	• Ho comprato *burro, formaggio, uova* e pane.	• Ho comprato burro, formaggio, *uova e pane*.

Das Fragezeichen (Il punto interrogativo)

Das Fragezeichen steht zur Kennzeichnung einer Frage.

> • Puoi darmi questo libro**?**
> • Dov'è Maria**?**

Das Ausrufezeichen (Il punto esclamativo)

Das Ausrufezeichen steht zur Kennzeichnung eines Ausrufesatzes und nach Ausrufewörtern.

> • Che caldo!
> • Che bello!
> • Che freddo!

Der Doppelpunkt (I due punti)

Der Doppelpunkt kann zur Einleitung nachfolgender Aufzählungen oder eines folgenden Satzes oder zur Einleitung der direkten Rede stehen.

- Qui accluso: *il conto e tre copie.*
- Paolo ha detto: *<<Puoi darmi questo libro?>>*

Die Anführungszeichen (Le virgolette)

Die Anführungszeichen stehen am Anfang und Ende einer direkten Rede.

- Ha domandato: «*Puoi andare a prendermi all'aeroporto?*»

Der Bindestrich (Il trattino)

Der Bindestrich steht im Italienischen zwischen zusammengesetzten Wörtern.

- il *divano-letto*
- i rapporti *tedesco-italiani*

Der Gedankenstrich (La lineetta)

Der Gedankenstrich kennzeichnet den Wechsel des Themas, des Sprechers oder eine längere Pause und er betont einen Gegensatz.

- L'ho cercato di nuovo – ma era inutile.
- L'avrò vista la settimana scorsa – pensò Marco - ma vestita in maniera differente.

Die Silbentrennung (La divisione delle parole in sillabe)

Die Silbentrennung erfolgt im Italienischen nach Sprechsilben und nach den folgenden Regeln.

Vokalverbindungen

Vokalverbindungen aus tonstarken (**a, e, o**) und tonschwachen Vokalen (**i, u**) werden nicht getrennt.

- **Au**-stria
- **buo**-no

Vokalverbindungen aus tonstarken Vokalen und tonstarken und betonten tonschwachen Vokalen werden getrennt.

- ma-e-stro
- pa-u̱-ra

Doppelkonsonanten

Verbindungen aus Doppelkonsonanten werden stets getrennt.

- cap-**pel**-lo
- ra-ga**z**-**z**a

Konsonantenverbindungen aus ch-, gh-, gl-, gn- und s-

Konsonantenverbindungen aus **ch-, gh-, gl, gn-** und **s-** (auch **st**) bilden eine Einheit und dürfen daher nicht getrennt werden.

- ri-**chi**u-de-re
- In-**ghi**l-ter-ra
- so-**gn**o
- cia-**scu**-no
- co-**st**are

l-, m-, n-, r- + Konsonant

Konsonantenverbindungen werden nur getrennt, wenn der erste Konsonant ein **l-, m-, n-** oder **r-** ist.

- In-**g**hi**l**-**t**er-ra
- Mar-**c**o-ni
- Um-ber-to

Vorsilben

Vorsilben gelten als eine Silbe und werden vom nachfolgenden Wort getrennt.

- **ri**-chiudere
- **tras**-correre

Apostroph

Der Apostroph ist kein Trennungszeichen, das Wort vor dem Apostroph darf vom nachfolgenden Wort nicht getrennt werden.

- un'**a**ltra volta
- qual'**è**

Fachausdrücke

A

Abstraktum (Plural: **Abstrakta**)
(nome astratto)
Substantiv, mit dem etwas
Nichtgegenständliches be-
zeichnet wird; *Begriffswort*

Adjektiv (aggettivo)
bezeichnet eine Eigenschaft;
Eigenschafts-, Wiewort

Adjektiv, attributives (aggettivo
attributivo)
Adjektiv, das beim Substantiv
steht

Adjektiv, prädikatives (aggettivo
predicativo)
Adjektiv, das mit dem Substantiv
durch ein Verb verbunden ist

Adverb (avverbio)
bezeichnet die Art und Weise,
den Ort oder die Zeit, die Men-
ge, den Grad, die Intensität;
Umstandswort

Adverb, abgeleitetes (avverbio
derivato)
von einem Adjektiv abgeleitetes
Adverb, das im Italienischen auf
-mente endet

Adverb, ursprüngliches (avver-
bio semplice)
Adverb ohne besondere Form

Adverbialsatz (proposizione avver-
biale)
Nebensatz anstelle einer adver-
bialen Bestimmung

Akkusativ
der vierte der vier Kasus; *wen-
Fall*

Akkusativobjekt
Satzteil, der im Akkusativ steht;
direktes Objekt

Aktiv (attivo)
Handlung, die vom Subjekt durch-
geführt wird; *Tatform, Tätigkeits-
form*

Antonym (antonimo)
Wort, welches das Gegenteil
ausdrückt; *Gegen(satz)wort*

Appellativum (Plural: **Appellativa**)
(nome comune)
Substantiv, mit dem eine Gat-
tung von Lebewesen oder Din-
gen bezeichnet wird; *Gattungs-
name*

Artikel (articolo)
Begleiter des Substantivs, der
das Geschlecht des Substantivs
angibt; *Geschlechtswort*

Artikel, bestimmter (articolo
determinativo)
der, die, das bzw. **il, la**

Artikel, unbestimmter (articolo
indeterminativo)
ein, eine bzw. **un, una**

Attribut (attributo)
hinzugefügtes Satzglied, das für
das Verständnis des Satzes
nicht notwendig ist; *Beifügung*

Attributsatz (proposizione attribu-
tiva)
Nebensatz anstelle eines Attri-
buts

Aufforderungssatz (proposizione
esortativa)
Satz, der eine Aufforderung, ei-
nen Befehl ausdrückt

Ausrufesatz (proposizione escla-
mativa)
Satz, in dem ein Ausruf ausge-
drückt wird

Ausrufewort
→ Interjektion

Aussagesatz (proposizione
enunciativa)
Satz, in dem ein Sachverhalt
behauptet oder mitgeteilt wird

B

Bedingungssatz
→ Konditionalsatz

Befehlsform
→ Imperativ

Begriffswort
→ Abstraktum

Beifügung
→ Attribut

Bestimmung, adverbiale
(complemento)
Zeit-, Ortsangaben, Angaben
der Art und Weise, des Grundes
und der Ursache; *Umstandsbe-
stimmung*

Beugung
→ Flexion, Deklination,
Konjugation

Bindewort
→ Konjunktion

D

Dativ
der dritte der vier Kasus, *wem-
Fall*

Dativobjekt
Satzteil, der im Dativ steht;
indirektes Objekt

Deklination (declinazione)
Abwandlung der Grundform von
Substantiven, Artikeln, Prono-
men und Adjektiven bezüglich
Numerus, Genus und Kasus

Demonstrativpronomen
(pronome dimostrativo)
weist auf eine bestimmte Person
oder Sache hin; *hinweisendes
Fürwort*

Diphthong (dittongo)
Doppellaut, Gleitlaut aus zwei
Vokalen

Dingwort
→ Substantiv

E

Eigenschaftswort
→ Adjektiv

Eigenname (nome proprio)
Substantive, die Sachen und
Personen bezeichnen, die ein-
malig sind

Einzahl
→ Singular

Entscheidungsfrage
Fragesatz, der als Antwort eine
Ja-/Nein-Antwort erwartet

Ergänzung, prädikative
(complemento predicativo)
Adjektiv oder Substantiv, das
sich auf das Subjekt oder Objekt
bezieht

F

Fall
→ Kasus

Feminin(um) (femminile)
das weibliche der drei Genera

Finalsatz (proposizione finale)
Nebensatz, der einen Zweck, ei-
ne Absicht ausdrückt

Flexion (flessione)
Bezeichnung für Deklination und
Konjugation; *Beugung*

Frage, direkte (proposizione
interrogativa diretta)
Frage, die selbst den Hauptsatz
bildet und nicht in einen Neben-
satz eingebettet ist

Frage, indirekte (proposizione
interrogativa indiretta)
Frage, die in einen Nebensatz
eingebettet ist

Fragefürwort
→ Interrogativpronomen

Fragesatz (proposizione
interrogativa)
Satz, in dem eine Frage formu-
liert wird

Fragewort (pronome interroga-
tivo)
Wort, mit dem eine Frage einge-
leitet wird

Fürwort
→ Pronomen

Futur I
Zeitform zur Bezeichnung der
Zukunft; *unvollendete Zukunft*

Futur II
Zeitform, die ausdrückt, daß zu
einem Zeitpunkt in der Zukunft
eine Handlung abgeschlossen
sein wird; *vollendete Zukunft*

Futuro Anteriore
Zeitform zur Bezeichnung von
Vorgängen, die an einem Zeit-
punkt der Zukunft abgeschlos-
sen sein werden

Futuro Semplice
Zeitform zur Bezeichnung von
Vorgängen, die von der Gegen-
wart aus gesehen in der Zukunft
liegen

G

Gattungsname
→ Appellativum

Gegenstandswort
→ Konkretum

Gegenwart
→ Präsens

Gegenwart, vollendete
→ Perfekt

Gegen(satz)wort
→ Antonym

Genitiv
der zweite der vier Kasus;
wessen-Fall

Genitivobjekt
Satzteil, der im Genitiv steht

Genus (Plural: **Genera**) (genere)
das grammatische Geschlecht
eines Substantivs, Artikels, Ad-
jektivs oder Pronomens; *Ge-
schlecht*

Gerundio
Verbform, die anstelle eines
Nebensatzes steht

Geschlecht
→ Genus

Geschlechtswort
→ Artikel

Gliedsatz
→ Nebensatz

Grundform
→ Infinitiv

Grundstufe
→ Positiv

Grundzahl
→ Kardinalzahl

H

Hauptsatz (proposizione principale)
übergeordneter Teilsatz in einem Satzgefüge, der alleine stehen kann

Hauptwort
→ Substantiv

Hilfsverb (verbo ausiliare)
Verb, das zur Bildung der zusammengesetzten Zeiten und des Passivs gebraucht wird

I

Imperativ (imperativo)
Verbform, die eine Aufforderung, einen Befehl ausdrückt; *Befehlsform*

Imperfekt
→ Präteritum

Imperfetto
Zeitform, die einen im Verlauf befindlichen Vorgang der Vergangenheit bezeichnet

Indefinitpronomen (pronome indefinito)
Pronomen, das eine unbestimmte Person oder Sache bezeichnet; *unbestimmtes Fürwort*

Indikativ (indicativo)
Verbform, die einen Zustand, Vorgang als tatsächlich, wirklich darstellt; *Wirklichkeitsform*

Indirekte Rede (discorso indiretto)
Aussagen einer Person A werden durch eine Person B an eine dritte Person C weitergegeben

Infinitiv (infinito)
nicht konjugierte Verbform; *Grund-, Nennform*

Interjektion (interiezione)
Ausrufewort

Interpunktion (punteggiatura)
Zeichensetzung

Interrogativpronomen (pronome interrogativo)
Pronomen, das Fragesätze einleitet; *Fragefürwort*

Intonationsfrage
Frage, in der die Satzmelodie am Satzende nach oben geht

Inversionsfrage
Frage, bei der das Subjekt hinter das Prädikat tritt

Irrealis der Gegenwart
Bedingungssatz, der ausdrückt, daß die Erfüllung der Bedingung unwahrscheinlich ist

Irrealis der Vergangenheit
Bedingungssatz, der ausdrückt, daß die Bedingung unerfüllt bleibt

K

Kardinalzahl (numero cardinale)
eins, zwei, drei, dreißig, hundert etc; *Grundzahl*

Kasus (caso)
der Fall, in dem ein deklinierbares Wort steht (Nominativ, Genitiv, Dativ und Akkusativ); *Fall*

Kausalsatz (proposizione causale)
Nebensatz, der den Grund, die Ursache ausdrückt

Kollektivum (Plural: **Kollektiva**) (nome collettivo)
Substantiv, das eine Gruppe gleichartiger Lebewesen und Dinge bezeichnet; *Sammelname*

Komparation (comparazione)
Steigerung eines Adjektivs oder Adverbs; *Steigerung*

Komparativ (comparativo)
die Steigerungsform eines Adjektivs oder Adverbs, die den ungleichen, höheren Grad ausdrückt

Konditionalsatz (proposizione condizionale)
Nebensatz, der eine Voraussetzung, Bedingung ausdrückt; *Bedingungssatz*

Konjugation (coniugazione)
Abwandlung der Grundform von Verben bezüglich Person, Zeit und Modus; *Beugung*

Konjunktion (congiunzione)
Wort, das zur Verbindung von Haupt- und Nebensätzen dient; *Bindewort*

Konjunktion, adversative
(congiunzione avversativa)
Konjunktion, die den Gegensatz
ausdrückt

Konjunktion, anreihende (congiunzione coordinativa)
Konjunktion zur Verbindung
zweier Sätze oder Satzteile

Konjunktion, beiordnende (congiunzione coordinativa)
Konjunktion, die gleichartige
Sätze (z. B. Haupt- und Hauptsatz) verbindet

Konjunktion, finale (congiunzione finale)
Konjunktion, die eine Absicht, einen Zweck ausdrückt

Konjunktion, kausale
(congiunzione causale)
Konjunktion, die den Grund, die
Ursache angibt

Konjunktion, konsekutive (congiunzione consecutiva)
Konjunktion, die die Folge, die
Wirkung ausdrückt

Konjunktion, konzessive (congiunzione concessiva)
Konjunktion, die eine Einräumung, ein Zugeständnis ausdrückt

Konjunktion, konditionale (congiunzione condizionale)
Konjunktion, die die Bedingung
ausdrückt

Konjunktion, nebenordnende
(congiunzione coordinativa)
Konjunktion, die gleichartige
Sätze (z. B. Haupt- und Hauptsatz) verbindet

Konjunktion, temporale (congiunzione temporale)
Konjunktion, die einen Zeitpunkt,
Zeitraum angibt

Konjunktion, unterordnende
(congiunzione subordinativa)
Konjunktion, die Nebensätze
einleitet

Konjunktion, vergleichende
(congiunzione comparativa)
Konjunktion, die einen Vergleich
zum Ausdruck bringt

Konjunktiv (congiuntivo)
Verbform, die einen Vorgang als
nicht wirklich darstellt; *Möglichkeitsform*

Konkretum (Plural: **Konkreta**)
(nome concreto)
Substantiv, mit dem etwas Gegenständliches bezeichnet wird;
Gegenstandswort

Konsekutivsatz (proposizione
consecutiva)
Nebensatz, der die Folge, die
Wirkung ausdrückt

Konsonant (consonante)
Laut (Buchstabe), für dessen
Aussprache noch ein anderer
Laut benötigt wird, also alle
außer den Vokalen; *Mitlaut*

Konzessivsatz (proposizione
concessiva)
Nebensatz, der eine Einräumung ausdrückt

L

Leideform
→ Passiv

M

Maskulin(um) (maschile)
das männliche, der drei Genera

Mehrzahl
→ Plural

Mitlaut
→ Konsonant

Mittelwort der Gegenwart
→ Partizip Präsens

Mittelwort der Vergangenheit
→ Partizip Perfekt

Modalverb (verbo modale)
Verb, das den Inhalt eines anderen Verbs abwandelt und mit
dem Infinitiv eines anderen
Verbs verbunden ist

Modus (modo)
Aussageweise. Zu den Modi
zählen Indikativ, Konjunktiv,
Konditional und Imperativ

Möglichkeitsform
→ Konjunktiv

N

Nebensatz (proposizione subordinata)
untergeordneter Teilsatz in einem Satzgefüge, der nicht alleine stehen kann; *Gliedsatz*

Negation (negazione)
Verneinung einer Aussage

Nennform
→ Infinitiv

Nennwort
→ Substantiv

Neutrum (neutro)
das sächliche der drei Genera

Nomen
→ Substantiv

Nominativ
der erste der vier Kasus; *wer-Fall*

Numeral (aggettivo numerale)
Wort, das eine Zahl bezeichnet;
Zahlwort

Numerus (numero)
Singular oder Plural eines Verbs
oder Substantivs; *(An)Zahl*

O

Objekt, direktes (complemento
diretto)
Satzglied, das im Italienischen
ohne Präposition an das Verb
angeschlossen wird

Objekt, indirektes (complemento
indiretto)
Satzglied, das im Italienischen
mit einer Präposition, meist **a,
di, da** an das Verb ange-
schlossen wird

Objekt, präpositionales (com-
plemento prepositivo)
Objekt mit einer Präposition

Objektsatz (proposizione ogget-
tiva)
Nebensatz anstelle eines Ob-
jekts

Ordinalzahl (numero ordinale)
der erste, der zweite, der dritte
etc.; *Ordnungszahl*

Ordnungszahl
→ Ordinalzahl

P

Participio presente
Verbform, die in der Funktion
eines Adjektivs steht

Participio passato
Verbform, die zur Bildung der
zusammengesetzten Zeiten und
des Passivs dient und die in der
Funktion eines Adjektivs oder
Nebensatzes steht

Partizip (participio)
infinite Verbform, die keine An-
gaben über Person, Numerus,
Modus und Tempus enthält

Partizip Präsens
Partizip, das im Deutschen an
der Endung *-end (z. B. gehend,
sitzend)* zu erkennen ist; *Mittel-
wort der Gegenwart*

Partizip Perfekt
abgewandelte Form des Voll-
verbs, das zur Bildung der zu-
sammengesetzten Zeiten benö-
tigt wird *(z. B. gegangen, ge-
sessen)*; *Mittelwort der Vergan-
genheit*

Passato prossimo
Zeitform zur Bezeichnung eines
Vorgangs der Vergangenheit,
dessen Folgen für die
Gegenwart noch von Bedeutung
sind

Passato remoto
Zeitform, die völlig abgeschlos-
sene Vorgänge der Vergangen-
heit bezeichnet

Passiv (passivo)
im Passiv wird eine Handlung
nicht selbst vom Subjekt aus-
geführt; *Leideform*

Perfekt
Zeitform, die den Vollzug, Ab-
schluß eines Vorgangs aus-
drückt; *Vorgegenwart, vollen-
dete Gegenwart*

Personalform
→ finites Verb

Personalpronomen (pronome
personale)
Pronomen, das eine Person be-
zeichnet; *persönliches Fürwort*

Plural (plurale)
Mehrzahl

Plusquamperfekt
Zeitform zur Bezeichnung eines
Vorgangs der Vergangenheit, der
beendet war, bevor ein anderer
einsetzte; *Vorvergangenheit*

Positiv (positivo)
Vergleichsform des Adjektivs
oder Adverbs zum Ausdruck des
gleichen Grades; *Grundstufe*

Possessivpronomen (pronome
possessivo)
Pronomen, das ein Besitzver-
hältnis bezeichnet; *besitzanzei-
gendes Fürwort*

Prädikat (predicato)
Verb des Satzes. Es kann aus
dem Vollverb oder aus dem
Hilfsverb und Vollverb bestehen;
Satzaussage

Präfix (prefisso)
Vorsilbe

Präposition (preposizione)
bezeichnet die Beziehung, das
Verhältnis zwischen Wörtern;
Verhältniswort

Präsens
Zeitform, die den Ablauf eines Vorgangs in der Gegenwart ausdrückt; *Gegenwart*

Präteritum
Zeitform, die ausdrückt, daß ein Vorgang abgeschlossen, beendet ist; *1. Vergangenheit*

Presente
Zeitform, die die Gegenwart bezeichnet

Pronomen (pronome)
Begleiter oder Stellvertreter des Substantivs; *Fürwort*

Pronomen, attributives (pronome attributivo)
Pronomen, das nicht ohne Substantiv stehen kann

Pronomen, substantivisches (pronome)
Pronomen, das ohne Substantiv steht

Pronominaladverb (avverbio pronominale)
vertreten eine Fügung aus Präposition und Substantiv oder Pronomen. Hierzu gehören im Italienischen **ci, vi, ne**; *Umstandsfürwort*

R

Realis
Bedingungssatz, der eine erfüllbare Bedingung ausdrückt

Reflexivpronomen (pronome riflessivo)
Pronomen, das dieselbe Person wie das Subjekt bezeichnet; *rückbezügliches Fürwort*

Relativpronomen (pronome relativo)
Pronomen, das sich auf ein vorausgehendes Substantiv bezieht; *bezügliches Fürwort*

Relativsatz (proposizione relativa)
Nebensatz, der durch ein Relativpronomen eingeleitet wird

Relativsatz, ausmalender (proposizione relativa appositiva)
Relativsatz, der zum Verständnis des Satzes nicht notwendig ist

Relativsatz, notwendiger (proposizione relativa determinativa)
Relativsatz, der zum Verständnis des Satzes notwendig ist

Reziprokpronomen (pronome reciproco)
Pronomen, das die Gegenseitigkeit, Wechselseitigkeit ausdrückt

S

Sammelname
→ Kollektivum

Satzaussage
→ Prädikat

Satzgefüge (periodo)
Satz, der aus mindestens einem Hauptsatz und einem Nebensatz besteht

Sein-Passiv
→ Zustandspassiv

Selbstlaut
→ Vokal

Singular (singolare)
Einzahl

Steigerung
→ Komparation

Stoffname (nome di materia)
Masse- und Materialbezeichnung

Subjekt (soggetto)
Satzglied im Nominativ, das eine Handlung ausführt

Subjektsatz (proposizione soggettiva)
Nebensatz anstelle eines Subjekts

Substantiv (nome, sostantivo)
Wort, das ein Lebewesen, eine Pflanze oder einen Gegenstand bezeichnet; *Nomen, Nenn-, Ding-, Hauptwort*

Substantiv, abgeleitetes (nome derivato)
von einer anderen Wortart abgeleitetes Substantiv

Substantiv, abgewandeltes (nome alterato)
durch ein Suffix oder Präfix abgewandeltes Substantiv

Suffix (suffisso)
Nachsilbe

Superlativ (superlativo)
Steigerungsform des Adjektivs oder Adverbs, die den höchsten Grad ausdrückt

Synonym (sinonimo)
(annähernde) Bedeutungsgleichheit von Wörtern

Syntax (sintassi)
(Lehre vom) Satzbau

T

Tatform
→ Aktiv

Tätigkeitsform
→ Aktiv

Tätigkeitswort
→ Verb

Teilungsartikel (articolo partitivo)
bezeichnet eine unbestimmte
Menge, den Teil von etwas Vor-
handenem

Temporalsatz (proposizione tem-
porale)
Nebensatz, der einen Zeitpunkt,
-raum ausdrückt

Tempus (Plural: **Tempora**)
(tempo)
Zeit(form)

Trapassato Prossimo
Zeitform zur Bezeichnung eines
Vorgangs der Vergangenheit,
der beendet war, bevor ein
anderer einsetzte

Trapassato Remoto
Zeitform zur Bezeichnung eines
Vorgangs der Vergangenheit,
der beendet war, bevor ein
anderer einsetzte

Tunwort
→ Verb

U

Umlaut
ä, ö, ü

Umstandsbestimmung
→ Bestimmung, adverbiale

Umstandswort
→ Adverb

Ursubstantiv (nome primitivo)
ursprüngliches, nicht durch ein
Suffix oder Präfix abgewandel-
tes Substantiv

V

Verb (verbo)
bezeichnet einen Zustand oder
Vorgang, eine Tätigkeit oder
Handlung; *Zeitwort, Tätigkeits-
wort, Tunwort*

Verb, finites (verbo finito)
Verbform mit Personen-, Zeit-
und Modusangabe, konjugierte
Verbform

Verb, infinites (verbo infinito)
Verbform ohne Personen-, Zeit-
und Modusangabe, nicht
konjugierte Verbform

Verb, intransitives (verbo in-
transitivo)
Verb ohne Objektergänzung

Verb, reflexives (verbo riflessivo)
Verb mit einem Reflexivprono-
men

Verb, reziprokes (verbo
reciproco)
Verb, dessen Pronomen ein
wechselseitiges Verhältnis an-
gibt

Verb, transitives (verbo transiti-
vo)
Verb mit einem Objekt

Verb, unpersönliches (verbo imper-
sonale)
Verb, das nur in der 3. Person
Singular verwendet werden kann

Vergangenheit
→ Präteritum

Verhältniswort
→ Präposition

Vervielfältigungszahlwort
(numero moltiplicativo)
Zahlwort, das angibt wie oft et-
was vorhanden ist

Vokal (vocale)
Laut (Buchstabe), für dessen
Aussprache kein anderer Laut
benötigt wird (*a, e, i, o u*);
Selbstlaut

Vollverb (verbo)
Verb, das das Prädikat alleine
bilden kann

Vorgangspassiv
Passiv, das eine Handlung, ei-
nen Vorgang ausdrückt und im
Deutschen mit *werden* gebildet
wird; *werden-Passiv*

Vorgegenwart
→ Perfekt

Vorvergangenheit
→ Plusquamperfekt

W

Wem-Fall
→ Dativ

Wen-Fall
→ Akkusativ

Werden-Passiv
→ Vorgangspassiv

Wer-Fall
→ Nominativ

Wes(sen)-Fall
→ Genitiv

Wiederholungszahlwort
  → Vervielfältigungszahlwort

Wiewort
  → Adjektiv

Wirklichkeitsform
  → Indikativ

Z

Zahladjektiv
  → Numeral

Zahlwort
  → Numeral

Zeichensetzung
  → Interpunktion

Zeit, einfache (tempo semplice)
  ohne Hilfsverb gebildete Zeit

Zeit, zusammengesetzte (tempo composto)
  mit einem Hilfsverb gebildete
  Zeit

Zeitwort
  → Verb

Zukunft, unvollendete
  → Futur I

Zukunft, vollendete
  → Futur II

Zustandspassiv
  Passiv, das einen Zustand aus-
  drückt und im Deutschen mit
  sein gebildet wird; *sein-Passiv*

A

a, 191
a causa di, 191
a condizione che, 189
a favore di, 192
a partire da, 193
abbi, 20
abbia, 20
abbiamo, 20, 21
abbiano, 21
abbiate, 21
Abstraktum, 109
accade, 60
accanto a, 191
accendere, 40
accentazione, 9
accento, 213
accento acuto, 213
accento grave, 213
accese, 40
accesero, 41
accesi, 40
acceso, 41
accontentarsi, 55
accordo del participio passato, 99
accorgersi, 55
ad, 191
addosso a, 191
Adjektiv, 127
Adjektiv, attributives, 127
Adjektiv, prädikatives, 127
Adverb, 138
Adverb oder Adjektiv, 144
Adverb, abgeleitetes, 138
Adverb, ursprüngliches, 138
Adverbialsatz, 207
affiggerre, 38
affinché, 188
affisse, 38
affissero, 39
affissi, 38
affisso, 39
affliggere, 38
afflisse, 38
afflissero, 39
afflissi, 38
afflitto, 39
affrettarsi, 55
aggettivo, 127

aggettivo dimostrativo, 169
aggettivo predicativo, 127
aggettivo pronominale, 152
ai, 101
ai quali, 172
agli, 101
Akkusativ, 152, 194
Aktiv, 68
Akzent, 213
a la, 125
al, 101
alcun', 181
alcun, 181
alcuna, 181
alcune, 181
alcuni, 181
alcuno, 180, 181
al di fuori di, 192
al di là di, 192
al di qua di, 193
al di sopra di, 193
al di sotto di, 193
al quale, 172
alfabeto, 8
all', 101
alla, 101
alla quale, 172
alle, 101
alle quali, 172
allo, 101
allorché, 188
Alphabet, 8
Alter, 150
alto, 133
altra, 183
altre, 183
altri, 183
altro, 183
alzarsi, 55
amare, 26
ammalarsi, 55
ammesso che, 189
anche, 190
andare, 42
andarsene, 55
andrei, 42
andrò, 42
Anführungszeichen, 217

Angleichung des Partizip Perfekts, 99
aperse, 50
apersi, 50
apersero, 50
aperto, 51
Apostroph, 213, 214
appaia, 51
appaiano, 51
appaio, 50
appaiono, 50
apparire, 50
apparso, 51
apparve, 50
apparvero, 50
apparvi, 50
Appellativum, 109
appena, 188
aprire, 50
arma, 125
armi, 125
arrabbiarsi, 55
articolo, 100
articolo determinativo, 100, 102
articolo indeterminativo, 100, 102
articolo partitivo, 100, 108
Artikel, 100
Artikel, bestimmter, 100, 102
Artikel, unbestimmter, 100, 102
artista, 120
asina, 122
asino, 122
assistente, 120
assolse, 40
assolsero, 41
assolsi, 40
assolto, 41
assolvere, 40
assumere, 40
assunse, 40
assunsero, 41
assunsi, 40
assunto, 41
attendersi, 55
attivo, 68
attraverso a, 191
Attributsatz, 208
Aufeinandertreffen zweier unbetonter Pronomen, 155

Aufforderungssatz, 205
Ausrufesatz, 206
Ausrufewort, 206
Ausrufezeichen, 216
Aussagesatz, bejahter, 196
Aussagesatz, verneinter, 198
Aussprache, 9
avanti, 191
avere, 20, 52
avrai, 20
avranno, 21
avrebbe, 20
avrebbero, 21
avrei, 20
avremmo, 21
avremo, 21
avreste, 21
avresti, 20
avrete, 21
avrò, 20
avverbio, 138
avverbio d'intensità, 138
avverbio derivato, 138
avverbio di luogo, 138
avverbio di quantità, 138
avverbio di tempo, 138
avverbio o aggettivo, 144
avverbio pronominale, 187
avverbio semplice, 138

B
babbo, 121
baffi, 124
banca, 121
banco, 121
basso, 133
basta, 60
Bedingungssatz, 78
Befehlsform, 88
Begriffswort, 109
benché, 189
bene, 139, 141
benissimo, 141
bere, 48
berrei, 48
berrò, 48
Bestimmung, adverbiale, 63, 195
Betonung, 9
Beugung, 16
beva, 49
bevemmo, 48
bevendo, 49

bevente, 49
bevere, 48
bevessi, 49
bevesti, 48
bevevo, 48
bevi, 49
bevo, 48
bevuto, 49
bevve, 48
bevvero, 48
bevvi, 48
Bindestrich, 217
Bindewort, 188
bisogna, 60
bracci, 125
braccia, 125
braccio, 125
Bruch, gemeiner, 148
Bruchzahl, 148
bue, 122, 125
buoi, 125
buono, 133, 139

C
cadde, 44
caddero, 44
caddi, 44
cadere, 44
cagna, 122
calzoni, 124
cambiare, 34
cambiarsi, 55
camerata, 120
cane, 122
cantante, 120
capita, 60
capitale, 121
cattivo, 133, 139
cavallo, 122
ce la, 155
ce le, 155
ce li, 155
ce lo, 155
ce ne, 155
centesimo, 147
centinaia, 125, 149
centinaio, 125, 149
cento, 145
centomila, 145
centomillesimo, 147
centuplo, 149
cercare, 34

cercherei, 35
cercherò, 35
cerchi, 34
cerchiamo, 34
cerchino, 35
certe, 186
certi, 186
certo, 186
che, 136, 172, 176
che cosa, 173, 176
che non, 136
chi, 172, 176
chiamarsi, 55
chiedere, 38
chiese, 38
chiesero, 39
chiesi, 38
chiesto, 39
ci, 153, 161, 187
ciaschedun', 182
ciascheduna, 182
ciascheduno, 182
ciascun', 182
ciascun, 182
ciascuna, 182
ciascuno, 181
ciclista, 120
cigli, 125
ciglia, 125
ciglio, 125
cinquanta, 145
cinquantesimo, 147
cinque, 145
ciò, 167
ciò che, 173
circa, 191
cliente, 120
cocemmo, 42
cocendo, 43
cocente, 43
cocerei, 42
cocerò, 42
cocessi, 43
cocesti, 42
cocevo, 42
cociamo, 42
codesta, 167, 170
codeste, 167
codesti, 167, 170
codesto, 167, 170
cogli, 45
cogliere, 44
colei, 167

colei, che, 173
colga, 45
colgano, 45
colgo, 44
colgono, 44
collega, 120
coloro, 167
coloro che, 173
colse, 44
colsero, 44
colsi, 44
colto, 45
colui, 167
colui che, 173
come, 136, 176, 190
come se, 189
cominciare, 34
comparativo, 135, 140
comparazione, 136
complemento, 194, 195
complemento avverbiale, 63
complemento del verbo, 61
complemento di causa, 63
complemento di luogo, 63
complemento di modo,. 63
complemento di tempo, 63
complemento diretto, 61, 194
complemento indiretto, 61, 194
complemento predicativo, 63, 195
complemento prepositivo, 62, 195
compresse, 40
compressero, 41
compressi, 40
compresso, 41
comprimere, 40
comunista, 120
con, 191
concedere, 40
concesse, 40
concessero, 412
concessi, 40
concesso, 41
condizionale, 78
condizionale passato, 66
condizionale presente, 16, 66
condotto, 47
conduca, 47
conducemmo, 46
conducendo, 47
conducente, 47, 120
conducessi, 47
conducesti, 46
conducevo, 46

conduci, 47
conduco, 46
condurre, 46
condurrei, 46
condurrò, 46
condusse, 46
condussero, 46
condussi, 46
congiuntivo, 80
congiuntivo presente, 87
congiuntivo imperfetto, 17, 87
congiuntivo passato, 87
congiuntivo presente, 87
congiuntivo trapasssato, 87
congiunzione, 188
congiunzione avversativa, 190
congiunzione causale, 188
congiunzione comparativa, 190
congiunzione concessiva, 189
congiunzione condizionale, 189
congiunzione consecutiva, 189
congiunzione coordinativa, 190
congiunzione finale, 188
congiunzione subordinativa, 188
congiunzione temporale, 188
coniugazione, 16
conobbe, 36
conobbero, 37
conobbi, 36
conoscere, 36
conosciuto, 37
consonante, 10
contro, 191
conviene, 60
coraggio, 124
corna, 125
corni, 125
corno, 125
coprire, 50
correre, 40
corse, 40
corsero, 41
corsi, 40
corso, 41
cosa, 176
così ... come, 136
così ... come, 190
cosse, 42
cossero, 42
cossi, 42
costei, 167
costoro, 167
costui, 167

cotto, 43
cucia, 37
cuciano, 37
cucio, 36
cuciono, 36
cucire, 36
cui, 172
cuocere, 42
cuocia, 43
cuociano, 43
cuocio, 42

D
da, 43, 191
dà, 42
da quando, 188
dagli, 101
dai, 42, 43, 101
dal, 101
dal', 101
dalla, 101
dalle, 101
dallo, 101
danno, 42
dare, 42
darei, 42
darò, 42
data, 150
Dativ, 152, 194
Datum, 150
davanti a, 191
debba, 49
debbano, 49
debbo, 48
debbono, 48
decidere, 38
decimo, 147
decina, 149
decise, 38
decisero, 39
decisi, 38
deciso, 39
dei, 125
demmo, 42
Demonstrativpronomen, 167
Demonstrativpronomen, attribu-
tives, 169
Demonstrativpronomen, sub-
stantivisches, 167
dentro di, 191
dessi, 43
deste, 42

desti, 42
dette, 42
dettero, 42
detti, 42
detto, 47
deva, 49
devano, 49
devi, 48
devo, 48
devono, 48
Dezimalbruch, 148
di, 47, 136, 191
di fronte a, 192
di quanto, 136
di quel che, 136
dia, 43
diano, 43
dica, 47
dicano, 47
dicemmo, 46
dicendo, 47
dicente, 47
dicere, 46
dicessi, 47
dicesti, 46
dicevo, 46
diciannove, 145
diciannovesimo, 147
diciasettesimo, 147
diciassette, 145
diciottesimo, 147
diciotto, 145
dico, 46
dicono, 46
dieci, 145
diede, 42
diedero, 42
diedi, 42
dietro di, 191
Dingwort, 109
dintorni, 124
dio, 125
Diphthong, 10
dire, 46
direi, 46
diresse, 38
diressero, 39
diressi, 38
diretto, 39
dirigere, 38
dirimpetto a, 191
dirò, 46
discorso indiretto, 74

discussero, 41
discussi, 40
discusso, 41
discutere, 40
disparire, 50
dissero, 46
dissi, 46
distinguere, 38
distinse, 38
distinsero, 39
distinsi, 38
distinto, 39
dita, 125
dite, 46, 47
diti, 125
dito, 125
dittongo, 10
divertirsi, 55
divisone delle parole in sillabe, 218
dobbiamo, 48
dodicesimo, 147
dodici, 145
dolere, 48
dolga, 49
dolgano, 49
dolgo, 48
dolgono, 48
dolse, 48
dolsero, 48
dolsi, 48
donna, 121
dopo che, 188
dopo di, 192
Doppelpunkt, 217
doppio, 149
dorrei, 48
dorrò, 48
dove, 173, 176
dovere, 15, 48
dovrei, 48
dovrò, 48
dozzina, 149
due, 145
due punti, 217
duoli, 48
duplice, 149
durante, 192

E
e ... e, 190
e, 190
è, 22

ebbe, 20
ebbero, 21
ebbi, 20
ed, 190
egli, 153
Eigenname, 109
Eigenschaftswort, 127
Einzahl, 124
ella, 153
entro, 192
Entscheidungsfrage, 203
era, 22
erano, 23
eravamo, 23
eravate, 23
Ergänzung zum Verb, 61
Ergänzung, prädikative, 63, 195
ergere, 38
eri, 22
ero, 22
erse, 38
ersero, 39
ersi, 38
erto, 39
esatto, 39
esca, 51
escano, 51
esci, 51
esco, 50
escono, 50
espellere, 40
espulse, 41
espulsero, 41
espulsi, 40
espulso, 41
essa, 153
esse, 153
essere, 22, 52
essi, 153
esso, 153
età, 124, 150
evolse, 40
evolsero, 41
evolsi, 40
evolvere, 40

F
fa, 48, 49
faccia, 49
facciamo, 48
facciano, 49
faccio, 48

facemmo, 48
facendo, 49
facente, 49
facere, 48
facessi, 49
facesti, 48
facevo, 48
Fachausdrücke, 218
fai, 48, 49
Fall, 152
fame, 124
fanno, 48
fare, 15, 48
farei, 48
farò, 48
fate, 48, 49
fatto, 49
febbre, 124
fece, 48
fecero, 48
feci, 48
feminin, 100, 111
femmina, 121
femminile, 100, 111
fila, 125
fili, 125
filo, 125
fina da, 192
Finalsatz, 207
finché, 188
fine, 121
finire, 30
finit, 14
finito, 14
fino a, 192
fino a che, 188
flesse, 40
flessero, 41
flessi, 40
flesso, 41
flettere, 40
fogli, 121
foglio, 121
fondamenta, 125
fondamenti, 125
fondamento, 125
fondere, 40
forbici, 124
forma di cortesia, 89
fosse, 22
fossero, 23
fossi, 22
fossimo, 23

foste, 23
fosti, 22
fra di, 192
Frage, direkte, 203
Frage, indirekte, 204
Fragefürwort, 176
Fragesatz, 203
Fragezeichen, 216
fratello, 121
frazione comune, 148
frazione decimale, 148
fronte, 121
frutto, 126
frutta, 126
frutti, 126
fu, 22
fui, 22
fummo, 23
funzionario, 120
fuori di, 192
furono, 23
Fürwort, 152
Fürwort, besitzanzeigendes, 164
Fürwort, bezügliches, 172
Fürwort, hinweisendes, 167
Fürwort, persönliches, 153
Fürwort, rückbezügliches, 161
Fürwort, unbestimmtes, 179
fuse, 40
fusero, 41
fusi, 40
fuso, 41
futuro anteriore, 65
futuro semplice, 16, 65

G
gallina, 122
gallo, 122
gatta, 122
gatto, 122
Gattungsname, 109
Gaumenlaut, 11
Gedankenstrich, 217
Gegenstandswort, 109
Gegenwart, 64
gela, 60
genere e numero del nome, 111
genere e numero dell'aggettivo, 128
genere, 111
genero, 121
gente, 124

Genus und Numerus des Adjektivs, 128
Genus und Numerus des Substantivs, 111
Genus, 111, 128
gerundio, 19, 95
gerundio passato, 95
gerundio presente, 95
Geschlecht, 128
Geschlechtswort, 100
giocare, 36
giocherei, 37
giocherò, 37
giochi, 36
giochiamo, 36
giochino, 37
giornalista, 120
gioventù, 124
giudice, 120
giuoca, 36
giuocano, 36
giuochi, 36
giuoco, 36
Gleichzeitigkeit, 87
gli, 101, 153
gli altri, 183
gli stessi, 170
gliela, 155
gliele, 155
glieli, 155
glielo, 155
gliene, 155
Grad, gleicher, 131, 140
Grad, höchster, 131, 140
Grad, ungleicher, 131, 140
gradi dell'aggettivo, 131
gradi dell'avverbio, 140
grande, 133
grandina, 60
grazie a, 192
grida, 126
gridi, 126
grido, 126
Großschreibung, 212
Grundform, 90
Grundstufe, 131, 140
Grundzahl, 145
guardarsi, 55
guardia, 120
guida, 120
gutturale, 11

H

ha, 20
hai, 20
hanno, 20
Hauptsatz, 194
Hauptwort, 109
Hilfsverb, 15, 52
ho, 20
Höflichkeitsform, 89

I

i, 101
i quali, 172
idiota, 121
il, 101
il che, 173
il quale, 172
Imperativ, 88
imperativo, 88
imperativo affermativo, 17
imperativo negativo, 18
Imperativsatz, 205
imperfetto, 16, 64
importa, 60
in, 192
in luogo di, 192
in mezzo a, 192
in modo che, 188
in quanto a, 193
in seguito a, 193
incontro a, 192
Indefinitpronomen, 179
indicativo, 80
inferiore, 133
infimo, 133
infinit, 14
Infinitiv, 90
Infinitiv, reiner, 90
Infinitivsatz, 205
infinito, 14, 90
insieme, 192
intendersi, 55
interiezione, 206
Interjektion, 206
Interpunktion, 215
Interrogativpronomen, 176
Intonationsfrage, 203
intorno a, 192
intransitiv, 14, 62
intransitivo, 14, 62
introdurre, 46
invece di, 192

Inversionsfrage, 203
inviare, 34
invii, 34
inviino, 35
io, 156
issimamente, 141
issimo, 132

K

Kausalsatz, 207
Kleinschreibung, 212
Kollektivum, 109
Komma, 215
Komparativ, 131, 140
Konditional, 78
Konditionalsatz, 208
Konjugation, 16
Konjunktion, 188
Konjunktion, adversative, 190
Konjunktion, anreihende, 190
Konjunktion, beiordnende, 188
Konjunktion, finale, 188
Konjunktion, kausale, 188
Konjunktion, konditionale, 189
Konjunktion, konsekutive, 189
Konjunktion, konzessive, 189
Konjunktion, nebenordnende, 188
Konjunktion, temporale, 188
Konjunktion, unterordnende, 188
Konjunktion, vergleichende, 190
Konjunktiv, 76
Konkretum, 109
Konsekutivsatz, 207
Konsonant, 10
Konzessivsatz, 208

L

l', 101, 153
l'altra, 183
l'altro, 183
la, 101, 153
la quale, 172
la stessa, 170
La, 153
labbra, 126
labbri, 126
labbro, 126
lampeggia, 60
lasciare, 15
lavarsi, 58
le, 101, 153
le altre, 183

le quali, 172
le stesse, 170
Le, 153
leggermente, 139
leggero, 139
lei, 156
Lei, 156
Leideform 68
levarsi, 55
li, 153
Li, 153
lineetta, 217
lo, 101
lo stesso, 167, 170
lontano da, 192
loro, 153, 156, 164
Loro, 153, 156, 164
lui, 156
lungo, 192

M

ma, 190
madre, 121
madrina, 121
maggiore, 133
male, 139, 141
malgrado, 192
malgrado che, 189
malissimo, 141
mamma, 121
männlich, 100, 111
marito, 121
maschile, 100, 111
maschio, 121
maskulin, 100, 111
massimo, 133
me, 156
me la, 155
me le, 155
me li, 155
me lo, 155
me ne, 155
medesima, 170
medesime, 170
medesimi, 170
medesimo, 170
medico, 120
meglio, 141
Mehrzahl, 124
membra, 126
membri, 126
membro, 126

meno, 131, 140, 141
mentre, 188
messo, 41
mettere, 40
mettersi, 55
mezzo, 148
mi, 153, 161
mi dispiace, 60
mi piace, 60
mi rincresce, 60
mia, 164
mie, 164
miei, 164
miglia, 125
migliaia, 125, 149
migliaio, 125, 149
miglio, 125
migliore, 133
miliardesimo, 147
miliardo, 145
milione, 145
milionesimo, 147
mille, 145
millesimo, 147
minimo, 133
ministro, 120
minore, 133
mio, 164
mise, 40
misero, 41
misi, 40,
Mitlaut, 10
Modalverb, 15
modo, 121
Modus, 80
mogli, 125
Möglichkeitsform, 80
moglie, 121, 125
molta, 185
molte, 185
molti, 185
moltissimo, 141
molto, 141, 185
morire, 50
morrei, 50
morto, 51
mosse, 44
mossero, 44
mossi, 44
mosso, 45
movendo, 45
movente, 45
moverei, 44

moverò, 44
movessi, 45
movesti, 44
movevamo, 44
movevo, 44
moviamo, 44
mucca, 122
muoia, 51
muoiano, 51
muoio, 50
muoiono, 50
muori, 50
muovere, 44
mura, 126
muri, 126
muro, 126
mutande, 124

N
Nachsilbe, 210
Nachzeitigkeit, 87
nacque, 38
nacquero, 39
nacqui, 38
nascere, 38
nato, 39
ne, 187
né ... né, 190
neanche, 190
Nebensatz, 194, 207
nei, 101
nel, 101
nel caso che, 189
nell', 101
nella, 101
nelle, 101
nello, 101
nemmeno, 190
Nennwort, 109
neppure, 190
nessun, 180
nessun', 180
nessuna, 180
nessuno, 179, 201
neutrum 111
nevica, 60
nient', 180
niente, 179, 201
non .. neppure, 199
nipote, 121
noccia, 43
nocciano, 43

noccio, 42
nocciono, 42
nocemmo, 42
nocendo, 43
nocente, 43
nocerei, 42
nocerò, 42
nocesti, 42
nociamo, 42
nociuto, 43
nocque, 42
nocquero, 42
nocqui, 42
noi, 156
nome, 109
nome alterato, 110
nome astratto, 109
nome collettivo, 109
nome composto, 110
nome comune, 109
nome concreto, 109
nome di materia, 109
nome primitivo, 110
nome proprio, 109
Nomen, 109
Nominativ, 194
non, 198, 202
non .. neanche, 199
non ... affatto, 200
non ... mai, 199
non ... né ... né, 200
non ... nemmeno, 199
non ... più, 198
non appena, 188
non solo ... ma anche, 190, 200
nono, 147
nostra, 164
nostre, 164
nostri, 164
nostro, 164
novanta, 145
novantesimo, 147
nove, 145
nozze, 124
null', 180
nulla, 179, 201
numero, 111
numero cardinale, 145
numero collettivo, 149
numero moltiplicativo, 149
numero ordinale, 147
Numerus, 111, 124, 128
nuoccia, 43

nuocciano, 43
nuoccio, 42
nuocciono, 42
nuocere, 42
nuora, 121

O

o, 190
o ... o , 190
Objekt 194
Objekt, direktes, 61, 152, 194
Objekt, indirektes, 61, 152, 194
Objekt, präpositionales, 62, 195
Objektsatz, 207
occhiali, 124
occorre, 60
odano, 51
odi, 51
odo, 50
odono, 50
offrire, 50
ogni, 181
ognuno, 181
oltre, 193
oppure, 190
ora, 150
Ordnungszahl, 147
ossa, 126
ossi, 126
osso, 126
ottanta, 145
ottantesimo, 147
ottavo, 147
ottimo, 133
otto, 145

P

padre, 121
padrino, 121
paia, 47, 125
paiamo, 46
paiano, 47
paio, 46, 125
paiono, 46
palatale, 11
pantaloni, 124
papà, 121
pare, 60
parecchia, 186
parecchie, 186
parecchio, 186
parere, 46

parrei, 46
parrò, 46
parso, 47
parte della proposizione, 194
participio, 19, 97
participio passato, 97
participio presente, 97
Partizip, 97
Partizip Perfekt, 97
Partizip Präsens, 97
parve, 46
parvente, 47
parvero, 46
parvi, 46
passato prossimo, 64
passato remoto, 64
Passiv, 68
passivo, 68
paziente, 121
peggio, 141
peggiore, 133
per, 193
per causa di, 191
per mezzo di, 193
perché, 188, 189
perciò, 189
periodo, 194
periodo ipotetico, 78
però, 190
Personalpronomen, 153
Personalpronomen, betontes, 156
Personalpronomen, unbetontes, 153
pessimo, 133
piaccia, 43
piacciamo, 42
piacciano, 43
piaccio, 42
piacciono, 42
piacere, 42
piacque, 42
piacquero, 42
piacqui, 42
piangere, 38
pianse, 38
piansero, 39
piansi, 38
pianto, 39
piccolo, 133
piove, 60
piovere, 40
piovve, 40
piovvero, 41

piovvi, 40
più, 131, 140, 141
Plural, 124
plurale, 124
poca, 185
poche, 185
pochi, 185
pochissimo, 141
poco, 141, 185
poiché, 189
ponemmo, 46
ponendo, 47
ponente, 47
ponere, 46
ponessi, 47
ponesti, 46
ponevo, 46
ponga, 47
pongano, 47
pongo, 46
pongono, 46
poni, 46
poniamo, 47
porco, 122
porre, 46
porrei, 46
porrò, 46
pose, 46
posero, 46
posi, 46
Positiv, 131, 140
positivo, 131, 140
posizione del pronome personale, 158
posizione del pronome riflessivo, 162
posizione dell'aggettivo, 134
posizione dell'avverbio, 142
possa, 49
Possessivpronomen 164
possiamo, 48
posso, 48
possono, 48
posto, 47
potere, 15, 48
potrei, 48
potrò, 48
Prädikat, 194
Präfix, 209
Präposition, 191
predicato, 194
prefisso, 209
preposizione, 191

presente, 64
presso di, 193
prima che, 188
prima di, 193
primo, 147
produrre, 46
pronome, 152
pronome attributivo, 152
pronome dimostrativo, 167
pronome indefinito, 179
pronome interrogativo, 176
pronome personale, 153
pronome personale atono, 153
pronome personale tonico, 156
pronome possessivo, 164
pronome reciproco, 161
pronome relativo, 172
pronome riflessivo, 161
Pronomen, 152
Pronomen, attributives, 152
Pronomen, substantivisches, 152
Pronominaladverb, 187
pronuncia, 9
proposizione attributiva, 208
proposizione avverbiale, 207
proposizione causale, 207
proposizione concessiva, 208
proposizione condizionale, 208
proposizione consecutiva, 207
proposizione enunciativa
affermativa, 196
proposizione enunciativa negativa,
198
proposizione esclamativa, 206
proposizione esortativa, 205
proposizione finale, 207
proposizlone interrogativa, 203
proposizione interrogativa diretta,
203
proposizione interrogativa in-
diretta, 204
proposizione oggettiva, 207
proposizione principale, 194
proposizione relativa, 208
proposizione relativa appositiva,
208
proposizione relativa
determinativa, 208
proposizione soggettiva, 207
proposizione subordinata, 194,
207
proposizione temporale, 207
Punkt, 215

punta, 121
punteggiatura, 215
punto, 12, 215
punto esclamativo, 216
punto interrogativo, 216
può, 48
può darsi, 60
puoi, 48

Q
quadruplice, 149
quadruplo, 149
qualche, 180
qualche cosa, 179
qualcheduna, 179
qualcheduno, 179
qualcosa, 179
qualcuna, 179
qualcuno, 179
quale, 176
quali, 176
quando, 173, 176, 188
quanta, 173, 176
quante, 173, 176
quanti, 173, 176
quanto, 136, 173, 176, 190
quaranta, 145
quarantesimo, 147
quarto, 147
quattordicesimo, 147
quattordici, 145
quattro, 145
quegli, 167, 169
quei, 169
quel, 169
quell', 169
quella, 167, 169
quella che, 172
quelle, 167, 169
quelle che, 172
quelli, 167
quelli che, 172
quello, 167, 169
quest', 169
questa, 167, 169
queste, 167, 169
questi, 167, 169
questo, 167, 169
quindicesimo, 147
quindici, 145
quinto, 147
quintuplice, 149

quintuplo, 149

R
re, 121
Rechtschreibung, 212
redasse, 38
redassero, 39
redassi, 38
redatto, 39
Rede, indirekte, 74
redense, 41
redensero, 41
redensi, 40
redento, 41
redigere, 38
redimere, 40
Reflexivpronomen, 161
regina, 121
Relativpronomen, 172
Relativsatz, 208
Relativsatz, ausmalender, 208
Relativsatz, notwendiger, 208
Reziprokpronomen, 161
ricordarsi, 55
ridurre, 46
riguardo a, 193
rimanere, 46
rimanga, 47
rimangano, 47
rimango, 46
rimangono, 46
rimarrei, 46
rimarrò, 46
rimase, 46
rimasero, 46
rimasi, 46
rimasto, 47
rispetto a, 193
rispondere, 40
rispose, 40
risposero, 41
risposi, 40
risposto, 41
roba, 124
rompere, 40
rotto, 41
ruppe, 40
ruppero, 41
ruppi, 40

S
sa, 50

sächlich, 111
sai, 50
salgano, 51
salgo, 50
salgono, 50
saliente, 51
salire, 50
Sammelname, 109
Sammelzahl, 149
sanno, 50
sapere, 15, 50
sappi, 51
sappia, 50
sappiamo, 50
saprei, 50
saprò, 50
sarà, 22
sarai, 22
saranno, 23
sarebbe, 22
sarebbero, 23
sarei, 22
saremmo, 23
saremo, 23
sareste, 23
saresti, 22
sarete, 23
sarò, 22
Satzaussage, 194
Satzgefüge, 194
Satzgegenstand, 194
Satzglied, 194
scegliere, 44
scindere, 40
scisse, 40
scissero, 41
scissi, 40
scisso, 41
scrisse, 40
scrissero, 41
scrissi, 40
scritto, 41
scrivere, 40
scrofa, 122
se, 189
se la, 161
se li, 161
se lo, 161
se ne, 161
sé, 161
sebbene, 189
secondo, 147, 193
sedere ,44

sedicesimo, 147
sedici, 145
sei, 22, 154
sein-Passiv, 69
Selbstlaut, 9
sembra, 60
semplice, 149
sempre meno, 131, 140
sempre più, 131, 140
senza di, 193
seppe, 50
seppero, 50
seppi, 50
servire, 32
sessanta, 145
sessantesimo, 147
sesto, 147
sestuplice, 149
sestuplo, 149
settanta, 1456
settantesimo, 147
sette, 145
settimo, 147
si, 161
si generico, 56
Si-Konstruktion, 56
sia, 22
siamo, 22
siano, 23
siate, 23
sieda, 45
siedano, 45
siedi, 45
siedo, 44
siedono, 44
siete, 22
sii, 22
Silbentrennung, 218
singolare, 124
Singular, 124
smarrirsi, 55
so, 50
socialista, 121
soffrire, 50
soggetto, 194
sommo, 133
sono, 22
sopra di, 193
sorella, 121
sostantivo, 109
sotto di, 193
spargere, 38
sparse, 38

sparsero, 39
sparsi, 38
sparso, 39
spegnere, 44
spengere, 44
spense, 44
spensero, 44
spensi, 44
spento, 45
spia, 120
spiccioli, 124
stà, 43
stai, 42
stanno, 42
stare, 42
starei, 42
starò, 42
stato, 22
Steigerung des Adjektivs, 131
Steigerung des Adverbs, 140
Stellung des Adjektivs, 134
Stellung des Adverbs, 142
Stellung des Personalpronomens, 158
Stellung des Reflexivpronomens, 162
stemmo, 42
stessi, 43
steste, 42
stesti, 42
stette, 42
stettero, 42
stetti, 42
stia, 43
stiano, 43
Stoffname, 109
stretto, 39
stringere, 38
strinse, 38
strinsero, 39
strinsi, 38
su, 193
sua, 164
Sua, 164
Subjekt, 194
Subjektsatz, 207
Substantiv, 109
Substantiv, abgeleitetes, 110
Substantiv, abgewandeltes, 110
Substantiv, zusammengesetztes, 100
succede, 60
sue, 164

Sue, 164
suffisso, 210
Suffix, 210
sugli, 101
sui, 101
sul, 101
sull', 101
sulla, 101
sulle, 101
sullo, 101
suo, 164
Suo, 164
suoi, 164
Suoi, 164
suona, 35
suonano, 34
suonare, 34
suoni, 35
suonino, 35
suono, 34
superfici, 125
superficie, 125
superiore, 133
Superlativ, absoluter, 132, 141
Superlativ, relativer, 131, 140
superlativo assoluto, 132, 141
superlativo relativo, 131, 140
supposto che, 189
supremo, 133
svegliarsi, 55

T
tacere, 42
tal, 170
tale, 167, 170
tali, 167, 170
tanta, 185
tante, 185
tanti, 185
tanto, 185
tanto ... quanto, 136, 190
Tatform, 68
Tätigkeitsform, 68
Tätigkeitswort, 14
te, 156
te la, 155
te le, 155
te li, 155
te lo, 155
te ne, 155
Teilungsartikel, 100, 108
temere, 28

tempo, 64
tempo composto, 64
tempo semplice, 64
Tempora, 64
tenere, 48
tenga, 49
tengano, 48
tengo, 48
tenne, 48
tennero, 48
tenni, 48
Termporalsatz, 207
terrei, 48
terrò, 48
terzo, 147
ti, 153, 161
tieni, 48, 49
toro, 122
tra di, 193
tradurre, 46
traere, 46
tragga, 47
traggano, 47
traggo, 46
traggono, 46
trai, 46
transitiv, 14, 61
transitivo, 14, 61
trapassato prossimo, 65
trapassato remoto, 65
trarre, 46
trarrei, 46
trarrò, 46
trasse, 46
trassero, 46
trassi, 46
trattino, 217
tratto, 47
tre, 145
tredicesimo, 147
tredici, 145
trenesimo, 147
trenta, 145
triplice, 149
triplo, 149
troppa, 186
troppe, 186
troppi, 186
troppo, 186
trovarsi, 55
tu, 156
tua, 164
tue, 164

Tunwort, 14
tuo, 164
tuoi, 164
tuona, 60
turista, 121
tutta, 184
tutta la, 184
tutta quella che, 173
tuttavia, 190
tutte, 184
tutte e due, 185
tutte e tre, 185
tutte le, 184
tutte quelle che, 173
tutti, 184
tutti e due, 184, 185
tutti e tre, 184, 185
tutti i, 184
tutti quelli che, 173
tutto, 183, 184
tutto ciò che, 173
tutto il, 183, 184
tutto quello che, 173

U
u , 101
udire, 50
Uhrzeit und andere Zeitangaben, 150
Umstandsbestimmung, 63, 195
Umstandswort, 138
un', 101
un'altra, 183
un altro, 183
un certo, 186
una certa, 186
una, 101
undicesimo, 147
undici, 145
uno, 101, 145, 182
uomini, 125
uomo, 121, 125
uova, 125
uovo, 125
Ursubstantiv, 110
uscire, 50

V
va, 42
vacca, 122
vada, 43
vadano, 43

vado, 42
vai, 42
valere, 46
valga, 47
valgano, 47
valgo, 46
valgono, 46
valse, 46
valsero, 46
valsi, 46
valso, 47
vanno, 42
varrei, 46
varrò, 46
ve la, 155
ve le, 155
ve li, 155
ve lo, 155
ve ne, 155
vedere, 44
vedrei, 44
vedrò, 44
venga, 51
vengano, 51
vengo, 50
vengono, 50
veniente, 51
venire, 50
venne, 50
vennero, 50
venni, 50
ventesimo, 147
venti, 145
venuto, 51
Verb, 14
Verb, finites, 14
Verb, infinites, 14
Verb, intransitives, 14, 62
Verb, reflexives, 15, 55
Verb, reziprokes, 15, 56
Verb, transitives, 14, 61
Verb, unpersönliches, 15, 60
verbo, 14
verbo ausiliare, 15, 52
verbo finito, 14
verbo impersonale, 15
verbo infinito, 14
verbo intransitivo, 14, 62
verbo modale, 15
verbo reciproco, 15, 56
verbo riflessivo, 16, 55
verbo transitivo, 61
Vergangenheit, 64

Vergleich, 136
vergognarsi, 55
Verhältniswort, 191
verrei, 50
verrò, 50
verso di, 193
Vervielfältigungszahl, 149
vi, 153, 161, 187
vicino a, 193
vide, 44
videro, 44
vidi, 44
vieni, 51
vincere, 36
vinse, 36
vinsero, 37
vinsi, 36
vinto, 37
violentemente, 139
violento, 139
virgola, 215
virgolette, 217
visse, 44
vissero, 44
vissi, 44
vissuto, 45
visto, 45
vivere, 44
vivrei, 44
vivrò, 44
vocale, 9
voglia, 49
vogliamo, 48
vogliano, 49
voglio, 48
vogliono, 48
voi, 156
Vokal, 9
volere, 15, 48
volle, 48
vollero, 48
volli, 48
Vollverb, 14
Vorgangspassiv, 69
vorrei, 48
Vorsilbe, 209
Vorvergangenheit, 65
Vorzeitigkeit, 87
vostra, 164
Vostra, 164
vostre, 164
Vostre, 164
vostri, 164

Vostri, 164
vostro, 164
Vostro, 164
vuoi, 48
vuole, 48

W
weiblich, 100, 111
wem-Fall, 194
wen-Fall, 194
wer-Fall, 194
werden-Passiv, 69
wessen-Fall, 194
Wiewort, 127
Wirklichkeitsform, 80

Z
Zahl, 124, 128
Zahlwort, 145
Zeichensetzung, 215
Zeit, 64
Zeit der Gegenwart, 76
Zeit der Vergangenheit, 76
Zeit, einfache, 64
Zeit, zusammengesetzte, 64
Zeitenfolge im Bedingungssatz, 79
Zeitenfolge in der indirekten Rede, 76
Zeitenfolge in Sätzen mit congiuntivo, 87
Zeitwort, 14
zero, 145
Zukunft, 65
Zustandspassiv, 69

Produktinformation

Das Verlagsprogramm **Neue Sprachen** umfaßt des weiteren:

Neue Englische Grammatik

Neue Französische Grammatik

Neue Spanische Grammatik

Neue Italienische Grammatik

Diese lehrbuchunabhängigen Grammatikbücher richten sich an alle, die sich ausführlicher mit der jeweiligen Sprache beschäftigen, also an die Schüler der Oberstufe, Studenten, Selbstlerner und Profis. Diese Grammatibücher zeichnen sich durch ihren übersichtlichen Aufbau, die verständliche Formulierung grammatischer Sachverhalte, die umfassende Abhandlung der einzelnen grammatischen Kapitel und die Erklärung von Fachausdrücken aus.

	Format	Umfang	ISBN	DM	ATS	SFr
Englisch	17 x 24 cm	421 Seiten	3-9803483-2-6	49,90	369,--	48,--
Französisch	17 x 24 cm	512 Seiten	3-9803483-1-8	49,90	369,--	48,--
Spanisch	17 x 24 cm	408 Seiten	3-9803483-3-4	49,90	369,--	48,--
Italienisch	17 x 24 cm	509 Seiten	3-9803483-4-2	49,90	369,--	48,--

Die Französische Konjugation
Die Französische Konjugation Kompakt

Die Spanische Konjugation
Die Spanische Konjugation Kompakt

Die Italienische Konjugation
Die Italienische Konjugation Kompakt

Diese Konjugationsbücher sind lehrbuchunabhängige Lern- und Nachschlagewerke zur Konjugation in ausführlicher und kompakter Version. Sie richten sich an alle Lernenden, vom Schüler, Volkshochschüler, Studenten, Selbstlerner bis zum Profi.
Diese Konjugationsbücher zeichnen sich durch ihren neuartigen, übersichtlichen Aufbau aus, sie enthalten Erklärungen und Merkhinweise und einen Index mit deutschen Bedeutungen. Die ausführlichen Versionen beinhalten zusätzlich einen für die Konjugation relevanten, deutsch erklärten Grammatikteil.

Produktinformation

Konjugationsbücher

	Format	Umfang	ISBN	DM	ATS	SFr
Französisch	13,5 x 19 cm	256 Seiten	3-931104-70-2	19,80	146,--	19,--
Spanisch	13,5 x 19 cm	256 Seiten	3-931104-71-0	19,80	146,--	19,--
Italienisch	13,5 x 19 cm	256 Seiten	3-931104-72-9	19,80	146,--	19,--

Konjugationsbücher Kompakt

	Format	Umfang	ISBN	DM	ATS	SFr
Französisch	13,5 x 19 cm	96 Seiten	3-931104-73-7	6,80	51,--	6,80
Spanisch	13,5 x 19 cm	95 Seiten	3-931104-74-5	6,80	51,--	6,80
Italienisch	13,5 x 19 cm	96 Seiten	3-931104-75-3	6,80	51,--	6,80

Das Verlagsprogramm **Software** umfaßt folgende Lernprogramme:

master trainer Französisch *Konjugation*

master trainer Spanisch *Konjugation*

master trainer Italienisch *Konjugation*

Diese lehrbuchunabhängigen Lernprogramme zur Konjugation richten sich an alle Lernenden, gleichgültig ob Anfänger oder Fortgeschrittener, denn sie lassen sich an jeden individuellen Kenntnisstand anpassen. Die Konjugationsprogramme sind die ideale Ergänzung zu den Konjugationsbüchern. Sie zeichnen sich besonders durch die Ausgabe von Lösungen und *Erklärungen*, die automatische Erstellung eines Fehlerprotokolls und ihren klaren, einfachen Aufbau aus, der komplizierte und umfangreiche Computerdokumentationen überflüssig macht. So kommen auch Personen ohne oder mit nur wenig Erfahrung im Umgang mit Computern auf Anhieb problemlos zurecht.

	ISBN Diskette	ISBN CD-Rom	DM	ATS	SFr
Französisch	3-931104-16-8	3-931104-17-6	55,--	407,--	55,--
Spanisch	3-931104-34-6	3-931104-35-4	55,--	407,--	55,--
Italienisch	3-931104-52-4	3-931104-53-2	55,--	407,--	55,--

Der **master trainer *Konjugation*** ist auf einem IBM kompatiblen Computer, ab 386er Prozessor, VGA-Grafikkarte, ab 4 MB Hauptspeicher, unter windows 3.1, 3.11, windows NT lauffähig.